ARTS

ET

MÉTIERS

APPROUVÉS

PAR MM. DE L'ACADÉMIE ROYALE

DES SCIENCES.

L'ART

DU FABRICANT

D'ÉTOFFES EN LAINES.

PAR M. ROLAND DE LA PLATIERE.

L'ART
DU FABRICANT
D'ÉTOFFES EN LAINES
RASES ET SECHES, UNIES ET CROISÉES.

PAR M. ROLAND DE LA PLATIERE,

Inspecteur Général des Manufactures de Picardie ; Associé des Académies Royales des Sciences, Belles-Lettres & Arts de Rouen, Villefranche, &c. & Correspondant de la Société Royale des Sciences de Montpellier.

PREMIERE PARTIE.

Lorsque les terres sont également partagées, le pays peut être peuplé, quoiqu'il y ait peu d'Arts..... Mais dans nos Etats, où les fonds de terre sont si inégalement distribués,..... si l'on y néglige les Arts,..... le pays ne peut être peuplé...... Il n'y a que les Artisans qui donnent le superflu aux Cultivateurs.

MONTESQUIEU, *Esprit des Loix.*

A PARIS,

Aux dépens, &

De l'Imprimerie de MOUTARD, Imprimeur-Libraire de la REINE, de MADAME, de Madame la Comtesse d'ARTOIS, & de l'Académie Royale des Sciences, Hôtel de Cluny, rue des Mathurins.

M. DCC. LXXX.

AVERTISSEMENT.

ON agite encore cette question : *Est-il avantageux à une Nation de rendre publics les divers procédés de fabriques qui sont partie de ses occupations, de son commerce, & de ses richesses ?* A ne considérer les choses que relativement à cette politique, qui ne compte ce qu'elle a que par ce qui manque aux autres, on en jugera bien différemment qu'en envisageant les hommes comme freres, dont la masse des connoissances ne peut s'accroître que par la réunion des idées.

La propagation des connoissances humaines est si lente, parmi le peuple sur-tout, qu'on voit s'écouler des générations, sans que certains Arts acquierent la moindre perfection : il en est qui rétrogradent à nos yeux, & l'on en a vu se perdre entiérement.

Les facultés de l'esprit ne se développent guere que dans le calme & l'aisance, & presque jamais dans l'esclavage du besoin & l'oppression de la misere. Doit-on s'étonner qu'elles restent engourdies, & souvent nulles pour le progrès des Arts consacrés à la simple utilité, de ces Arts où les facultés corporelles sont exercées avec autant d'assiduité que de violence ?

L'ignorance, d'où naît l'entêtement, ne laisse voir au fils que la pratique du pere : elle produit en outre cet air, ce ton mystérieux qui caractérise les hommes à vues courtes & à petites inventions.

Disons-le hardiment : si la crainte d'éclairer les autres ôtoit aux hommes instruits le courage d'allumer le flambeau des connoissances, ils en resteroient eux-mêmes bien plus souvent exposés aux chocs de l'erreur.

A ces raisons ajoutons l'autorité.

Cette Compagnie savante, si respectée en France & dans toute l'Europe, au sein de laquelle repose la véritable philosophie, celle qui intéresse l'humanité, a donné l'exemple. L'Académie des Sciences a publié successivement la description de plusieurs Arts : voilà ma réponse sur l'utilité de mon Ouvrage.

On ne trouvera guere ici de citations d'Arrêts, d'Ordonnances, de Statuts & Réglemens, auxquels cependant ont été assujettis la plupart & presque tous les procédés dont on fera mention. L'Encyclopédie en cite beaucoup : mais s'il est dans le plan du vaste amas des connoissances, de suivre la marche de l'esprit humain, d'en marquer les progrès & tout ce qui a concouru à nous placer où nous sommes, une telle collection doit être aussi le dépôt de ses écarts & de ses erreurs. Pour moi, je n'ai d'autre but que celui d'instruire ceux qui ne le sont pas dans les Arts que je décris, & de mettre ceux qui les exercent sur la voie de les perfectionner.

On pourra croire que j'aurois dû mieux faire & mieux dire ; mais qu'on fasse & qu'on dise mieux, je serai le premier à y applaudir, & je n'en aurai pas moins d'obligation que le Public à ceux qui voudront bien me redresser. En attendant, je ne puis m'empêcher d'observer que, si l'ignorance absolue des Lettres se fait sentir, & excite des regrets à chaque pas, lors même qu'on rencontre des Ouvriers intelligens qui veulent bien, ce qui est rare, se prêter de bonne grace, & être de bonne foi dans l'exposé des procédés de leur Art, on est bien autrement peiné de trouver l'Art de bien dire dénué des connoissances de l'Art qu'on prétend décrire. Le premier n'est que rebutant : l'ardeur de savoir peut vaincre cette résistance. Chez celui-ci, les Gens de Lettres restent incertains des notions à y prendre, & les Artistes étonnés de n'y pas retrouver les leurs.

En ceci, je ne prétends parler que de quelques-uns de ceux des Arts réunis à la grande Collection, & d'un plus grand nombre décrits dans l'Encyclopédie, qu'une longue expérience m'a mis en état de juger. Cette Collection est si précieuse à tous égards, & l'Encyclopédie est si au dessus de tout éloge à tant d'autres, que c'est s'accorder toujours avec leurs Auteurs, que de les contredire quelquefois.

A l'égard du Dictionnaire portatif, raisonné, & universel des Arts & Métiers, de l'une & de l'autre édition, il est si éloigné d'être raisonné & universel, qu'en suivant la pauvreté de sa nomenclature, si l'on en éloignoit le maigre historique, la petite glose pour amuser, & les nombreuses citations de Statuts, d'Arrêts & Réglemens, il ne resteroit guere qu'un amas de procédés faits sans choix, sans méthode, & sans principes.

On peut diviser cet Art en deux parties.

La premiere contient tous les procédés qui font l'objet des soins & des travaux des Fabricans : ils se terminent au moment où chaque espece d'étoffes sort du métier, & est livrée au Marchand, qui, de son côté, reste chargé de faire faire tous les apprêts convenables à chacune d'elles.

La seconde partie contiendra, outre leur description & celle des outils & ustensiles propres à chacune d'elles, des dissertations sur le dégraissage : on en indiquera les méthodes les plus sûres & les plus expéditives, & l'on fera sentir l'importance de dégraisser les étoffes rases & seches sans les fouler. On parlera du blanchissage, des débouillis, des échaudages ou lavages à l'eau froide des étoffes. On exposera les raisons de préférer souvent à ces opérations prescrites & d'usage, des procédés nouveaux & d'un résultat bien supérieur. On indiquera aussi les différentes manieres de raser les étoffes, de les corroyer, de les calandrer, de les presser, soit en leur conservant le grain en total ou en partie par le moirage, soit en écrasant ce grain par un apprêt mat ou par un apprêt luisant.

Si quelques personnes bien intentionnées, & instruites dans l'Art que je décris, pensoient qu'il seroit utile, pour le progrès de cet Art, d'étendre ou de rectifier certains articles, je les prie de m'adresser leurs observations à ce sujet : je les publierai, en leur en faisant honneur, dans un carton inséré au premier cayer qui suivra celui-ci ; & si ces observations sont importantes & de quelque étendue, on les imprimera à part, en feuilles de même format, pour être livrées ensemble ou séparément à ceux qui auront pris le premier Ouvrage.

Déjà je dois à M. Joiron Maret, l'un de nos Fabricans les plus intelligens, & celui qui réunit le mieux à des pratiques sûres l'art de les raisonner ; je lui dois des remarques utiles, dont j'ai profité dans la description de cet Art, même depuis l'examen & l'approbation de l'Académie.

Cet Art, ainsi que celui du Fabricant de velours de coton, étoient décrits en 1776. J'avois remis mes cayers au Magistrat ami des Arts, & Administrateur du Commerce : ils passerent de ses mains en celles de l'Académicien Commissaire de l'Administration en cette partie, qui lui en fit le rapport. Je partis pour l'Italie. Ce voyage long & intéressant à tant d'autres égards, prit mon temps & remplit mes idées. Ce n'a été que bien après mon retour, que le même Académicien m'a déterminé à soumettre ces descriptions à l'examen de la savante Compagnie dont il est membre.

Je préviens de cela, parce qu'il est des faits qui ont aujourd'hui plus ou moins lieu, mais qui existoient ainsi. Cependant, à l'égard des faits tellement relatifs à l'Art qu'ils en sont une extension ou une réformation, ils m'ont servi à l'étendre & à le corriger. J'ai vu opérer de nouveau ; j'ai répété tous les procédés ; j'ai relu mes descriptions avec des Gens de l'Art les plus instruits. Malgré tout, je sens qu'il reste beaucoup à faire. Les Arts se perfectionnent tous les jours. Jamais on ne porta dans les recherches de ce genre un zele plus ardent ; jamais on n'y répandit autant de lumieres : mais ce qui me console & m'anime, c'est qu'on ne doit ces recherches & ces lumieres qu'au courage de ceux qui, montrant ce qui est, & arrachant ses bornes, ont ouvert la carriere des possibles. Je dois encore prévenir qu'une circonstance ayant déterminé de ma part un Mémoire précipité sur l'éducation des troupeaux & la culture des laines en France, je puisai plusieurs passages dans ces notes. Je croyois ne travailler que pour l'Administration, qu'il étoit question d'instruire : elle a jugé à propos de faire imprimer ce Mémoire, d'où il résultera quelques répétitions pour ceux qui auront les deux Ouvrages.

L'ART
DU FABRICANT
D'ÉTOFFES EN LAINES.

DES LAINES.

On a beaucoup écrit en France depuis quelque temps sur l'éducation des troupeaux de moutons, & le traitement des Laines. On a fait beaucoup de Mémoires, & quelques expériences. On a montré le mal, & on a indiqué pour remede la conduite des Etrangers à cet égard : mais ces Etrangers nos voisins regardent depuis long-temps cette partie de l'économie rurale, comme assez importante pour en faire une affaire d'Etat. La leçon, l'exemple, les moyens marchent à la fois, & l'effet est immanquable. En France, c'est seulement par intervalle que l'État a montré qu'il y prenoit quelque intérêt. L'exemple y a été rare & momentanée ; les secours ont presque toujours manqué ; & nous restons les admirateurs & les tributaires de nos voisins (1). Nous ne répéterons point ici ce qu'on a dit sur cette matiere. Lorsque l'Administration voudra s'en occuper, les instructions paroîtront en foule. Nous prévenons seulement, que, si l'on cherche une fois à puiser dans les sources actuellement connues, il y aura beaucoup à élaguer, beaucoup de faits inexacts, d'indications fausses, & de conjectures hasardées (2).

(1) La Laine, cette matiere précieuse à tant d'égards, mériteroit des soins plus particuliers de la part du Gouvernement, quand même on réduiroit ses avantages multipliés à celui que nous sommes dans le cas de décrire ici. Nous avons vu donner des gratifications pour encourager la plantation du mûrier ; nous en avons vu faire d'immenses dans les meilleures terres ; nous avons vu arracher jusqu'à l'olivier dans les deux seules Provinces de France où cet arbre si précieux, si lent, puisse croître, pour lui substituer le mûrier : on s'est ôté l'espoir de toute récolte dans les fonds où cet arbre meurtrier a pris racine, & cela pour une industrie seche, renfermée dans quelques villes, & uniquement consacrée au luxe.

Depuis dix ans, les Laines ont augmenté de prix dans ce pays, de vingt à vingt-cinq pour cent. Le nombre des individus qui la donnent est diminué, & plus encore la quantité de matiere par chaque individu. La trop grande cherté des grains & des fourrages a forcé tous ceux qui ne récoltent que peu ou point, & qui avoient cependant de petits troupeaux, à s'en défaire. Les autres ont plus mal nourri, réservant, pour les vendre, des denrées où l'on trouvoit un bénéfice présent & supérieur, d'où les toisons du poids de quatre livres, taux commun, sont réduites au plus à trois. Les maladies de ces animaux sont plus fréquentes, plus dangereuses, & l'on se hâte moins de remplacer. En général le nombre des moutons, dans les territoires où la diminution est le moins sensible, dans les lieux de terres labourables mises en pleine culture, est égal à celui des journaux à la sole : un pour trois journaux, & moindre à proportion dans les autres. Cette quantité enfin dans les temps ordinaires est à peu près égale à la population des campagnes : elle est moindre aujourd'hui, dans les environs des villes sur-tout, où tout est plus cher.

Le prix de l'achat des moutons, depuis l'époque indiquée, a presque diminué en raison de l'augmentation du prix de la nourriture. Les toisons valent actuellement, en 1775 en Picardie, 3 liv. l'une dans l'autre. L'agneau se vend au plus quarante sous : ainsi tout ayant réussi à souhait, l'animal pourroit rendre 5 liv. par an, & sa dépense se calcule sur le pied de 9 à 10 liv. Il est évident que la seule raison de l'engrais a pu déterminer les Fermiers à soutenir cette éducation.

Ne pourroient-ils pas y être encouragés, ainsi que tous les autres qui l'ont abandonné, par une diminution de taille proportionnée à l'objet, au lieu de l'augmentation réelle & toujours arbitraire ? Cet arbitraire, si nuisible dans tous les temps & à tous égards, écrase cette partie dont il a fait un objet d'industrie dans les campagnes, pour y augmenter ceux d'imposition ; en sorte qu'on ne taxe pas seulement le bien, sa valeur, & son produit, mais l'intention & les efforts qu'on fait pour améliorer ce bien & augmenter son produit, quoique ces efforts soient quelquefois infructueux, quelquefois même ruineux. Les manufactures en souffrent au point de craindre, par cette seule raison, de perdre un jour la concurrence avec l'Etranger. La Hollande déjà nous tire des sommes très-considérables, par le prodigieux débouché de ses matieres, & le prix exorbitant qu'elle y a mis ces dernieres années.

(2) Il en est dans cette partie comme dans les autres : de trois choses l'une, & souvent les trois à la fois : ou le premier fait la planche, & les autres, en gente moutonniere, passent dessus avec assurance, & débitent quelquefois des vérités, souvent des erreurs, quelquefois en les déguisant par un peu de variété dans le style, souvent mot à mot, quelque mauvais qu'il soit : ou, pour avoir moins l'air de compilateur, & se faire croire plus instruit, on arbore l'étendard de la contradiction, on outre en sens contraire : ou enfin on nous donne des tirades faites à la maniere dont l'Abbé de Vertot décrivoit les siéges & les batailles, d'imagination, lorsque les Mémoires lui manquoient.

Parmi les objets que nous avons eu en vue en voyageant dans toutes les Provinces du Royaume & dans les Etats voisins, celui-ci a toujours eu une place distinguée. Ayant résidé au centre, & à plusieurs des extrémités du Royaume, j'y ai suivi les diverses pratiques & observé les résultats, ce qui a donné lieu à plusieurs Mémoires.

Les détails contenus en ces Mémoires, mis à la tête de cet Ouvrage, éloigneroient sans doute du but qu'il annonce : ils ne seroient pas directement utiles aux personnes pour lesquelles cet Art est écrit. On s'en tiendra donc à quelques observations générales, & à faire connoître les sources où l'on puise, pour passer immédiatement aux détails des opérations que les Laines subissent.

La beauté, la finesse de la Laine, sa longueur plus ou moins considérable, sa qualité lisse ou feutrante, propre au peigne ou à la carde, aux draperies ou aux étoffes rases & seches; toutes ces différences tiennent beaucoup moins à l'espece qu'au climat, à la nourriture & aux soins. Les animaux, les plantes mêmes prennent une forme si propre aux climats où ils se naturalisent, qu'après quelques générations on n'y reconnoît plus rien. Les parties qui se renouvellent périodiquement, sont encore plus sensibles à ces variations, & la Laine en est un exemple des plus frappans.

Les plus belles Laines de France sont, sans contredit, celles des plaines de Narbonne; & la bénigne influence de ce beau climat se propage par gradation dans les campagnes du Roussillon jusqu'aux Pyrénées, & dans celles de Beziers jusqu'au delà de cette ville du côté de Pezenas. Si l'éducation pouvoit détruire l'influence du climat, on seroit exposé à avoir à Narbonne les plus mauvaises Laines de France. Il n'y a aucun endroit, au moins que je sache, où elles soient si mal traitées. Ce n'est pas trop dire, pour le faire concevoir, que d'en annoncer le déchet au lavage, de 70, souvent de 75, & quelquefois de 80 pour cent (1).

L'espece est à peu près la même dans toute la Province : mais comme il y a grande variété d'aspects, d'influences, de productions, & de méthodes, il y a grande diversité dans les qualités. Il en est ainsi, plus ou moins, dans toutes les Provinces méridionales. Dans celles du nord, la température est plus uniforme; les productions y sont moins variées; les inégalités y sont moins sensibles : aussi la différence ne se fait-elle appercevoir qu'à de plus grandes distances (2).

C'est aussi le climat, ses productions, & la culture, qui concourent le plus à donner à la Laine cette sorte de qualité qui en détermine l'emploi. Les Hollandois tirent des moutons de la Basse-Poméranie, dont la Laine, passablement fine, est courte néanmoins : elle s'embellit & s'alonge dans leurs gras pâturages. Les belles Laines d'Espagne trouvent leur destination dans les draperies fines, & elles y sont les plus propres qu'on connoisse. Les mêmes moutons en Angleterre donnent des Laines qui s'emploient avec le plus grand succès dans les plus belles étoffes rases : mais nous ne parlerons point des premieres qui n'ont aucun rapport à notre objet, ni des autres, dont nous ne consommons plus guere par la grande difficulté d'en avoir.

En partageant la France à peu près à la latitude de Tours & d'Angers, on voit que la plupart des établissemens, en matieres nationales, sont, du côté du midi, en draperies, & du côté du nord, en étoffes rases. Les grandes fabriques de ce dernier genre sont celles de Flandres, de Picardie, de Champagne, & du Mans (3). Celles de draperies d'Abbeville, de Sedan, de Louviers, d'Elboeuf, des Andely, de Dernetal, & autres, n'emploient que des matieres étrangeres, & par conséquent leur position est indifférente, relativement à l'emploi des matieres du pays.

La Flandre consomme les Laines de son crû, & une partie de celles de la Hollande. La Picardie, qui en emploie une très-grande quantité, outre celles de la Province, en tire du Soissonnois, du Valois, de la Brie, & quelquefois de la Champagne, de la Lorraine, & de l'Alsace : elle se fournit aussi quelquefois jusqu'en Sologne, & même en Berry, mais avec trop peu de fruit pour que ce soit fréquemment ni abondamment. Elle en tire de la Basse-Allemagne par Hambourg, & de la Haute par Strasbourg : la Saxe même commence à lui fournir des Laines filées très-fin, qui viennent par Francfort & par Mayence; mais c'est la Hollande qui est le plus grand magasin de ces fabriques : il n'y est question ni de perfection, ni de supériorité en aucun genre, que l'emploi de cette matiere ne soit supposé.

Comme ce commerce devient de jour en jour plus considérable & plus important, à raison du haut prix, de la rareté, & de la détérioration des Laines nationales, il sera nécessaire d'en traiter un peu plus au long.

On le sent : quiconque a un intérêt direct à être instruit de tel ou tel commerce, doit s'attendre à être trompé, s'il l'ignore; & d'ailleurs, on a accrédité sur celui-ci des erreurs plus propres à éloigner l'idée de s'en instruire, qu'à en donner le goût. Il sera nécessaire aussi d'indiquer d'où Reims & Rhetel tirent les Laines que consomment leurs fabriques. A l'égard du Mans, il ne va pas très-loin au delà des frontieres de la province pour s'en (4) fournir.

La gradation de qualités des Laines de Picardie suit assez celle de ses distances à la mer : elles sont très-communes sur la côte, un peu moins au centre, moins encore dans le Santerre & le Vermandois, supérieures enfin dans le Soissonnois, sur cette lisiere de la Champagne, & dans la Brie. Pénetre-t-on dans la Thiérache, pays plus maigre, où l'espece devient chétive, dans les montagnes, dans les forêts? toutes les productions se sentent de l'âpreté des lieux : cependant, en tirant du côté de Charleville, & en pénétrant dans les Ardennes, la Laine s'alonge un peu, & devient plus propre au peignage. Tout ce qu'on en peut tirer de plus beau, s'emploie dans les manufactures d'étoffes rases de Reims ou de Rhetel. Les autres parties de ces mêmes Laines concourent à l'entretien des fabriques de bas & de bonneteries communes, très-répandues dans tous ces cantons.

Dans les bons cantons de la Lorraine, & mieux

J'ai beaucoup de ces sortes d'Ouvrages sous les yeux, pour lesquels, ni les sources indiquées, ni même les noms cités, ne sauroient augmenter ma confiance.

(1) On enferme les troupeaux dans des bergeries mal-propres, étroites, étouffées, dont les planchers de gaules ou de lattes écartées, laissent passer la poussiere & les menus brins de fourrage qu'on met dessus. Le crotin, l'urine croupissent dans les toisons; le suin en devient caustique, les rend jaunâtres, & les brûle.

L'idée seule de la chaleur étouffante & de l'air empesté que ces animaux respirent dans ces étables, où ils sont continuellement dans l'ordure, jointe à celle de les exposer subitement à toutes les intempéries de l'air, doit faire juger de leur état de foiblesse & de langueur, du nombre de maladies qui les affligent, & de la quantité qu'il en périt. Ce tableau, plus ou moins conforme à ce qui se pratique, suivant les cantons, présente exactement la maniere dont cette partie de l'économie rurale est traitée au midi de la France. On ajoutera pour dernier trait, que dans beaucoup d'endroits on ne fait parquer les moutons en aucun temps de l'année.

(2) Les bergeries y sont aussi souvent plus aérées & moins mal-propres; mais on y mêle également la laine des bêtes vivantes ou mortes de quelques maladies que ce soit, & de tous les degrés de maturité, sans choix des différentes parties.

(3) On fait quelques serges à Mende; on y fait des Malbourougs; on trouve encore çà & là quelques établissemens d'étoffes rases; mais ces exceptions ne sont pas frappantes.

(4) Il n'est ici question, à l'égard de Reims, que de la fabrication de ses étoffes rases & seches. On sait bien que, pour les draperies, elle tire en partie les Laines d'Espagne.

dans les plaines de l'Alsace, & sur les rives de part & d'autre du Haut-Rhin, la Laine s'alonge aussi; & quoique le poil n'en soit pas très-fin, qu'il soit même un peu dur & roide, elle s'étend néanmoins à la filature, & donne un fil ferme, très-propre à la fabrication de nos étoffes rases communes.

La division qu'on a donnée de la France, se fait en même temps sentir par la maniere de traiter les Laines. Ce n'est pas qu'il y ait quelque partie de ce Royaume où l'on fasse parquer, comme en Espagne, en Angleterre, en Hollande, ou que l'éducation locale offre des pratiques bonnes à saisir & à transplanter; mais on y suit différentes méthodes dans la tonte & le lavage des Laines.

Dans toutes les Provinces méridionales, & particuliérement en Languedoc, on tond en gras, & le commerce des Laines se fait dans cet état; mais en général on leur donne aussi-tôt après la tonte, un premier lavage, qui consiste à les agiter simplement dans l'eau courante, ce qu'on appelle *patrouiller la Laine.* On sent bien que cette opération ne la dégraisse pas, mais qu'elle la purge seulement des ordures qui y adherent. On la garde en cet état jusqu'au moment de l'emploi; alors on la dégraisse à fond.

Lorsque la Laine n'a pas reçu ce premier lavage, & qu'on veut la dégraisser sur le champ, il suffit de la tenir dans l'eau chaude à y pouvoir tremper la main, jusqu'à ce qu'on s'apperçoive qu'elle s'ouvre, que les *loquets & durillons* s'amollissent, se dilatent, s'alongent; de la lever ensuite sur le bord de la chaudiere, de l'y laisser égoutter un instant, pendant lequel la chaleur humide & concentrée excite & entretient la dissolution & la désunion des matieres grasses; de la laver enfin encore chaude au courant d'une riviere.

A l'égard de la Laine qui a reçu ce premier lavage, ainsi que celle d'Espagne, quoique non dégraissée, elle ne conserve pas la même dilatation; les pores sont resserrés; la matiere un peu durcie; le suin plus tenace: il se recuiroit à l'eau crue avant de pouvoir s'échapper. On la ramene, en quelque façon, à son premier état, en mettant au fond de la chaudiere de la Laine non lavée, ce qu'on appelle *garnir le bain en surge;* & lorsqu'il y en a une quantité convenable, ce que l'expérience & l'état des matieres indiquent, on y plonge la Laine lavée & à dégraisser, enfermée en un filet, pour qu'elle ne se mêle point avec celle *dite en surge* qui garnit le bain, par partie de vingt-cinq à trente livres, plus ou moins, suivant la grandeur de la chaudiere, dans laquelle il convient qu'elle soit fort à l'aise. La suite de l'opération est la même qu'au cas précédent.

Ces pratiques, sur lesquelles je m'étends volontiers, parce qu'elles sont préférables à toutes les autres, demandent un ouvrier intelligent & exercé pour régler le bain & le feu. Certaines Laines demandent une plus grande quantité *de surge*, une plus grande chaleur, plus de temps dans le bain. On renouvelle ordinairement tous les deux ou trois jours le bain du dégrais; il seroit mieux de le faire chaque jour. On regarnit de surge dans la journée s'il en est besoin, & à la fin du jour on lave la Laine qui est au fond de la chaudiere, pour la regarnir le lendemain. Ainsi, il est toujours nécessaire que ceux qui font laver leurs Laines aussi-tôt après la tonte, en conservent une partie intacte, pour faciliter le dégraissage de ces mêmes Laines.

Si quelques Fabricans lavent & dégraissent à fond leurs Laines aussi-tôt après la tonte, c'est que, mal accommodés de la fortune, ils ne peuvent en faire une provision bien considérable, puisqu'il est constant qu'elle est inattaquable aux vers dans son suin, & qu'elle s'y conserve des années entieres dans toute son intégrité, & qu'il ne l'est pas moins qu'ils la dévorent le plus souvent, lorsqu'elle en est absolument purgée. Il en est au contraire qui la conservent au delà d'un an, sans même la faire passer par le premier lavage: ils prétendent qu'elle acquiert en cet état plus de qualité, & qu'elle donne plus de longueur d'étoffe; mais elle est plus sujette à s'échauffer, & il s'y établit quelquefois une petite fermentation qui lui donne toujours une couleur roussâtre qu'il est très-difficile de lui faire perdre.

En Basse-Normandie, au Cotentin principalement, au Maine, & dans les environs, on tond aussi en gras, & la Laine se vend ainsi aux Fabricans. Ceux-ci mettent ensuite ces toisons en monceaux, pour les faire *monter en suin*, disent les Fabricans, par une petite chaleur & un peu de fermentation qui s'y introduisent, & qu'on ne laisse pas pousser loin. La division de chaque toison & le choix de chaque partie se font incontinent. On met à part les différentes qualités; on en coupe les parties tenaces & durcies qui sont à distraire; on les bouchonne par petits paquets, qu'on range ainsi dans une cuve; on verse dessus de l'eau presque bouillante, jusqu'à ce que la Laine en soit submergée; on agite peu après chaque bouchon, & on le tord fortement sur la cuve, à dessein d'y conserver le bain, & d'en dégraisser ensuite l'étoffe même; on en use ainsi, du moins au Cotentin, à l'égard des serges de Saint-Lo. On lave sur le champ la Laine à l'eau courante.

Toute la Flandre tond aussi & vend ses Laines en gras: on y a, pour le dégraissage, la même méthode qu'en Languedoc. On dégraisse la Laine en toison à l'eau très-chaude; mais on y emploie de l'urine pour environ un quart du bain: on la lave ensuite en riviere.

Dans ces pays, & dans la plupart de nos Provinces du nord (1), on lave les moutons à la riviere avant la tonte, à la fin de Mai ou au commencement de Juin, un mois avant le parcage, afin que la Laine ait le temps de repousser, pour les garantir du froid auquel ils sont très-sensibles au sortir de leurs bergeries étouffées. Ce lavage n'a pas d'autre effet que le *patrouillage* du Languedoc. Ce n'est point un *désuintage*, qui ne s'opere véritablement qu'après le battage & l'épluchage, par le dégraissage au savon enfin. Il est inconcevable combien on tourmente ces animaux dans cette opération (2). On les jette au courant d'une riviere,

(1) L'observation de quelques Auteurs de ne pas sécher les Laines au soleil après le lavage, dans la crainte qu'elles n'en deviennent plus dures, plus roides, est tout à fait puérile. La pratique du Gévaudan & de quelques autres endroits, est d'autant moins à citer à cet égard, qu'on y fabrique principalement des étoffes rases & seches, auxquelles un peu de fermeté est plutôt utile que nuisible, & que toutes les grandes manufactures de draperies du Languedoc en ont une absolument contraire. Les séchoirs, souvent pavés, sont toujours exposés au grand soleil, avec l'attention que rien n'y porte ombrage: mais si l'on a dessein de fabriquer & de laisser l'étoffe en blanc, ou de la mettre en couleur très-claire, cette méthode est fondée, parce que l'ardeur du soleil les jaunit un peu, & c'est ce qu'on a oublié d'observer.

(2) Toute l'histoire du ressort de la Laine perdue au lavage & rétablie sur la bête, lorsqu'on lave avant la tonte, &c. faite uniquement pour vanter cette méthode, n'a pas la moindre vraisemblance; cependant elle a séduit. On a répété le ressort perdu, rétabli ou non rétabli: on a fait beaucoup de suppositions en l'air; & de prétentions en prétentions, & d'erreurs en erreurs on a été jusqu'à vouloir nous persuader que les brebis, par la seule vision de bêtes cornues, autres même que celles de leur espece, comme des vaches par exemple, concevoient des cornes; & gravement, dans un Ouvrage sérieux, long & méthodique, on cite en preuve les baguettes de Jacob. Si les Laines lavées après la tonte perdoient ou ne reprenoient pas leur ressort, où en seroit l'Espagne qui ne les lave qu'après la tonte, & qui nous fournit les meilleures Laines pour la draperie? Où en seroit la Hollande qui nous en fournit de supérieures pour les étoffes rases? Où en seroient la Saxe, l'Autriche, & presque toute l'Allemagne, qui regarde le temps de cette opération comme perdu,

où deux personnes les frottent, les agitent, & les secouent en tout sens, & avec une telle violence, qu'ils en restent long-temps étourdis; ils en meurent même quelquefois. Les gens qui sont droits font passer incontinent leurs troupeaux au soleil, sur l'herbe, pour les réchauffer & en faire sécher promptement la Laine avant qu'elle puisse se salir. Ceux qui ne le font pas, les conduisent sur un chemin où ils puissent faire lever & retomber la poussiere sur ces toisons mouillées. Comme cela se fait à l'instant du lavage, peu avant la tonte, le poids s'en trouve augmenté, sans apparence d'altération à la couleur. Au midi, on pratique aussi cette ruse, quoiqu'on ne lave pas la Laine sur la bête: il en est même qui en sont assez occupés dans le courant de l'année, pour favoriser l'adhérence des ordures aux toisons, & il n'est pas sans exemple d'en avoir vu pousser ainsi le poids jusqu'à quinze livres, réduites à trois livres au lavage.

Le lavage à la riviere, bien fait, réduit à moitié le poids de chaque toison; &, dans cet état, le taux commun dans tous les cantons est d'environ trois livres de Laine l'une dans l'autre. Le peignage & dernier lavage, dont on parlera, font encore décheoir la Laine de trente à trente-cinq par cent, sur quoi on retire dix, douze à quinze livres de peignon, qui se consomme dans les étoffes drapées communes, les tricots, tiretaines, & autres de ce genre.

On verra qu'il est question en plusieurs circonstances, de filatures, & même de tissage en gras; mais ce sont des matieres butyreuses, oléagineuses, ou autres également d'application, pour la facilité des opérations dont il est question, & nullement de la graisse naturelle ou du suin de l'animal, dont il est toujours très-bien de purger la Laine avant la filature, quoiqu'il y ait quelques sentimens contraires.

A l'exception d'une partie des Laines de Hollande, qu'on tire toutes filées de Turcoing en Flandres, & de quelques essais qu'on vient de faire de celles de Saxe, toutes celles qui se consomment en Picardie, s'y filent. On en pourroit dire autant de toutes les autres fabriques citées, pour lesquelles ces exceptions mêmes n'ont pas lieu, comme on le verra plus en détail, lorsqu'il sera question de chacune d'elles.

Je reviens à la Hollande, qui en produit une très-grande quantité, & qui en fournit à la France une quantité bien plus grande encore. La Zélande, la Hollande proprement dite, la Nort-Hollande, le Texel & le Wiering, la Frise & la Groningue, sont les Provinces & cantons des Pays-Bas qui fournissent les Laines connues sous le nom générique de Laines de Hollande; mais elles se distinguent très-bien dans le commerce, par une qualité propre à chaque endroit.

La Zélande est un des moindres cantons parmi ceux de la Hollande considérés à cet égard. Les Laines éprouvent au peignage un déchet de près du tiers, & ce peignon n'est propre qu'à la draperie commune. Les deux autres tiers entrent dans les calmandes, les camelots communs, & autres étoffes de ce genre.

La Hollande, depuis les bouches de la Meuse jusqu'en Nort-Hollande, à l'exception du territoire d'Amsterdam, qui est compris avec la Nort-Hollande, en produit le double de la Zélande, & elles sont plus estimées. Ce ne sont point encore leurs Laines de premiere qualité. Les Hollandois n'en emploient guere d'autres cependant dans les manufactures de camelots de Leyde, si ce n'est dans les camelots poils superfins, dont l'objet n'est pas considérable: ils en font aussi beaucoup de bas, de tricots pour habits, & la plupart de leurs étoffes rases communes; ils n'ont chez eux que quelques Peigneurs & peu de filatures, parce que la main d'œuvre y est trop chere; ils envoient en général les Laines pour filatures rases qu'ils consomment dans leurs fabriques, à Turcoing, où l'on peigne & file convenablement pour toutes les fabriques de ce genre: on les leur renvoie en fraude, moyennant quatre pour cent d'assurance, pour éviter un droit de sortie de quinze pour cent, assez mal calculé, pour ne rien rendre; au lieu que s'il n'étoit que de cinq à six pour cent, personne ne courroit de risque, & mieux encore s'il étoit supprimé; on ne gêneroit pas, on n'arrêteroit pas le cours de l'industrie & le progrès d'une main d'œuvre, par une taxe de quatre pour cent.

La Nort-Hollande est le plus considérable & le plus riche filon de cette mine: c'est la plus belle Laine que fournisse la Hollande, sur laquelle cependant il se fait encore un choix de superfin, mais tel que rien ne l'égale. C'est absolument le sol du canton, entre Hoorn sa capitale, Alckmar, & Purmerent, & ses gras pâturages, qui déterminent cette supériorité, & la Laine du Beemster est toujours la Laine par excellence. C'est un terrein bas, anciennement submergé, de prairies très-coupées de canaux, où les moutons paissent & parquent toute l'année. A mesure qu'on s'éloigne de ce centre, la Laine perd de sa qualité. Celles de la Westfrise & des Dunes de la mer du nord sont les moins belles. Toutes les Laines de la Nort-Hollande viennent en France; car je compte pour rien la foible quantité qui s'en reporte à Leyde, après avoir été filée à Turcoing, pour son emploi dans les camelots; & l'exception à faire de ce qui s'en consomme dans les étamines glacées de Bruxelles, n'est pas de nature à faire plus de sensation.

Les Isles du Texel & de Wiering en produisent en beaucoup moins grande quantité, & il faut se garder de les confondre avec la masse générale: elles sont plus communes que les Laines de la Hollande, & valent un tiers de moins que celles de la Nort-Hollande, sur-tout celles de Wiering, inférieures encore à celles du Texel.

La Frise fournit aussi de très-belles Laines, de qualité à peu près égale à celles de la Nort-Hollande, mais un peu plus courte: elles passent aussi presque toutes en France. C'est de même, en tirant vers le centre de cette Province, aux environs de Sneec & de Leuwarde, qu'on trouve les plus belles.

La Groningue, comme la Zélande & le Texel, forme aussi l'un des extrêmes. La quantité des Laines y est moindre, & la qualité plus commune: elles valent un quart de moins que celles de la Frise. On peigne un peu en Frise & en Groningue, & il y a quelques manufactures qui en consomment entre quarante à cinquante milliers.

& qui traite de ridicule l'opinion qui la conseille? Où en seroient enfin la Flandre, l'Artois, nos Provinces méridionales, &c. où l'on ne lave non plus qu'après la tonte? J'y ajouterai même le Maine, une partie de l'Anjou & de la Basse-Normandie, où l'usage de laver la Laine après la tonte est plus général que celui de la laver sur la bête, & où l'on se plaint qu'il ne soit pas universel, par les abus qui en résultent.

Ce n'est pas que nous désapprouvions aucune pratique qui tend à entretenir les troupeaux dans la plus grande netteté possible; nous en sentons trop les conséquences. Le cours libre des humeurs entretient le sujet sain, au lieu que la mal-propreté, arrêtant la transpiration, les rend stagnantes, & les force ensuite de se répercuter: de là les maladies de la peau, & enfin la corruption interne. En travaillant à entretenir la force & la santé de l'animal, on opere en même degré sur la qualité de la Laine qu'il porte: cela est évident. Mais n'abusons point le public, qui, s'il avoit le malheur de croire à nos petites recettes & à nos déclamations, perdroit bien du temps en essais inutiles, & feroit des dépenses qui ne le seroient pas moins.

On observe que les moutons auxquels on a coupé la queue étant jeunes, s'arrondissent davantage, se portent mieux, sont plus gras, ont plus de Laine, & de plus belle Laine. Toute la Hollande, la Nort-Hollande, la Frise & la Groningue sont dans cet usage (1). Le Texel & le Wiering, dont la race est la même que celle de la Hollande, ne le suivent pas, non plus que l'Utrecht, dont les moutons, de race Allemande, portent une Laine beaucoup plus commune. Si l'on transporte des agneaux de ces cantons dans les bons endroits de la Nort-Hollande & de la Frise, on leur coupe la queue aussi-tôt, & ils changent en un an ou deux; ils se naturalisent, & deviennent insensiblement semblables aux autres.

En Hollande, les moutons parquent toute l'année, même en temps de neige: alors ils grattent & cherchent leur nourriture dessous. Est-elle gelée? on leur jette du foin dessus, & ils y vivent sans quitter le champ ni jour ni nuit; car il n'y a point de bergeries dans tous ces pays-là, qui, étant bas, découverts, & très-coupés de canaux, sont absolument exempts de loups, ainsi que l'Angleterre.

Dans l'Utrecht, comme en Allemagne & en France, on renferme les troupeaux l'hiver, & ils ne parquent que l'été. Les Laines sont très-communes dans cette Province, ainsi que dans l'Overissel & la Gueldre, dans les Duchés de Cleves, Bergues & Julliers, & en continuant de remonter le Rhin & la Meuse, y compris les Electorats Ecclésiastiques, les Etats de Liege, & jusqu'en deçà du Luxembourg. On en pourroit dire autant de presque toute la Westphalie, partie de l'Allemagne où les troupeaux sont les moins soignés, où l'on voit aux champs, presque par-tout, un mélange continuel de bêtes à laine avec les cochons, les vaches, les chevaux, & autres bestiaux de ce genre, sous la conduite du même berger. Cette pratique est nuisible à tous égards, puisqu'il y a la plus grande opposition de goûts, d'humeurs, de sensations, de besoins: elle entraîne la dégradation de l'espece; elle augmente & aggrave toutes les infirmités des différens bestiaux, & les communique des uns aux autres.

On trouve cependant dans ce pays-là des traces de l'amputation de la queue aux troupeaux. Cette pratique gagne des Marches du Brandebourg, par la Haute-Saxe, & les parties du Brunswick & de l'Hanovre qui l'avoisinent.

Je suis bien loin de confondre ici les Laines des Marches du Brandebourg, celles des parties de la Poméranie qui l'avoisinent, & celles de la Haute-Saxe, avec celles qui sont ordinairement connues sous la dénomination de Laines d'Allemagne. Les premieres méritent la distinction la plus marquée; & je me sens d'autant plus porté à en faire une mention particuliere, qu'elles s'emploient avec le plus grand succès dans toutes les étoffes dont la fabrication fait l'objet de l'Art que je décris.

Berlin, au milieu des sables des Marches, est en même temps le centre des plus belles Laines que l'Allemagne produise. Cette qualité se fait encore remarquer, mais avec quelque altération, dans les terreins sablonneux que nous avons indiqués; & par-delà Potsdam, en tirant vers Brandebourg, un peu au dessous de Stetin, & plus près encore du côté de la Lusace, elles n'ont plus ce même degré de finesse, de douceur, qui, jointes à la fermeté, à la longueur, & à leur état ras & lisse, donnent une filature très-unie, toutes qualités merveilleusement propres à porter les étoffes à grains, ou à lustrer au plus haut point de perfection. L'exportation de ces Laines est sévérement prohibée; cependant il en descend de temps en temps par l'Elbe, que les Hollandois nous apportent d'Hambourg, avec beaucoup d'autres Laines de qualités différentes.

---

(1) Il est également commun en Flandres, en Angleterre, en Espagne, en Saxe, dans toutes les Marches du Brandebourg, en Poméranie, &, à ce qu'il paroît, dans tous les Etats de l'Europe où la culture des Laines, formant un objet important de commerce, est prise en considération par le Gouvernement, où l'attention des Particuliers, & leur émulation, sont réveillées & soutenues par les regards, la protection, & les secours de l'Administration.

Quelques Auteurs pensent bien que de couper la queue des agneaux à tel ou tel âge, cela influe sur leur corpulence; mais tous nient que la Laine y participe. C'est, à l'égard de sa qualité, nous assure-t-on, une opération indifférente; mais une telle assertion ne l'est pas, & demanderoit bien une preuve. Tous les peuples qui la pratiquent en jugent autrement; & en effet, comment concevoir qu'une opération quelconque, qui changera la forme de l'animal, qui concourra à le rendre plus gras, plus sain, mieux portant, ne contribuera pas en même temps à quelque variation dans une partie telle que la Laine, qui tient aussi essentiellement à la constitution du mouton? Je ne décide pas le fait; j'engage à le vérifier: mais je sais que la Laine des bêtes soignées & bien nourries, toutes choses égales d'ailleurs, est plus fine, plus douce que celle des autres; celle des moutons que celle des beliers; celle des chatrices que celle des brebis. Je sais que les Laines, Plies, Pélures ou Pélades, au sujet desquelles on a débité tant d'absurdités, & prescrit des choses si ridicules, sont aussi plus douces, plus fines que les autres, par la seule raison qu'elles proviennent de bêtes engraissées, avant d'être conduites à la boucherie; d'où il arrive que, si elles coûtent un peu moins, comme moins longues, & en cela moins propres à certains travaux qui demandent aussi plus de consistance & de nerf, elles sont très-recherchées pour les ouvrages qui exigent de la douceur & plus de tendance au feutrage.

La Pélade a l'inconvénient, & c'est le seul, d'être un ramas de Laines de toutes qualités, & à toutes sortes de degrés de maturité: mais ce mélange-là même n'est pas nuisible dans bien des cas, & il arriveroit qu'on le feroit à dessein & avec succès. Qui empêche que dans ces toisons on ne fasse un choix & des assortimens, comme dans les autres? Qu'on voye comment les Turquinois s'y prennent, & l'on saura qu'on en peut tirer le plus grand parti.

Si nos réglemens, au lieu de les proscrire avec anathême, comme vuidant ces étoffes aux apprêts, ou y résistant, comme sujettes aux vers & à la pourriture, &c. eussent donné des méthodes pour les bien faire, elles seroient aussi généralement estimées que les autres, & employées avec autant d'avantage, bien entendu qu'il ne faudroit pas y mêler les agnelins avec les toisons faites, celles des bêtes crevées, & sur-tout de maladies pestilencielles, avec celles des bêtes mortes de mort violente: bien entendu encore qu'il n'est pas ici question de Laines tirées des plains à chaux des Mégissiers, Parcheminiers, & autres Ouvriers de ce genre, qui, n'ayant égard qu'à la peau, brûlent la toison sans difficulté, pour hâter & perfectionner leur travail. Mais qu'on emploie l'alkali fixe, sans en aiguiser, ou même en en modérant la causticité, soit en lessive ordinaire, soit en emplissant les peaux de cendres humectées pendant un espace de temps proportionné à la température de l'air & à l'exposition des objets; ou, pour le mieux, qu'on abatte ces Laines aux ciseaux, & tous les sujets de proscription seront évanouis. Voici de quelle maniere cette partie se traite dans les Pays-Bas. Les Laines de moutons tués depuis la tonte jusquà la Saint-André, qui sont courtes, & qu'on nomme *Berbisaine*, s'emploient à faire des couvertures, des molletons, & quelques autres étoffes communes, en les mélangeant avec d'autres Laines. Les plus basses se mêlent avec la Laine des agneaux & d'autres poils qu'emploient les Chapeliers. Les Laines obtenues depuis la Saint-André jusqu'à la tonte, se nomment *Plys*: on les prépare ainsi. Aussi-tôt que la peau est livrée au Pelletier, il la lave pour en ôter le sang de l'animal; il l'étend; il en retire les ordures les plus apparentes, puis il enduit de chaux vive tout le côté de chair, avec l'attention qu'elle n'ait point de contact avec la Laine. Cette couche de chaux doit être légere, proportionnée cependant à l'épaisseur de la peau. Ceci fait, il plie la peau en deux, la Laine en dehors, & il la roule sur elle-même en forme de manchon. On entasse toutes ces peaux, ainsi préparées, les unes sur les autres pendant vingt-quatre heures, plus ou moins suivant la saison. Les peaux laissées trop long-temps en chaux, s'arrachent avec la Laine, & donnent de très-mauvais Plys. Ont-elles trop peu de chaux? la Laine ne se leve pas facilement. On les lave ensuite en eau vive & courante; on les roule de nouveau; &, soit à la crosse de bois, soit aux pieds, on les bat, on les foule, pour les purger du suin & de la chaux. On continue cette opération jusqu'à ce qu'elles soient blanches & nettes: alors on les met sécher; & tandis qu'elles conservent encore un peu d'humidité, on les étend sur une claie, la Laine en dessus, qu'on en détache avec précaution, pour que la toison, autant qu'il est possible, ne fasse qu'une seule piece. On étend de nouveau cette toison pour la faire sécher parfaitement; on en forme ensuite une *botte* ou *cotte légere*.

Les Laines des belles & vastes plaines de la Haute-Saxe viennent après celles des Marches, & servent à entretenir les nombreuses manufactures du même genre de ce pays & de Gottingen, dont nous aurons encore occasion de parler.

Revenant maintenant aux Pays-Bas, il est bon, après avoir fait remarquer la grande infériorité des Laines d'entre le Rhin & la Meuse, de la Gueldre & de l'Overissel, de dire que celles de l'Oostfrise, de la partie de la Basse-Saxe, entre l'embouchure du Veser & celle de l'Elbe, du Holstein & même du Jutland, & de la plus grande partie du Danemarck, leur sont supérieures, quoique très-inférieures à celles de la Hollande.

Les Hollandois, qui commercent de tout, en tirent beaucoup de tous ces pays-là; & souvent, après les avoir mêlées avec les leurs, ils les vendent toutes comme de leur crû. Les connoisseurs voient la fraude au premier coup d'œil; mais beaucoup de gens y sont trompés. Ils en expédient même quelquefois venant de Hambourg ou des côtes de la Baltique, sans mélange des leurs, sous le nom de Laines de Hollande, & quelques-uns en sont la dupe. Le caractere le plus distinctif des Laines de Hollande est d'être blanches, fines, très-longues, très-lisses, & toutes très-propres à être peignées: mais indépendamment de ces signes communs, plus ou moins caractérisés, & à part les ruses & les supercheries trop ordinaires dans le commerce, les Hollandois, outre la distinction de leurs Laines par canton, font un choix des diverses parties des toisons très-propres à en favoriser la vente, ce qu'ils appellent les détricher, & alors elles sont connues dans le commerce sous les noms de

Norte close, premiere qualité.

D°. deuxieme qualité.

D°. troisieme qualité.

Fine blanche détrichée, c'est le superfin de ces premieres qualités.

Fine grise, inférieure aux précédentes.

Commune blanche, qualité ordinaire.

Commune grise, très-commune.

Cuissards, très-basse & derniere qualité.

Les principaux Marchands de Laine de Hollande se tiennent à Amsterdam, à Leyden, & à Rotterdam; & c'est de là que les tirent les riches Fabricans de France, que leurs occupations empêchent de voyager, & les Marchands qui les achetent, pour les revendre aux Fabricans moins riches. Les Flamands qui font un gros commerce de filatures de Turcoing, voyagent assez réguliérement quelques années de suite dans les Provinces de la Hollande où ils trouvent bon de fixer leurs achats, & il en est qui tirent les Laines des lieux mêmes qui les produisent. Nulle part en Hollande, où l'on parque toute l'année, on ne lave les moutons avant la tonte, si ce n'est aux Isles du Texel & de Wiering; on les tond en gras, comme dans nos Provinces méridionales. Les toisons pesent alors en suin de sept à douze livres; mais on varie ensuite à l'égard de l'opération du lavage. La Nort-Hollande ne les lave guere; elle expédie généralement en *suin*, & c'est ainsi qu'elles arrivent en gras à Turcoing, au contraire des parties méridionales de ces Provinces, qui lavent ordinairement celles de leur crû, qui s'expédient par Leyden & Rotterdam.

Ce premier lavage, fait en riviere à l'eau dormante, dans les canaux, suivant la coutume, ne les exempte pas d'un second avant le peignage, si l'on veut les teindre avant d'être filées. On peut le comparer, quant à l'effet, à celui que les Espagnols donnent à leurs Laines avant que de nous les expédier: il les diminue en gras du poids de dix-huit à vingt pour cent, & l'on estime le déchet total du plein suin au dernier dégrais de ces Laines, être de vingt à trente pour cent. Elles nous parviennent enfin en Picardie, en balles du poids de cinq, six, sept à huit cents livres, par le port de Saint-Vallery, & par la Somme qui y a son embouchure. Celles qui se filent à Turcoing, & qui en portent le nom, y arrivent par Ostende ou par Dunkerque, & nous viennent par terre.

Les Turquinois tirent toutes ces Laines en toisons qu'ils nomment *Pieces* dans leur commerce avec les Hollandois, quoique le prix en soit toujours déterminé par le poids. Ils en évaluent la quantité, année commune, de cinq à six mille balles du poids spécifié ci-dessus.

Celles de ces Laines qu'ils tirent en suin, & c'est la plus grande quantité, au contraire de la Picardie, qui s'approvisionne plutôt par Leyden & Rotterdam, où l'usage commun est de les laver après la tonte; ils les lavent à l'eau dormante faute d'autre, assez mal par conséquent, mais ils les dégraissent incontinent avec du savon noir à l'huile de Colsat, & les font sécher ensuite. Je cite cette opération actuellement, parce que le triage ou *détrichage* ne s'en fait qu'après: alors ils divisent & séparent chaque toison en sept ou huit parties, pour en former autant de sortes de Laines, qu'on nomme *naturelle*, *superfin*, *fin*, *petit-fin*, *demi-fin*, *gris-cordeau*, *demi-commune*, & *commune*.

On peigne toutes ces Laines séparément, & le peignon, dit *entredent*, de même que les parties trop courtes pour être peignées, se cardent pour la draperie.

Le choix de la Laine ainsi fait, ils lui font successivement subir les autres opérations; & quoique la filature soit un des objets très-considérables de la main d'œuvre & du commerce de leur pays, ils en expédient la plus grande partie après le peignage, blanches ou teintes, pour la bonneterie, en Champagne, à Paris, à Lyon, & jusqu'en Languedoc, mais très-peu par-tout ailleurs qu'en Picardie: ils fournissent beaucoup dans le Santerre, où la fabrique des bas est très-répandue, principalement au Plessier (1).

Ces Laines peignées se nomment *Sayette* au pays, & ici *Bouchon*, nom qui lui vient de la maniere dont elle est pliée par paquets, en forme de bouchons de paille.

Les fils de Turcoing sont la base de nos plus belles étoffes glacées & à grains, & c'est de son superfin que la manufacture des Gobelins emploie dans la composition de ses belles tapisseries.

La plupart de ces observations détruisent un peu les idées qu'on nous a données de l'éducation des moutons, de la culture & du commerce des Laines de Hollande absolument inconnus en France. C'eût été bien autrement encore, si nous nous fussions plus étendus sur le traitement & les distinctions des nôtres: il auroit fallu faire un Traité; & après bien des discussions, on auroit vu qu'on ne semble avoir écrit que pour embrouiller la matiere. Si l'erreur n'avoit d'effet que de laisser dans l'ignorance, le mal seroit moins grand; mais elle agit en sens

(1) Messieurs Senart y ont un établissement en ce genre très-vaste, & qui occupe beaucoup de monde dans toutes les campagnes voisines. Ils ont cela de commun avec quelques autres, de vivifier au profit de l'Etat un très-grand canton, en y répandant l'industrie & de l'argent; mais ils ont cela de particulier, & peut-être d'unique parmi les Entrepreneurs de manufactures, de s'être maintenus & conservés de pere en fils dans leur état, avec une fortune très-honnête, sans ambition, avec des mœurs patriarchales, & faisant beaucoup de bien sans la moindre ostentation. D'autres auroient sollicité des cordons, des pensions, & autres choses semblables: ils se sont toujours contentés de répandre le bonheur autour d'eux.

contraire,

contraire, & ce n'est pas un mince travail que de la détruire. Trop d'Auteurs prennent des Mémoires de toutes mains, & tranquilles à l'abri de leur célébrité, ils pensent la faire passer dans la copie de ces Mémoires qu'ils publient. C'est ainsi que quelques-uns ont été trompés, & qu'ils nous ont trompés dans certains articles des descriptions des Arts qu'ils ont données. Mais, sans entrer dans le détail de leurs erreurs, il est de la suite de notre travail de faire observer que les Hollandois récoltent beaucoup de Laine, que nous en tirons la plus grande quantité, & qu'ils ont peu de manufactures de ce genre. On doit encore remarquer, que la qualité des belles Laines de Hollande ne differe point autant qu'on le pense de celle des Laines d'Angleterre de même sorte.

Les moutons de la Flandre Françoise donnent à peu près autant de Laine que ceux de la Hollande, lorsqu'ils sont également bien nourris, mais un sixieme, & même un cinquieme de moins pour l'ordinaire. Cette Laine s'emploie presque toute dans les manufactures de Lille, de Roubais, & des environs : elle est préférée, pour les objets de ces fabriques, à celle même de Hollande, parce que, disent les Fabricans, elle est plus *coursable* ; elle court davantage ; elle donne plus de longueur de fils ; elle est un peu plus seche, plus roide, plus élastique, & beaucoup moins blanche ; &, à tous égards, elle est moins propre à la bonneterie, qui demande une matiere qui ne se refuse pas absolument à toute impression du foulage.

Les Flamands sont persuadés que c'est à la bonne & ample nourriture qu'ils donnent à leurs moutons, qu'ils doivent la beauté & la quantité de leurs Laines. Ils sont persuadés que c'est le moyen efficace par lequel nous changerions considérablement la qualité des nôtres, & que nous en augmenterions la quantité. Un Particulier nous a donné un exemple qui confirme ces idées. A force de bonne nourriture, de propreté, & de soins, il a obtenu dans la même année deux amples récoltes de meilleure Laine avec des moutons ordinaires : mais depuis bien des années, les temps n'ont pas été favorables à ces essais, & il faut avouer qu'on ne sauroit encore les tenter par intérêt.

Les moutons ne parquent jamais en Flandres ; ils paissent aux champs le jour, & la nuit on les renferme à l'étable. C'est de là que la Laine est moins blanche que celle de Hollande, & que celle de France même : mais comme ils sont tenus proprement dans l'étable, & qu'on les y nourrit abondamment, au lieu qu'on ne leur donne rien dans nos parcs, où ils passent des douze à quinze heures de suite dans les beaux temps, l'inconvénient de l'étable disparoît devant tous ceux de notre méthode.

J'ai déjà dit qu'on tond aussi en gras ou en suin en Flandres, qu'on met ainsi les toisons dans le commerce, & qu'on les lave ensuite à la *manne*, comme en Hollande ; j'ajouterai qu'on y blâme beaucoup la méthode contraire. Les cantons de choix sont la Châtellenie de Lille, & les environs d'Armentieres. Les fabriques de Lille & des environs qui consomment ces Laines, en tirent aussi beaucoup du Brabant, du Hainaut, du pays de Liege & de l'Artois, sans parler de celles de Hollande. Je dirai ici en passant, que la filature des plus belles Laines qui s'emploient dans les fabriques de Flandres, se fait aux environs de Lille, à Turcoing, à Roubais, Launoy, Orchies, Saint-Amand, &c. & celle des plus communes, en Artois, principalement aux environs d'Hesdin, Frevent, S. Pol, Aire, Arras, Béthune, &c. Celles qui viennent en France du pays de la Reine, sont taxées à un droit de sortie de 4 sols 6 den. par livre, qu'on trouve bien le moyen d'esquiver.

On est forcé d'en user ainsi, attendu la prohibition à l'égard des matieres filées que nous y introduisons en échange. Dans tous ces parages on trouve des assureurs pour tous les objets, mais plus encore de fraudeurs, qui, courant tous les risques, rendent les premiers presque inutiles.

Les Turquinois, qui font un commerce si considérable de la filature des Laines de Hollande, & de celles de Flandres, prétendent que le mélange d'une petite quantité de celles-ci sur une beaucoup plus grande de celles-là, fait un meilleur effet que les unes & les autres prises séparément. Ils distinguent parfaitement les Laines de tous les cantons de ce pays-là, les premieres à l'odorat principalement, & celles de France au tact.

Le commerce des Laines de ce pays se fait par des Particuliers qui en font leur état, & qui les achetent des Laboureurs mêmes. Les uns poussent ce commerce plus loin, en les faisant filer & les revendant après : les autres les cedent en nature, soit aux Fabricans qui suivent toutes les opérations que subit la matiere dès son principe, comme à Abbeville, soit aux Entrepreneurs de filatures, ou aux fileurs eux-mêmes, qui les apportent ensuite aux marchés où s'en fournissent les Fabricans d'Amiens (1). Mais que ce soit à façon ou à forfait, toujours est-il que la filature, objet de main-d'œuvre considérable, est entiérement réservée aux campagnes, ainsi que la plus grande partie du peignage, & des opérations qui le précedent. Il est beaucoup de villages dont le grand nombre des habitans, hommes, femmes & enfans, sont entiérement livrés à ce genre de travail (2).

Diverses opérations des Peigneurs.

On livre la Laine aux Peigneurs par poids, en l'état où elle a été mise dans le commerce : on fait à peu près le déchet qu'elle doit éprouver : tout leur est fourni, & ils sont payés à raison du travail. Ils l'épluchent, la battent, l'épluchent de nouveau, la dégraissent, & la tordent, l'écharpissent ou l'ouvrent bien, l'ensiment, c'est-à-dire, l'arrosent & la frottent d'huile, à moins qu'ils ne la peignent au beurre, & ils la peignent mouillée. Il y a des variations qui seront indiquées à mesure : ensuite, si c'est pour teindre, on le fait en ce moment, sinon on relave la Laine une seconde fois, on la repeigne, & enfin on la relave pour la derniere

(1) Jusqu'ici ce commerce avoit été dans un état de contraction horrible, par la nécessité de vendre & d'acheter, & les entraves qu'y mettoit une ambition audacieuse, d'autant plus révoltante, qu'elle avoit établi, sous une apparence légale, la concussion la plus décidée. Il en résultoit journellement des voies de fait odieuses, pour autoriser & soutenir une rapine annuelle de dix-huit à vingt mille francs, sur le seul commerce des fils de Laine employés à la fabrique d'Amiens. Si l'oppression n'a pas été vengée, le commerce du moins a eu un libérateur. Le Conseil, par son Arrêt du 23 Juillet 1775, a remis les choses dans l'état de droit.

Je cite ce fait, pour apprendre aux autres Provinces que le temps est venu où l'Administration veut connoître les abus pour les réprimer, & le bien à faire pour l'opérer.

(2) M. Fougeroux de Bondaroy, l'un des Commissaires nommés par l'Académie pour l'examen des Arts que je lui ai soumis, avoit en porte-feuille l'Art décrit du Lainier, servant de premiere partie à l'Art du Fabricant de bas de laine. J'avois traité un peu plus briévement dans cet Art-ci des préparations de cette matiere. M. Fougeroux a pensé qu'on pouvoit s'étendre davantage ; & comme il a détaillé & conduit plusieurs de ces procédés jusqu'au retordage des fils, il croit que des redites, dans des Arts qui ont tant de connexité, & faits pour se trouver dans les mains des mêmes personnes, leur deviendroient onéreuses par l'augmentation que ces répétitions donneroient au texte, & sur-tout aux planches. M. Fougeroux m'a fait le sacrifice généreux de son travail. Je l'ai fondu avec le mien, & je le lui rends, autant qu'il est en moi, par un aveu dont je m'honore, d'autant plus qu'il est inutile à M. Fougeroux.

fois. Ce n'eſt qu'alors qu'elle ſort des mains du Peigneur.

Premier épluchage de la Laine.

Les toiſons ſont plus ou moins imprégnées de crotin, plaquées de matieres réſineuſes & colorées, pour diſtinguer les bêtes. C'eſt un mauvais uſage, contre lequel on perſiſte avec raiſon à ſe récrier. Cette matiere, indiſſoluble à l'eau & à toute autre menſtrue qui n'altere la Laine, s'applique ordinairement ſur le dos du mouton, qui fait partie de la toiſon, du premier choix. Ces toiſons ſont d'ailleurs garnies & comme feutrées avec des brins de paille & autres ordures. Il les faut ouvrir à la main, & en arracher ces ordures, qu'on n'en ſauroit ſéparer autrement. Les Peigneurs ſont même obligés de couper avec les forces les marques qui ont été miſes au fer chaud trempé dans le goudron. Celles qui ſont en rouge, délayées ſimplement à l'huile, ſe diſſolvent au ſavon.

Le premier épluchage ou détrichage des Laines ſe fait ſur des tables, ſur des planches ou ſur les genoux, dans un appartement au grand jour. On nomme *Détricheurs* (*Planche I. Fig.* 1 & 2. C D E.) les Ouvriers qui s'en occupent. Ils mettent dans des caſes (*b b b*), ou par tas à terre, les différentes parties de Laine qu'ils ſéparent les unes des autres; & ces diviſions de qualité, qu'on porte ordinairement à trois ou quatre, s'étendent quelquefois juſqu'à neuf ou dix. On y procede, en déroulant & étendant chaque toiſon, dont on commence par *émecher* les pointes groſſieres avec les forces. Les toiſons des beliers demandent d'être plus émechées que celles des moutons ou des brebis; & lorſqu'il s'en trouve pluſieurs dans une balle de Hollande, il y a de la perte pour le Fabricant. Les différens choix qu'on fait de ces Laines ont chacun leur deſtination; ils prennent auſſi des noms, dans certaines fabriques, par leſquels on les diſtingue, tels que, *Blanc de Leyden* ou *Blanc ſuperfin*, *Blanc demi-fin*, *Blanc cordeau* ou *Blanc bouchon*, & ainſi de celles miſes en teinture, qu'on déſigne par la couleur & par la qualité.

Battage des Laines.

L'opération à laquelle on aſſujettit la Laine lavée avant ou après la tonte, & après le premier épluchage, eſt celle du battage. Pour cela, on étend les toiſons ſur une claie, & un homme, armé de chaque main d'une gaulette ou baguette de houx, de la groſſeur du doigt, longue d'environ trois pieds & demi, ſeche, ferme & élaſtique, frappe deſſus avec force & viteſſe par coups alternes (*Planche I. Fig.* 3 & 4.). La Laine s'ouvre, ſe dilate, laiſſe échapper les ordures qui y ſont mêlées, & qui paſſent au travers de la claie, & ainſi bien ouverte, dilatée ou purgée, on l'épluche encore pour en diſtraire les parties recuites, jaunies, tenaces & durcies par les ordures qui n'ont pu s'en détacher au battage, & qui rendroient le peignage plus difficile, & la Laine peignée moins blanche & moins douce.

Ces claies doivent être en cordes de la groſſeur du doigt, paſſées dans des barres percées, & qu'on puiſſe ſerrer en lacet à volonté, pour les entretenir toujours très-tendues (H H): elles en ſont plus élaſtiques, & concourent par-là avec les baguettes à dilater plus mollement & plus promptement la Laine, & à la purger beaucoup mieux. On ſe ſert le plus ſouvent dans tous ces pays de claies de bois faites avec des gaules plus ou moins groſſes. Cet uſage eſt à réformer. Les gaules ſont moins élaſtiques que la corde tendue: elles s'entament & s'éclatent par eſquilles, qui accrochent la Laine & la briſent: il faut d'ailleurs frapper plus fort ſur ces verges de bois, & la Laine ſe rompt, & perd davantage de ſon reſſort.

C'eſt mal-à-propos qu'on n'obſerve point, ou rarement du moins, dans nos fabriques, ce que M. Duhamel preſcrit dans ſon Art de la Draperie, art. du Battage, de ne battre que ſur le chaſſis de la menuiſerie, c'eſt-à-dire, d'obſerver que les baguettes ne frappent point la Laine à plomb ſur leur longueur, mais ſeulement par l'effet de leur reſſort. Cette opération n'ayant pour objet que de faire tomber les ordures & d'ouvrir la Laine, ſi les baguettes la frappent directement, elles la reſſerrent au contraire, & tendent à la feutrer.

Lorſqu'on l'épluche encore après le battage, & qu'on en arrache celles de ces parties durcies ou jaunies qu'on n'a pu ſéparer par cette opération, on coupe avec de petites forces à main celles qu'on ne ſauroit diſtraire autrement, ſans entraîner en même temps des parties meilleures & à conſerver.

La netteté des Laines d'Angleterre diſpenſe de les battre, comme je l'ai obſervé dans une autre circonſtance. Il en ſeroit ainſi des Laines de France & de par-tout ailleurs, ſi elles étoient traitées comme celles d'Angleterre. L'attelier dans lequel ſe fait cette opération, ſe nomme la Batterie: il convient qu'il ſoit très-éclairé, & qu'il y ait vis-à-vis chaque établi une croiſée qu'on ouvre & ferme à volonté. V V V.

Peignage & dégraiſſage des Laines.

Le peignage ſe fait à l'huile, au beurre ou à la graiſſe. Ce n'eſt pas toujours l'abondance, d'où réſulte le bas prix, qui détermine l'emploi de l'une de ces matieres dans les différens endroits: c'eſt l'habitude, un peu de préjugé, & la difficulté pour ceux qui n'ont pas de grandes entrepriſes, de tirer les beurres de la Hollande ou de l'Irlande, comme ſont les autres. A Turcoing, à Courtray, & autres endroits de la Flandre, on ne peigne qu'au beurre; à Lille, à Roubais, & aux environs, on peigne quelquefois à l'huile de graines, de même qu'en Artois, & le plus ſouvent en Champagne, & dans la plus grande partie de la Picardie, excepté au Santerre, pour les bas & la bonneterie, où l'on peigne tout au beurre. Au Mans, au Cotentin, on peigne à l'huile d'olive. A Berlin, en Saxe, & à Lintz, on peigne à la graiſſe.

L'emploi du beurre ou de l'huile de graines ne me ſemble pas indifférent. Le premier paroît préférable à bien des égards: la Laine en eſt plus coulante, en reſte plus douce, & ſe dégraiſſe mieux. Cet uſage eſt univerſel en Angleterre & en Hollande; il eſt conſtamment ſuivi dans les grands atteliers de la Flandre, & j'obſerve qu'ici même, lorſqu'on a de belles Laines à traiter, c'eſt par l'intermede du beurre. Cependant ces méthodes ſont également vantées par ceux qui les mettent en pratique, pourvu que les ingrédiens ſoient également bien choiſis. La perfection, ajoutent-ils, vient des précautions à prendre dans le travail, & de la main de l'Ouvrier. L'huile d'olives eſt toujours préférable à toute autre matiere: on n'en uſe pas d'autre dans les grandes manufactures de draperies, & au midi de la France, ſoit pour le peignage & cardage, ſoit dans la compoſition des ſavons de toutes les ſortes; mais elle eſt chere, quoiqu'on n'emploie jamais que la plus commune.

On fait des huiles de bien des ſortes de graines qu'on cultive dans ces pays, de navette, de colzat, de lin, de chanvre, de camomille, de pavot, &c. Celles de navette & de colzat ont à peu près la même vertu. Ce ſont les ſeules qu'on emploie pour le peignage des Laines: les autres, plus ſiccatives, durciſſent la matiere, & ſont d'une extraction plus difficile ; d'où il arrive quelquefois qu'elles ressortent à la teinture ou aux apprêts, par des taches qui les ternissent. Combinée avec les alkalis, il en résulte les savons mous, connus dans le commerce sous les noms de savon vert ou noir, & de savon rouge. Toutes les especes d'huile connues sous la dénomination d'huiles grasses, sont propres à former ces savons, mais avec quelques différences dans la couleur, comme on vient de l'observer, & quelques autres dans l'effet, que l'on va indiquer.

Le savon vert ou noir se fait avec l'huile de chenevis pure, ou mélangée avec l'huile de navette ou de colzat ; le rouge, avec l'huile de lin pure aussi, ou quelquefois également mélangée avec celle de navette ou de colzat. On emploie encore dans ce dernier de l'huile de camomille, & même de l'huile de poisson dans l'un & dans l'autre, mais rarement, à cause de leur odeur forte & désagréable, & seulement lorsque les huiles indiquées sont trop cheres : on pourroit même y employer de toutes sortes de graisses, mais l'odeur en seroit bien plus insupportable encore.

Le savon vert est plus doux, & blanchit plus ; le rouge a plus d'action, & dégraisse mieux : on emploie l'un ou l'autre suivant les lieux. Mais les personnes curieuses qui veulent avoir des Laines bien blanches, & à la fois bien dégraissées, font le premier bain du dégraissage avec le savon rouge, & le dernier avec le savon vert.

Le savon noir ou vert se vend par barril de 70 liv. pesant, sur lequel il y a environ dix livres de tare pour le poids du barril. Celui de graine de lin, qui produit le savon rouge, se vend de dix, quinze à vingt sous plus cher par barril que les autres, qui sont tous à peu près au même prix. La bonté du savon se reconnoît à la transparence, & à un certain degré de consistance glutineuse, ni trop dure pour le casser net lorsqu'on le souleve avec une spatule, ce qui proviendroit d'une surabondance d'alkali fixe, ou d'une évaporation des huiles poussée trop loin, ce qui reviendroit au même, & tendroit également à en rendre la dissolution moins prompte, mais la causticité plus grande ; ni trop molle, défaut contraire, qui produiroit des effets opposés & également nuisibles.

La composition de ces sortes de savons fait le secret de tous ceux qui s'en mêlent. Chacun croit, dans ses petites pratiques, être supérieur à tous les autres : cependant la chose est simple, & toutes ces petites différences peu importantes. Ainsi, attendu l'usage très-répandu de cette matiere & sa grande utilité, nous allons mettre à portée ceux qui en consomment beaucoup, & qui seroient bien aises d'en avoir la recette, de le faire eux-mêmes chez eux, & avec aussi peu de frais que les Fabricans mêmes.

Procédé du savon mou.

Prenez 1200 livres de potasse, qui est la quantité que les Savonniers emploient par brassin : étendez-la sur le pavé, & écrasez-la avec un maillet de bois garni de têtes de clous ; jetez dessus 50 livres de chaux vive par quintal de potasse ; arrosez jusqu'à ce que la chaux éteinte n'augmente plus en volume ; remuez le tout avec une pelle, & vous aurez ce qu'on nomme le *levain*, dont vous remplirez une cuve de bois.

Chaque Fabricant de savon a cinq cuves pareilles pour lessiver ses matieres, toutes remplies des levains précédens. On charge la plus foible d'eau pure : on fait passer cette premiere lessive sur la seconde, puis sur la troisieme, sur la quatrieme, &enfin sur la cinquieme, qui est celle du nouveau levain, où elle acquiert le degré de force convenable. Par chaque brassin, on charge une nouvelle cuve de levain, & l'on rejette le plus foible. Deux levains rendent environ vingt barrils de lessive très-chargée.

Mettez dans la chaudiere dix barrils d'huile, six de chenevis, & quatre de colzat, si c'est pour du savon vert ; & sept d'huile de lin, & trois de navette, si vous voulez du savon rouge : ajoutez dix barrils de lessive ; mêlez le tout ; faites un feu très-doux dans le commencement ; augmentez-le par degré, jusqu'à ce que le bain bouille au bout de six heures. A mesure que le bain diminue par l'évaporation, recrutez-le d'un ou deux barrils à la fois de lessive, jusqu'à ce que la combinaison paroisse se faire. Si la lessive est trop forte, elle saisit l'huile trop promptement, & elle la convertit en grumeaux : on y remédie en versant dans la chaudiere un ou deux barrils de lessive foible. Si elle est au contraire trop foible, la liaison se fait plus lentement, & le déchet est plus considérable.

Au bout de dix à douze heures de cuisson, éprouvez le savon, en faisant couler la matiere goutte à goutte, au travers du jour, sur une ardoise. Si vous n'appercevez plus de grumeaux, la liaison est intime : laissez cuire votre savon encore quelques heures, jusqu'à ce qu'à une nouvelle épreuve il paroisse transparent, de couleur foncée, qu'il se sépare net, avec un grain fin : alors il est au degré de cuisson le plus parfait.

Il faut se hâter de retirer le feu, & mettre le savon bouillant dans des barrils ; autrement, il cuiroit trop, & souffriroit trop de déchet. Vingt-quatre heures après, quand les barrils sont refroidis, on les met en magasin, & le savon se conserve long-temps en cet état.

On a attention de faire choix de la meilleure chaux possible, & de préférer la potasse grise à la blanche comme plus active. Cette potasse nous vient ordinairement de Pologne, par la voie de Dantzic.

A l'égard du beurre employé au peignage, celui qui est doux & frais est le meilleur sans doute ; mais il est très-cher, & l'on en prend en conséquence de salé, & de la plus basse qualité, dont on s'approvisionne en Hollande & en Irlande, dans les temps les plus favorables. Mal lavé & mal salé, il se corrompt à la longue, & prend une odeur désagréable, qui empêche bien des Peigneurs d'en faire usage : cependant les Maîtres qui les fournissent aux Ouvriers, ne sont pas fâchés que quelque raison semblable empêche ceux-ci d'en user comme d'alimens, ce qui arriveroit souvent s'il étoit supportable. Le sel dont il est surabondamment chargé, le rend âcre & caustique ; & il en deviendroit moins propre au peignage, si on ne le laissoit fondre à feu très-doux, pour que cette surabondance de sel se dépose au fond du vase. Si la Laine se trouvoit un peu crispée & durcie par cette acrimonie, le lavage au savon qui s'en fait immédiatement après le peignage, lui rendroit sa premiere douceur.

Suite du peignage.

L'attelier des Peigneurs est disposé de maniere que quatre Ouvriers travaillent sur un pot, entre deux poteaux (*Planche II. Vignette.*). Le pot est rond, en forme de piédestal, évasé par le haut, de la hauteur de deux pieds, fait de briques & d'argile, ou de bois enduit d'argile, au deux tiers plein, & creux seulement par le haut. Au dessus de ce pot est un couvercle de tôle ou de terre cuite, en dôme, au bas duquel on a pratiqué des ouvertures longitudinales, pour laisser passer le fer des peignes ; & au sommet, un applatissement ou une ouverture pour poser le vase qui contient le beurre, & l'entretenir dans un degré de fluidité convenable. On met dans ce pot un peu de charbon allumé, qui entretient une chaleur douce, dont on peut encore modifier l'effet sur les peignes par le plus ou moins de temps qu'on les y laisse. Ce degré de chaleur est essentiel : poussé trop loin, il crisperoit & durciroit la Laine : trop modéré, il ne donneroit pas à la matiere onctueuse la fluidité nécessaire pour pénétrer la Laine dans toutes ses parties, & procurer à ses fibres une dilatation & une division douce & insensible.

Les poteaux de bois, solidement établis en terre avec une maçonnerie autour, se placent à une distance du pot, telle que deux Ouvriers, travaillant contre les faces opposées de chaque poteau, puissent en même temps atteindre au pot. Les Ouvriers, assis sur un trépied ou tabouret de bois ambulant lorsqu'ils peignent, se levent & se tiennent debout en tirant la Laine du peigne. On fiche dans les poteaux, à environ quatre pieds du sol, une broche de fer à vis, un peu élargie, & même percée dans le milieu, pour la facilité de l'enfoncer ou de la retirer, relevée par le bout à angle droit, & ayant dans la partie la plus proche du poteau, lorsqu'elle y est enfoncée, un crochet dont la pointe, en courte & forte aiguille, revient parallélement au dessus de ladite broche. Le manche du peigne est percé longitudinalement au bout, & transversalement au milieu, dans une direction parallele à celle de la piece de bois où sont passées les broches, de telle maniere qu'enfilé dans ces crochets, il y tient très-solidement. Le peigne, dont les aiguilles posées horizontalement forment ensemble un plan vertical, se trouve en face & à portée de l'Ouvrier.

Le peigne est construit de deux rangées paralleles de broches de fer polies & pointues, sur une piece de bois garnie en corne, & emmanchée à angle droit avec le plan des broches.

La difficulté de donner une échelle pour d'aussi petits objets, m'engage à placer ici les dimensions de toutes ces pieces.

Longueur des files ou rangées des broches, de six à sept pouces.

Longueur des grandes broches, environ douze pouces.

Longueur des petites broches, environ huit pouces.

Diametre de leur base, deux lignes.

Ecartement de la base, une ligne & demi, ou un peu moins que le diametre.

Ecartement des files ou rangées, environ quatre lignes.

Longueur du manche, douze pouces.

La piece que traversent les broches est un peu ceintrée ; la convexité tournée du côté de leur prolongement pour la facilité du travail.

On sent que le plan incliné, par lequel la pointe de ces broches est formée, doit être pris de leur base même, qu'il faut qu'elles soient bien polies, sans la moindre paillette, & qu'elles soient très-droites. Si elles viennent à se courber dans le travail, ou par quelque accident, l'Ouvrier les redresse aisément au moyen d'un canon de fer.

Les peignes Anglois sont plus grands, plus forts que les nôtres : les broches en sont mieux trempées, d'un acier plus fin, plus poli; & ceux d'usage pour la derniere opération, pour le dernier peignage, ont trois rangs de broches. Les nôtres valent de 8 à 9 liv. la paire : ceux des Anglois coutent le triple.

Les choses étant en cet état, l'Ouvrier assis en face du poteau, à portée du pot à feu, & ayant de l'autre côté le barril qui contient la Laine à peigner, bien épluchée, bien écharpie, ou ouverte & ensimée si elle doit être peignée à l'huile, ou seulement encore humide du lavage si c'est pour être peignée au beurre ; le Peigneur, dis-je, prend d'une main un des peignes qui chauffent, & de l'autre une petite poignée de Laine, qu'il passe peu à peu dans le peigne, en tirant toujours à lui, & répétant cette opération jusqu'à ce qu'il ne lui reste plus de Laine à la main : il en reprend, & continue ainsi, jusqu'à ce que le peigne en soit suffisamment chargé ; il remet celui-ci au feu, la pointe des broches en dedans du pot, & la partie garnie de Laine en dehors ; il retire l'autre ; il le charge de Laine également & comme le premier. Prenant alors ses deux peignes, l'un de chaque main, il présente le plan des broches de l'un dans une situation à peu près perpendiculaire d'abord au plan des autres ; & insérant celles-ci alternativement en différens sens & à plusieurs reprises dans la Laine dont celui-là est chargé, par un léger effort en direction contraire, il la fait passer de l'un à l'autre successivement, jusqu'à ce qu'elle soit parfaitement bien ouverte, & que toutes ses fibres tendent à devenir paralleles, & à suivre la même direction.

L'Ouvrier, dans ce travail, change de temps en temps ses peignes de main, pour le rendre plus égal sur chacun ; il doit être attentif à ne commencer l'opération du peignage que par la pointe de la Laine, dans laquelle il avance & pénetre par degré jusqu'au plus fort de la matiere. Sans cette précaution, il ne démêleroit pas les brins de la Laine ; il les briseroit en les arrachant ; il la rendroit plus courte, & en augmenteroit le peignon. Il en arriveroit comme à des cheveux très-mêlés, qu'on peigneroit avec effort & sans ménagement ; on les arracheroit, on les briseroit plutôt que de les démêler (*Planche II. Fig.* O M N.). C'est en ce moment que le peigne, qui reste seul chargé de la Laine, se place sur la patte ou broche de fer fichée dans le poteau, & que l'Ouvrier tire la Laine *à menu* par les deux mains & par reprises serrées contre les broches, entre le pouce & l'*index*, & relâche à mesure, pour reprendre de nouveau le plus près du peigne, jusqu'à ce qu'il ait tiré la laine d'une seule longueur, & formé une *barre* de trois à quatre pieds de long, suivant la hauteur de la Laine. Cette barre doit être claire, nette, & d'une dilatation bien uniforme.

Ce qui reste dans le peigne après le premier peignage, & qu'on nomme *entredeux* ou *retiron*, peut encore se repeigner, pour avoir une seconde sorte, qu'il faut mettre à part : mais ce qui reste après le second tirage, n'est plus que du *peignon* commun, uniquement propre aux étoffes grossieres.

Le Peigneur, en formant la barre, tire avec quelque effort un peu en en bas; & de temps en temps, pour avoir la matiere plus aisément, il la souleve un peu, & lui donne une petite secousse dans une direction horizontale. Ces divers mouvemens divisent & amenent la Laine beaucoup mieux; & les Ouvriers qui tirent mollement, assis, n'ont point les facultés qui concourent à la perfection de ce travail, d'où résulte en grande partie celle de la filature & des étoffes qui en sont l'objet.

Lorsque l'Ouvrier n'a pas fait passer toute la Laine sur un même peigne, le second reste au feu, tandis qu'il tire la premiere barre ; il le prend ensuite pour tirer une seconde barre ; il le rengraine de nouveau, jusqu'à ce que la battée entiere soit peignée & tirée en barres. A mesure que ces barres se forment, ou plutôt, après que chacune est formée, on la présente au jour ; on l'examine en la regardant au travers. Si elle ne se montre pas d'une transparence bien égale, on en retire parderriere, & avec la main, les parties mal peignées, pour les réunir à l'*engrainée* suivante : on la représente encore au jour, & l'on en tire avec la bouche tous les petits nœuds ou bouchons qu'on apperçoit. L'opération essentielle de décharger ainsi la barre, se nomme *rabattage*.

Pour

Pour qu'une barre soit bien faite, il faut que la Laine soit d'un seul jet, & que, présentée au jour, elle ne paroisse point tirée à différentes reprises; qu'elle soit d'une dilatation égale & sans ondulation. Lorsque la Laine est tirée trop longue ou inégalement, ces défauts, qui se font bientôt remarquer, s'appellent des *poussées*. On pose les barres DDD les unes sur les autres, au nombre de quatre, six, huit; on les roule ensemble, pour en faire des *boulets* B, lorsque la Laine ne doit plus être peignée, qu'elle l'est actuellement pour la derniere fois : mais lorsqu'elle doit être repeignée, l'Ouvrier ne rabat pas les barres; & au lieu de les mettre en boulets, il les laisse en pelote.

Lorsque la Laine à peigner a été lavée sur la bête, & qu'on se propose de la peigner à l'huile, on l'ensime après le battage, sans la relaver. Cette opération consiste à étendre la Laine bien battue, bien épluchée, bien ouverte, sur une claie de bois, ou mieux encore, sur un plancher propre, destiné à cet usage, à l'arroser d'huile, à la dose d'une pinte de Paris sur 24 livres de Laine, & à la tourner, frotter, manier, pour que toutes les parties en soient imprégnées : on la met en cet état dans le barril du Peigneur. Dans les grandes manufactures, l'ensimage des Laines se fait dans une sorte d'auge plate, basse, de forme quadrangulaire, garnie en plomb, & placée sur le plancher, au coin d'un attelier.

Lorsque la Laine n'a pas été lavée sur la bête, ni après la tonte, ou enfin lorsqu'on la veut travailler plus proprement, & presque toujours lorsqu'on se propose de la peigner au beurre, lavée ou non lavée en toison, on la dégraisse à fond, après le battage & l'épluchage, dans deux bains successifs d'eau chaude, dans chacun desquels on a fait dissoudre du savon, à raison de deux livres pour vingt livres de Laine. On la tord & on la peigne mouillée. Ce peignage se fait avec six onces de beurre pour vingt livres de Laine, qui est la livraison ordinaire qu'on fait aux Ouvriers dans le Santerre. On met le beurre dans une écuelle de terre placée sur le chapiteau du fourneau, pour le tenir en dissolution, & l'Ouvrier y trempe un peu de la Laine qu'il tient à la main, pour en charger le premier peigne; il l'en enduit légérement. Son humidité actuelle du bain de savon, jointe à la chaleur du peigne, favorise l'écoulement du beurre, qui, dans cet état de fluidité, pénetre bientôt la Laine dans toutes ses parties.

La Laine seche assez dans cette opération du peignage, pour pouvoir être mise en teinture immédiatement après; & c'est ce qui se pratique pour toutes les fabriques de bas & de bonneteries de ces pays, & pour toutes les étoffes qu'on fabrique en Laines de Hollande teintes avant la filature, lorsque ces Laines nous parviennent toutes peignées de Turcoing, sous le nom de *bouchon*.

On pousse les choses plus loin à Abbeville, puisqu'on y teint les Laines de Hollande telles qu'elles arrivent, avant même le parfait désuintage; car nous ne nommerons point ainsi le lavage à la *manne*, fait en l'eau froide dormante ou courante. Les Laines se blanchissent cependant dans cette opération; mais c'est plus par l'extraction des ordures qui y sont adhérentes, que par une entiere décomposition des matieres grasses qui les nourrissent. On les y dégraisse ensuite avec une livre de savon vert, pour six livres & demie de Laine; on les peigne une seconde fois avec un quart de livre de savon, par pelote de six livres & demie, réduites à environ cinq livres de *houpe*. On met un quart ou un cinquieme de savon de moins pour les Laines blanches que pour les Laines teintes, qui, un peu durcies par cette opération, en deviennent d'une dilatation plus difficile. Lorsqu'on y peigne mouillé incontinent après le dégraissage, c'est au beurre; autrement on ensime, & c'est ce qu'on appelle peigner à l'huile.

On ne dissimulera pas que la teinture, appliquée sur une matiere non dégraissée après le peignage, ne sauroit donner des couleurs vives; mais ce ne sont en général que des couleurs basses, communes ou éteintes, pour lesquelles le temps & la maniere de procéder n'est pas d'une grande conséquence : on n'en use pas ainsi pour l'écarlate ou autres couleurs éclatantes.

Après la teinture, on relave la Laine deux fois, chacune dans la moitié d'un bain où l'on a fait dissoudre trois livres de savon. On repeigne la Laine comme la premiere fois, également mouillée, & avec la même quantité de savon.

A Reims & à Rhetel, où l'on fait des étoffes rases & des étoffes drapées, on tire les Laines étrangeres d'Allemagne, d'Italie, d'Espagne, & de Portugal; & les nationales, de la Brie, de l'Auxois, de la Sologne, du Berry, des Duché & Comté de Bourgogne, de la Lorraine, & des Ardennes : on les traite suivant l'état où elles sont, & la destination qu'on s'en propose; on n'y connoît pas l'usage du beurre, quoiqu'on peigne également mouillé au sortir du dégraissage. On peigne au moyen d'un peu d'huile, appliquée du bout du doigt, & que la chaleur du peigne répand bientôt sur la totalité de la Laine. Quatre onces d'huile ainsi employées suffisent pour le peignage de douze livres de Laine. Dans les pays où l'on peigne à la graisse, on l'emploie à raison de quatre à cinq livres par quintal de Laine, de la même maniere, & en suivant les mêmes procédés que pour le beurre. Le dégraissage se fait aussi de même avec du savon blanc ou noir, usage déterminé par le prix. En Saxe & à Berlin, pays de plaines, où l'on récolte des graines propres à faire de l'huile, on emploie le savon noir; à Lintz au contraire c'est du savon blanc : l'alkali y est plus concentré; il en faut moins.

En Gevaudan, on n'emploie ni beurre ni huile pour le peignage; mais on frotte le peigne chaud d'une couenne de lard, qui produit le même effet.

De quelque maniere que la Laine soit peignée, à l'huile de graines ou au beurre, teinte ou non teinte, on lui donne toujours un dernier dégraissage au savon, avant la filature. Au Maine & au Cotentin, où l'on fait usage d'huile d'olives, & où l'on fabrique toujours en blanc, on file & tisse en gras, & l'on dégraisse l'étoffe ensuite. Cette pratique, qui est aussi celle de l'Angleterre, quoiqu'on y peigne au beurre, est très-bonne : la matiere est bien plus coulante pour toutes les opérations; mais cette graisse met les Ouvriers & tous les ustensiles dans un état de mal-propreté qui ne leur plaît point, lorsqu'ils n'y sont pas habitués.

La machine à dégraisser & à laver les Laines au savon, consiste en une auge (*Planche II. Fig. 2.*) ou espece de baquet alongé, placé à terre entre deux montans (JJ) ou jumelles, à chacune desquelles, à hauteur convenable, est adapté un crochet de fer (CF) vis-à-vis l'un de l'autre, en dedans. L'un de ces crochets est fixe, & l'autre mobile, & tournant par le moyen de deux leviers en croix (M), ou mieux encore, par le moyen d'une manivelle (b) placée derriere la jumelle au travers de laquelle il passe. Dans les grands atteliers, on a une suite d'auges percées, si l'on veut, dans le même arbre, comme celles qui reçoivent les piles des moulins à fouler, & entre chacune desquelles sont des pieces de bois sortant du mur contre lequel l'arbre des auges est placé, pour tenir lieu des jumelles de la premiere machine, c'est-à-dire, pour y adapter le crochet fixe d'une part, & le crochet mobile à manivelle de l'autre. Ces auges sont percées

D

par le bas pour les vuider, au lieu qu'on renverse les baquets. Quelquefois on met entre les leviers en croix, le moulinet, la manivelle & la jumelle, une roue d'encliquetage, pour que la Laine se tienne autant qu'on veut au degré de tors qu'on lui donne. En lâchant le cliquet, la Laine se détord.

L'eau de savon chaude versée dans ces auges, on y agite la matiere partie par partie, en différens sens, plus ou moins, suivant le besoin ; on la passe ensuite d'un crochet à l'autre (de C en F); on la tourne l'une sur l'autre; on rentre toutes les parties qui tendent à s'éloigner de la masse; & quand le tout est bien réuni, on tourne la manivelle : la matiere se tord ; & les graisses, huiles ou beurre, unis pour lors au savon, s'en échappent avec l'eau qui tombe dans le baquet ou dégorgeoir qui est en dessous, & qu'on acheve d'exprimer en passant la main fortement sur la Laine lorsqu'elle est tordue. Si c'est le dernier dégraissage, on secoue la Laine, on la fait sécher, & elle est en état d'être filée. Ce bain de dernier dégraissage peut resservir au premier dégraissage fait avant le peignage, ou entre deux peignages.

Si la Laine qu'on dégraisse est blanche, un homme suffit pour la laver & la tordre. Si au contraire elle est teinte, & que la couleur puisse souffrir quelque altération en restant trop long-temps dans le bain de savon, il faut deux Ouvriers, dont l'un tord la premiere barre, tandis que l'autre trempe la seconde, & ainsi de suite.

On ne passe dans l'eau de savon qu'une barre de Laine à la fois, dont on forme un boulet, comme on voit *Fig.* B ; mais successivement, l'une toujours dans le bain, & une autre sur les crochets, au Verrin, on coule à fond la *battée* ou *rais.*

Lorsque les Fabricans veulent un degré de blancheur au dessus de celui que tous les dégraissages & lavages ont pu donner à la Laine, on la soufre ; mais, par cet apprêt, quelque léger qu'il soit, elle devient plus rude ; & ce qu'elle gagne à la vue, elle le perd au tact. L'usage de l'alun a aussi des inconvéniens, outre celui de blanchir moins. La légere dissolution de ce sel, qui s'entretient dans la matiere, lui donne une continuelle humidité un peu poissante, & sa présence se fait également reconnoître à l'odorat & au tact : d'ailleurs cet ingrédient rend la matiere moins propre à certaines teintures; le noir sur-tout en est altéré : il le fait toujours porter au rouge, ainsi que toutes les couleurs très-rembrunies, ce qui trompe quelquefois les Fabricans, & ce qui l'a fait bannir des atteliers de Turcoing, où l'usage de cette drogue commençoit à s'établir, d'après le reste de la Flandre & l'Artois, où il est général. On y trouve que la Laine trempée, après le dégraissage, dans une légere dissolution d'alun, devient plus coulante, & se tire mieux à la filature ; il en résulte aussi constamment une augmentation de poids sur la matiere filée.

Il est des endroits où l'on fait le mélange d'une petite partie d'eau de soude avec le bain chaud de savon pour le dernier dégraissage, & l'on s'en trouve bien pour cette opération ; mais il faut toujours craindre de rendre la Laine trop seche, lorsqu'il est question de la peigner ou de la filer : un peu de suin même, pense-t-on, ne nuit pas à ce premier travail; & le dégrais à l'urine est peu d'usage, en partie pour cette raison, qui pourtant pourroit bien n'être pas absolument fondée.

La Laine mise en boulets, on la porte à l'étendage pour la faire sécher. C'est ordinairement en plein air qu'on l'étend, sur des cordeaux attachés d'arbre en arbre, ou soutenus sur des perches dans un lieu où le soleil donne sans obstacle, & en même temps le moins sujet au grand vent. On tourne la Laine, & on la la laisse sur ces cordeaux jusqu'à ce qu'elle soit parfaitement seche : on la leve ensuite, tenant séparées les diverses couleurs & qualités.

Il s'attache toujours un peu du duvet de cette Laine sur les cordes tendues ; elle y adhere avec quelque tenacité ; elle s'y feutre ; elle en engageroit d'autre à s'y fixer, ce qui formeroit un déchet qui pourroit devenir nuisible au Fabricant : il faut donc en dépouiller ces cordes, & les tenir nettes.

Les Laines seches, & liées par qualité de blanc & par nuances, se portent au *plioir*, où on les arrange, pour les remettre aux Fileuses. La quantité de Laine qu'on prend dans la main pour la plier, se nomme *Garotte* ou *Moche*. Ces garottes ou moches se mettent en bottes, & la Laine en cet état se nomme *Bouchon*. On l'envoie ainsi de Turcoing & d'ailleurs, où le peignage est un objet de commerce : on en envoie d'Angleterre : on la vend ainsi à tous ceux des Fabricans qui ne suivent pas les diverses opérations que subit la Laine depuis la tonte, comme le font MM. Senart au Plessier, quelques Fabricans à Amiens, & un beaucoup plus grand nombre à Abbeville.

On peut remarquer en passant, une différence bien sensible entre les effets du peigne & ceux de la carde. L'opération du premier tend non seulement à ouvrir la Laine, & à la dégager des matieres grossieres & étrangeres qui s'y trouvent, mais à séparer les poils longs d'avec les courts, pour en distraire ceux-ci qu'on nomme *Peignons*, avec lesquels se confond ordinairement la Laine jarreuse : elle alonge ses fibres les unes sur les autres ; &, dans cette situation parallele, elles acquierent la plus grande facilité à s'unir, & le plus haut degré de force que puisse donner au fil le rouet, en tordant la matiere. C'est d'après une telle maniere d'être de la matiere, qu'elle acquiert cette qualité ferme, nette, & même luisante, qui est si essentielle pour la perfection des étoffes rases & seches.

L'opération de la carde au contraire ouvre la Laine, & en tiraille les fibres dans tous les sens ; elle se dilate, & prend une semblable expansion. Les poils n'ont en particulier, ni respectivement, aucune direction déterminée. Plus courts, plus brisés, ils ne sauroient se réunir pour faire un tout solide, quelque degré de tord que le rouet donne au fil en le formant. Chaque partie de ces fibres, peu liées entre elles, tend à s'échapper & à s'accrocher à de semblables parties ; d'où il arrive que, lorsque des fils de cette espece sont employés à la composition d'un tissu, il a la plus grande disposition à draper.

De la Filature.

L'opération du filage fournit peu à la dissertation : les mouvemens en sont peu nombreux, peu compliqués : c'est une répétition continuelle ; & c'est absolument de cette répétition exacte, qui est le fruit d'une grande pratique, que dépend la perfection dans cette partie. Mais comme c'est de cette perfection que dépendent absolument, en ce qui concerne la main d'œuvre, la beauté & la bonté des étoffes, on sent qu'il n'est pas d'opération plus importante.

En suivant les lieux où l'on s'occupe le plus de cet objet, on trouve quelques variétés dans le travail ; on les notera à mesure. La méthode la plus générale est à peu près la seule méthode en Picardie. On commencera par la décrire : tout s'y file à la quenouille, au petit rouet, & à la main.

La quenouille, d'environ trois pieds de longueur, est terminée en fourche ou croissant (*Planche III. Fig.* A B), pour y attacher la Laine, ou, plus généralement, a un renflement un peu avant son extrémité, pour l'attacher au dessus. La Laine, étendue sur cette quenouille dans la longueur de douze à quinze pouces plus ou moins, est repliée (*Fig.* B) & retournée sur elle-même par le haut, & se tire pour le filage par le bas, où elle est contenue, enveloppée & ferrée par une bande de cuir assez ferme, qu'on nomme le *Caslou* (OV), & par un petit bâton fendu, qu'on nomme le *Mordant* (N), qui contient la bande de cuir du côté de ses extrémités, & qu'on rapproche de la Laine, pour la tenir toujours serrée à mesure qu'elle s'échappe, que la quenouille se vuide, & que le fil se forme.

On met ainsi la quantité d'un quarteron à une demi-livre de Laine sur la quenouille, toujours moins à proportion qu'on veut filer plus fin. On ne craint pas, dans les filatures en gros, de la charger beaucoup : on se débarrasse bientôt de la gêne qu'occasionne une quenouille trop garnie ; & d'ailleurs il faudroit trop souvent recommencer.

Les choses ainsi disposées, l'Ouvriere assise devant son rouet, passe le bas de la quenouille dans sa ceinture, & la couche sur sa poitrine diagonalement de droite à gauche, en forme de baudrier ; puis ayant enté sa matiere sur un bout de fil resté, & qui sort du bout de la broche, elle tire la Laine d'une main, tourne le rouet de l'autre ; & le fil s'alonge, se tord, & se roule en même temps sur la *Bobine*.

Cette maniere de filer s'appelle *filature au petit rouet* (*Fig. I. II.*), qui est très-différent du grand rouet à filer la Laine pour la draperie, & même du petit rouet à filer le lin & le chanvre. Il a le banc ou la table horizontale (T), de deux pieds de longueur, soutenue sur trois ou quatre pieds, à treize à quatorze pouces d'élévation. La roue à manivelle (RM) est de vingt-trois à vingt-quatre pouces de diametre, & il la vaut mieux encore de vingt-quatre à vingt-cinq pouces. Sa circonférence (CI), comme celle d'un grand tamis, est mince, & large de trois à quatre pouces. La broche en fer (bb) est longue de douze pouces, & engagée de six dans les cuirs (CD) qui la soutiennent, & de quatre au moins sous les *Ailettes* (L), où est placé le *Buhot* (I) : les deux autres pouces restans la terminent du côté du bout où est engagée la *Mouquette* (E), dans laquelle le fil passe à mesure qu'il se forme. Les parties de cette broche, qui tournent sur leurs appuis, sont cylindriques : celles dans lesquelles on engage quelques pieces, comme les *Noix* (F), & sur-tout les *Ailettes*, qu'on ôte & replace pour donner passage à la *Bobine*, sont quarrées : sans cela, elles risqueroient de tourner dans la broche, lorsqu'il faut qu'elles y soient adaptées solidement, comme faisant un même corps, pour suivre exactement les mêmes rotations.

Les *Noix* en buis, dont le diametre est de six à dix lignes, sont au nombre de trois, tournées de suite sur la même piece. Cette suite de noix est pour changer la corde, lorsqu'elle attire la roue plus d'un côté que de l'autre, c'est-à-dire, qu'elle lui fait perdre sa situation verticale ou de champ ; & comme le cylindre sur lequel sont tournées ces trois noix, ne garnit pas encore tout l'espace compris entre les cuirs, & qu'il y auroit un balancement qui rendroit le mouvement inégal, on y ajoute de chaque côté d'autres petits canons ou cylindres d'os de buis (ob), le tout sans la moindre gêne ; car c'est de la grande liberté dans les mouvemens que dépend leur égalité, & celle de la filature par conséquent.

C'est pour cela que les cuirs qui soutiennent la broche ne doivent être ni trop durs, ni trop mous ; il les faut un peu fermes, mais d'une douce élasticité. Beaucoup d'Ouvriers emploient à cet usage des feutres de chapeaux ; mais ils sont plus susceptibles de l'humidité : ils se gonflent, se soutiennent bien moins, & jamais bien également. Beaucoup d'autres s'en tiennent à des soutiens de tresses de paille : il les faut renouveler plus souvent ; & ce n'est jamais sans que le travail n'en ait été souvent dérangé, & toujours inégal.

Les *Poupées* (pp) ou montans qui fixent les cuirs, portent la broche à huit ou dix pouces au dessus de la table, ce qui en tout l'éleve de terre de vingt à vingt-quatre pouces. Le plus ou le moins dans ces dimensions, est la chose du monde la plus indifférente : l'essentiel est que la Fileuse soit fort à l'aise, & le plus à portée de tous les objets de son travail. La *Mouquette* est un court cylindre d'os percé longitudinalement, pour qu'il puisse s'adapter au bout de la broche, & transversalement & en biseau du côté du rouet, pour que le fil qui y passe aille de là s'accrocher à l'*Ailet*, en redescendre, & s'arranger sur le *Buhot*. Le fil entrant par l'ouverture en bourlet de la *Mouquette*, y forme un angle à peu près droit ; il en forme un second aigu sur l'*Ailet*. Ces deux frottemens considérables concourent pour beaucoup à rendre la filature ferme & unie.

Les *Ailettes* ne sont point ici, comme au rouet à filer le lin, garnies de petites pointes, qui lui ont fait donner le nom d'*Epinglier*. Il n'y en a qu'une également à crochet, mais mobile, fixée sur un petit morceau d'étoffe, qu'on fait couler sur la tranche des ailettes, dans laquelle il est passé. On a évité d'en mettre plusieurs, parce que la Laine plus molle & plus en duvet que le chanvre & le lin, s'y accrocheroit. On fait donc aller & venir l'*Ailet*, pour charger également le buhot & former la bobine, comme au lin on change le fil de crochet. La corde du rouet est souvent en Laine : le mouvement en est fort doux ; mais en boyau, elle est moins susceptible des influences de l'atmosphere.

On sent actuellement que la finesse, le tors & l'uni du fil dépendent d'abord de la finesse de la matiere, de sa netteté, & du peignage bien fait, puis de la grandeur du diametre de la roue, ou de la petitesse de celui des noix ; de la corde plus ou moins serrée, parce que le mouvement est accéléré en raison du frottement ; de la plus ou moins grande quantité de matiere qu'on lâche en un temps donné ; de l'uniformité exacte de cet écoulement ; enfin de la même uniformité, & du nombre des rotations en un temps donné. On fait peu de distinction dans ces filatures, de cordes ouvertes ou de cordes croisées.

Les filatures rases se font presque toujours du même côté, à corde ouverte, soit pour la chaîne, soit pour la trame : cependant, comme il est nécessaire, dans la plupart des étoffes de ce genre, que la chaîne soit un peu plus torse que la trame, il arrive souvent que certaines Fileuses se destinent à l'une, & certaines à l'autre ; mais beaucoup plus généralement dans ce pays, elles filent sans destination : c'est le Fabricant qui la détermine à l'achat sur ce qu'elle lui paroît. A Abbeville, & par-tout ailleurs où le Fabricant fait filer pour son usage, il en est tout autrement. On fait la distribution de ses matieres, & suivant la capacité & les talens des Ouvriers auxquels on confie ce travail, & suivant l'emploi auquel on les destine.

A Turcoing, on replie & serre la Laine en une pelote à jour, de forme demi-circulaire, qu'on attache au haut de la quenouille, & dont la matiere se tire avec effort & très *à menu*. On pense que cet arrangement concourt à *l'uni* & au plus de *tors*, qu'on observe & qu'on estime particuliérement dans le fil de Turcoing. Au Mans, on charge la bobine sur un canon de carte, lorsqu'on destine le fil à la trame ; & sur un canon de bois ou *Buhot*, quand c'est pour la chaîne. En Champagne on file comme en Picardie ; mais indépendamment de la filature au rouet, la plus ordinaire, on file au fuseau ; & cette filature, aussi égale & plus torse que celle au rouet, est préférable pour la chaîne des étoffes, & se met comme telle à un plus haut prix. Mais s'il y a quelque avantage pour le Fabricant qui emploie de préférence une Laine filée au fuseau, il y en a plus pour l'Ouvrier qui la file au rouet, dont l'usage gagne exclusivement par-tout, excepté dans les lieux où l'on veut allier à ce travail tranquille & sédentaire, une vie active & errante, telle que les Bergeres qui filent des Laines peignées en Gévaudan, en Auvergne, & dans les montagnes du Rouergue, en Béarn, en Gascogne, & particuliérement dans le Nébousan, & du chanvre ou du lin dans toutes les Provinces méridionales de la France: mais il s'en faut bien que ce soit dans ces filatures qu'il faille chercher de la perfection.

La méthode de Saxe, celle de Lintz & des Marches du Brandebourg, dont la filature est supérieure à tout ce que nous faisons en ce genre, est aussi préférable aux nôtres. On s'y sert, pour la filature des Laines peignées, d'un rouet semblable à celui avec lequel on file le coton. Sa roue a deux pieds de diametre; & la broche, toujours en bois, a environ sept pouces de longueur: elle est de même grosseur pour toutes les sortes de filatures, très-pointue, & sans mouquette. La corde qui la fait tourner est en Laine.

La Fileuse reçoit la matiere dégraissée & arrangée, comme l'est ici la Laine de *bouchon*: elle en prend une pincée, qu'elle entortille sur la phalange du milieu de l'*index* de la main gauche; elle la tient assujettie, en la comprimant du pouce & du *medius*. En cet état, elle présente le dos de *l'index* à la pointe de la broche, & les fibres de la Laine s'y accrochent sur le travers. L'Ouvriere est debout, & elle alonge l'aiguillée autant que le bras peut s'étendre, observant de diminuer par degré la pression du pouce & du *medius* contre l'*index*, à mesure que la main s'éloigne davantage de la broche, pour lâcher & fournir de la matiere également dans un temps donné.

Plus le fil est tendu en le tordant, plus la filature est unie & ferme. S'il se rencontre quelques *bouillons* sur la longueur de l'aiguillée, la Fileuse quitte la manivelle, & les enleve de la main droite. La petite quantité de matiere épuisée, & le fil renvidé, on regarnit le doigt, & ainsi de suite.

Cette méthode, quoiqu'également usitée à Berlin, n'est pas la seule qui s'y pratique. Cette ville considérable, devenue la patrie d'un grand nombre d'Artistes qui y ont été conduits par l'espérance, par l'adversité, & par l'inconstance, semblable, à quelques égards, à l'ancienne Rome, malgré les influences de son triste climat, & les différences plus grandes encore de son Gouvernement; cette ville, dis-je, en naturalisant toutes sortes d'étrangers, s'approprie toutes sortes de talens. La difficulté d'ailleurs d'y vivre sans rien faire, réveille l'industrie, & il n'y a pas jusqu'aux soldats qui, la plupart étrangers, ne s'exercent dans les Arts qu'ils cultivoient avant d'embrasser cet état, souvent même dans les métiers dont ils n'avoient que de foibles notions: tant les besoins sont impérieux! aussi est-il beaucoup d'hommes de cette classe qui fabriquent des étoffes, tandis que leurs camarades filent les matieres qui y sont convenables. Ce sont ceux-ci qui ont porté & répandu à Berlin la filature au rouet, à pédale, & à deux mains.

On y divise sur la longueur les *barres* de Laine peignée; on réunit ces parties; on les roule; on les serre devant soi; on tourne le rouet par le moyen de la pédale correspondante à la manivelle, & l'on a les deux mains libres, pour tirer, lâcher, ouvrir & étendre la matiere, à mesure qu'elle se file. Il en est ainsi du coton, qu'on obtient plus fin, plus tors, & plus uni à la filature au pied, qu'à celle à la main.

A Lintz, on livre la Laine, soit en gras, soit dégraissée, à un Maître Ouvrier, qui rapporte la filature qui en provient. La filature commune, qui est, depuis le N°. 10, qualité la plus basse qu'on puisse employer dans le baracan, jusqu'au N°. 25, se fait en gras, & l'on dégraisse la matiere au savon après la filature. Depuis le N°. 25 jusqu'au dernier degré de finesse, on file la Laine dégraissée. Les fils, trop fins alors, ne pourroient pas supporter le torsage à la cheville, usité & nécessaire pour purger la Laine du savon employé au dégrais. On pourroit cependant toujours filer en gras, tisser de même, & ne dégraisser les Laines qu'après la fabrication de l'étoffe. On obvieroit au dernier inconvénient; mais il est à présumer qu'on n'y a pas encore poussé l'industrie jusqu'à ce point.

Un des grands avantages de filer en gras, est de pouvoir amener des Laines communes à un grand degré de finesse, par l'intermede des matieres onctueuses. Les fibres de ces mêmes matieres parfaitement dégraissées, reprennent une roideur qui les rend plutôt cassantes qu'elle ne les dispose à s'unir.

Lorsqu'on annonce les filatures de Saxe supérieures aux nôtres, on ne prétend pas dire qu'il ne fût possible de très-bien filer en France. Le superfin de Turcoing en Laine de Hollande, est d'une grande beauté; & au Mans, l'on file très-fin la Laine du pays. Le fil du Mans est même plus nourri, plus ferme, & plus résistant au travail. Ces qualités sont dues assurément à l'usage où l'on y est de filer en gras. L'huile d'olives, ainsi que le beurre, donne à la matiere un *onctueux* qui facilite le dégagement des fibres sans les briser: elles s'étendent, se lient mieux, & prennent du corps; & le fil qui en résulte, résiste à des opérations que le fil de Saxe même ne pourroit pas supporter.

Les fils de Saxe sont très-unis & très-fins, mais un peu secs, un peu creux même, ce qui les rend légers. Ils en ont plus de longueur, & ils acquierent suffisamment de force par le doublage usité dans ce pays-là, comme dans celui-ci, pour toutes les chaînes des étoffes rases. On y double de plus celles des étamines fines, dans le goût de celles du Mans, & elles y sont superbes. On y double même la trame de presque toutes les étoffes, & on la triple dans la plupart des camelots: mais le grand marché de ces Laines & de la main d'œuvre, & la filature généralement très-belle, & beaucoup plus fine qu'ici, quoique de degrés de finesse très-variés, donnent les moyens d'y établir les mêmes especes supérieurement faites à des prix très au dessous des nôtres.

Du Devidage.

L'industrie est aussi plus perfectionnée dans la suite des opérations sur la Laine & dans son emploi, en Saxe & à Lintz, qu'en France; non qu'elle y soit plus ancienne, au contraire, c'est là où les Arts sont les plus anciens, qu'ils sont le plus long-temps à se perfectionner. Une instruction est plus aisée à saisir, qu'un préjugé à détruire; & un homme qui ne sait rien peut apprendre, lorsque celui qui fait mal ne le veut pas. L'*Aspe* ou *Devidoir* est établi dans tous ces pays, & l'on n'y va au marché que la balance à la main. Le devidoir n'est établi en France que dans quelques manufactures particulieres; mais en Picardie il est entiérement inconnu. Je viens de l'introduire dans le Boulonois, où il n'y avoit pas d'industrie de ce genre, & il prend très-bien dans la manufacture de tricotés Anglois que MM. Delporte ont établie nouvellement à Boulogne.

Combien de travail cependant n'éviteroit-il pas aux Fabricans, & quelle sécurité ne répandroit-il pas dans ce genre de commerce sujet à tant de fraudes? Son importance nous engage non seulement à en décrire l'usage, mais même à en donner le calcul. Le coup d'œil sur la figure indiquera assez sa forme & sa position. La

La circonférence de ce dévidoir (*Planche III. Fig.* 4.) a cinq quarts d'aune, & le fil qui l'entoure a par conséquent la même longueur. On lui fait faire quatre-vingts tours de suite, en dévidant le fil, ce qui forme des *pieces*, *maques* ou *sons* de cent aunes, dont la réunion, au nombre de sept, forme des écheveaux. On peut former ainsi autant d'écheveaux que le dévidoir en peut contenir sur sa longueur; il suffit qu'ils ne se surmontent pas l'un l'autre, pour éviter le mélange. Les quatre-vingts tours faits & les cent aunes completes, on arrête par une petite ligature faite du fil même de la piece, maque ou son. On répete cette opération sept fois de suite, l'écheveau ordinaire étant composé de sept cents aunes de fil, & l'on arrête les sept maques à la fois d'une maniere plus déterminée qu'on ne le fait de chacune en particulier. On réunit plusieurs de ces écheveaux, tant qu'on parvient à faire une livre de fil; & c'est du nombre qu'il en faut pour ce poids, qu'on établit son numéro.

TARIF.

Poids de l'Écheveau.					Poids de la Piece.			
Nos.	Onc.	Gros.	Gra.	Fract.	Onc.	Gros.	Gra.	Fract.
1	16				2	2	70	$\frac{4}{7}$
2	8				1	1	35	$\frac{2}{7}$
3	5	2	48			6	6	$\frac{6}{7}$
4	4					4	41	$\frac{1}{7}$
5	3	1	43	$\frac{1}{5}$		3	47	$\frac{11}{35}$
6	2	5	24			3	3	$\frac{3}{7}$
7	2	2	20	$\frac{4}{7}$		2	43	$\frac{49}{73}$
8	2					2	20	$\frac{4}{7}$
9	1	6	16			1	4	$\frac{2}{7}$
10	1	4	57	$\frac{3}{5}$		1	59	$\frac{23}{35}$
11	1	3	45	$\frac{9}{11}$		1	47	$\frac{53}{77}$
12	1	2	48			1	37	$\frac{5}{7}$
13	1	1	60	$\frac{12}{13}$		1	29	$\frac{25}{91}$
14	1	1	10	$\frac{2}{7}$		1	22	$\frac{2}{49}$
15	1		38	$\frac{2}{5}$		1	15	$\frac{81}{105}$
16	1					1	10	$\frac{2}{7}$
17		7	38	$\frac{2}{17}$		1	5	$\frac{53}{119}$
18		7	8			1	1	$\frac{1}{7}$
19		6	53	$\frac{1}{19}$			69	$\frac{39}{133}$
20		6	28	$\frac{4}{5}$			65	$\frac{29}{35}$
21		6	6	$\frac{6}{7}$			62	$\frac{102}{147}$
22		5	58	$\frac{10}{11}$			59	$\frac{65}{77}$
23		5	40	$\frac{16}{23}$			57	$\frac{39}{161}$
24		5	24				54	$\frac{6}{7}$
25		5	8	$\frac{16}{25}$			52	$\frac{116}{175}$
26		4	66	$\frac{6}{13}$			50	$\frac{58}{91}$
27		4	53	$\frac{1}{3}$			48	$\frac{48}{63}$
28		4	41	$\frac{1}{7}$			47	$\frac{1}{49}$
29		4	29	$\frac{23}{29}$			45	$\frac{81}{203}$
30		4	19	$\frac{1}{5}$			43	$\frac{62}{70}$
31		4	9	$\frac{9}{31}$			42	$\frac{102}{217}$
32		4					41	$\frac{1}{7}$
33		3	63	$\frac{3}{11}$			39	$\frac{69}{77}$
34		3	55	$\frac{1}{17}$			38	$\frac{86}{119}$
35		3	47	$\frac{11}{35}$			37	$\frac{151}{245}$
36		3	40				36	$\frac{4}{7}$
37		3	33	$\frac{3}{37}$			35	$\frac{151}{259}$
38		3	26	$\frac{10}{19}$			34	$\frac{86}{133}$
39		3	20	$\frac{4}{13}$			33	$\frac{207}{273}$
40		3	14	$\frac{2}{5}$			32	$\frac{32}{35}$
41		3	8	$\frac{32}{41}$			32	$\frac{32}{287}$
42		3	3	$\frac{3}{7}$			31	$\frac{17}{49}$
43		3	2	$\frac{14}{43}$			31	$\frac{43}{291}$
44		2	65	$\frac{5}{11}$			29	$\frac{71}{77}$
45		2	60	$\frac{4}{5}$			29	$\frac{9}{35}$
46		2	56	$\frac{8}{23}$			28	$\frac{100}{161}$
47		2	52	$\frac{4}{47}$			28	$\frac{4}{329}$
48		2	48				27	$\frac{3}{7}$
49		2	44	$\frac{4}{49}$			26	$\frac{299}{343}$
50		2	40	$\frac{8}{25}$			26	$\frac{58}{175}$
51		2	36	$\frac{12}{17}$			25	$\frac{97}{119}$
52		2	33	$\frac{3}{13}$			25	$\frac{29}{91}$
53		2	29	$\frac{47}{53}$			24	$\frac{312}{371}$
54		2	26	$\frac{2}{3}$			24	$\frac{8}{21}$
55		2	23	$\frac{31}{55}$			23	$\frac{361}{385}$
56		2	20	$\frac{4}{7}$			23	$\frac{25}{49}$
57		2	17	$\frac{13}{19}$			23	$\frac{5}{49}$
58		2	14	$\frac{26}{29}$			22	$\frac{140}{203}$
59		2	12	$\frac{12}{59}$			22	$\frac{130}{413}$
60		2	9	$\frac{3}{5}$			21	$\frac{33}{35}$

En voilà assez pour faire sentir combien la Fileuse a d'avantage à filer fin, à ne point mélanger ses bottes de fils filés plus gros, & fourrés dans l'intérieur pour n'être pas apperçus; à éviter l'humidité & l'adhérence de tout corps étranger, &c. & combien le Fabricant a de facilité, pouvant toujours faire la destination de la matiere, sans autre examen, sur le nombre des écheveaux à la livre de fils.

L'axe de ce dévidoir est terminé en arrêtes, comme des fuseaux de lanterne, & elles en font l'office. Le nombre de ces arrêtes est indéfini, mais déterminé relativement; s'il est de quatre, la petite roue dentée dans laquelle ces arrêtes s'engrenent, a seize dents. L'axe tournera donc quatre fois, & cette roue une seule. L'axe de la roue aura aussi quatre arrêtes & la grande roue dans laquelle ces arrêtes s'engréneront, sera de quatre-vingts dents, & ne fera qu'un tour, quand sa lanterne à quatre fuseaux en fera vingt. Donc le premier axe, l'axe du dévidoir, le dévidoir même fera quatre-vingts tours, lorsque la grande roue en fera un. Si le premier axe avoit cinq arrêtes, la roue suivante vingt-cinq dents, l'axe de cette roue cinq arrêtes aussi, & enfin la grande roue également quatre-vingts dents, l'effet seroit encore le même; & l'on voit qu'il y a encore plusieurs combinaisons pour y arriver, mais qui sont fort inutiles.

Maintenant, si l'on place un petit maillet ou marteau de bois sur la table, ou le banc du dévidoir, tout près de la grande roue, & qu'on plante une cheville de bois sur le bord du plat de la roue, de telle maniere qu'elle presse sur le manche du maillet, le souleve & le laisse enfin échapper en bascule, il est évident qu'en tombant il frapera un coup qui fera du bruit; & comme ce coup ne pourra être frappé qu'une fois exactement par révolution, il est encore évident que le dévidoir aura fait alors ses quatre-vingts tours & que les sons seront complets. Après sept révolutions semblables, on arrête, on fait la ligature, & l'on dégarnit le dévidoir, pour recommencer; car si l'on dévidoit de nouveaux écheveaux sur les premiers, ce diametre étant augmenté, les Fileuses fourniroient plus de longueur de fils, & elles les vendroient moins, eu égard à la surabondance du poids, ce qui seroit une double perte pour elles. Il en est qui ont déjà vu assez clair dans ces petites pratiques, pour raccourcir un peu la circonférence de leur dévidoir; mais en mesurant un des écheveaux sur la longueur, la fraude est bientôt découverte. Il est bon d'ajouter une petite corde qui réponde à l'axe de la grande roue du dévidoir, & de la compasser de maniere que quand cette roue aura fait sept révolutions, elle agite une petite sonnette qui avertisse l'ouvriere que l'écheveau est complet.

La circonférence de l'aspe de lintz a deux aunes du pays, ou cinquante-six pouces & demi de France; on y divise la livre en écheveaux, & l'écheveau en liasse. La liasse est de quarante tours de dévidoir, quatre-vingts aunes du pays; il faut dix liasses pour un écheveau: l'écheveau est donc de huit cents aunes. Cette filature se paye à proportion du nombre d'écheveaux à la livre, & elle varie depuis le numéro 10, jusqu'au numéro 80, qui est un point de finesse auquel il est rare qu'on atteigne.

Les fils très-tors tendent au dévidage ou après, par l'élasticité de leurs fibres, contraintes à reprendre leur premier état, ce qui les fait se replier sur eux-mêmes & se corder. On évite cet inconvénient par plusieurs moyens. Les uns trempent les bobines dans l'eau chaude, & ne les dévident que lorsqu'elles sont seches, ce qui est long & peu commode; car, à moins d'une grande chaleur naturelle, ou d'une chaleur ordinaire factice, telle que celle d'une étuve, on risque qu'il ne s'y établisse de la fermentation,

D'autres font le dévidage à la vapeur de l'eau bouillante; & je préférerois cette méthode à la précédente. Celle des Turquinois me semble meilleure encore. Ils dévident leur fil serré sur le dévidoir, tel qu'ils l'ont filé, & lorsque le dévidoir est garni, d'un bout à l'autre, d'écheveaux plus ou moins gros, ils passent dans chacune des quatre faces un morceau de bois cylindrique, d'un bon pouce de diametre, entrelacé dans chaque écheveau, ce qui restitue, ce qui augmente même la premiere tension de ces fils, & les soutient dans l'uni qu'on leur a donné à la filature; on les trempe dans l'eau en cet état, à plusieurs reprises, jusqu'à ce qu'ils en soient imbibés. On suspend ainsi ces dévidoirs au grand air, & lorsque le fil est sec, on le met en botte, & il se soutient très-bien au degré de tension qu'on lui a donné: il acquiert même par cette opération, qui en *couche* & *plaque* le duvet, une sorte de lustre & un air ras, qui le rend très-propre aux étoffes seches & à grains, telles que le baracan, le camelot, &c.

On n'est guere, en Picardie, dans le cas d'exercer aucune de ces pratiques. En général, on y tord peu la matiere à la filature; d'où il arrive qu'on n'y sauroit faire à chaîne simple presque aucun travail qui ait une certaine consistance. Cette pratique est à réformer à l'égard de beaucoup d'objets; car, si la serge d'Aumale, de Blicourt, &c. s'accommode bien d'une filature peu torse, elle ne sauroit convenir à la tamise, au duroi, & à tant d'autres étoffes, qui demandent également, pour faire un bel effet aux apprêts, d'être travaillées à chaîne simple, de filature suffisamment torse.

Du Poil de chevre.

Le Poil de chevre est, après la Laine, la matiere dont il se consomme le plus dans les fabriques d'Amiens. Il s'emploie particuliérement dans le velouté d'une immense quantité de pannes, & dans celui des velours d'Utrecht. Mais ces sortes d'étoffes n'ont aucun rapport à l'objet que nous traitons actuellement. C'est relativement au camelot-poil, que nous en dirons quelque chose.

Ce Poil se tire tout filé du Levant, par la voie de Marseille. Nos Marchands le vendent ici aux Fabricans, moyennant cinq pour cent de commission, & ils répondent des fonds. Cette marchandise est souvent à un très-haut prix pour nous. Deux raisons y concourent; les causes communes à tous les objets de récolte, & aux révolutions quelconques, qui arrêtent ou ralentissent le cours de la culture & le progrès des Arts: la seconde est la plus odieuse, parce qu'elle ne naît pas de la nature de la chose, mais de l'acception des personnes.

Il existe un droit de vingt pour cent sur la valeur du Poil de chevre qui nous vient par toute autre voie que celle de Marseille; d'où il arrive que si les Marseillois s'entendent, ils font la loi dans cette partie, &, quelque dure qu'elle soit, il faut s'y soumetre. Les Anglois, & principalement les Hollandois, nous offrent quelque fois cette matiere à un prix au dessous de dix à douze pour cent, de celui auquel veulent le fixer les Négocians de Marseille; mais il ne nous est pas permis d'user de préférence; & les Hollandois font des camelots-poil, des velours d'Utrecht; ils en répandent dans toute l'Allemagne, & en introduisent en France même par cette seule raison. Eh! qu'importe à Amiens, à l'Etat même, que notre argent passe au Levant par la voie de Marseille, ou par celle de la Hollande? La chose essentielle est, que les matieres premieres soient à bas prix, afin que celui des étoffes fabriquées arrête l'introduction des étrangeres, & qu'elles obtiennent par-tout ailleurs, sinon la préférence, du moins la concurrence.

Il y a un grand inconvénient à ne pas tirer cette matiere en toison: indépendamment d'une main-d'œuvre considérable qui résulteroit de la filature, raison de prohibition de la part des Turcs, qui, pense-t-on, veulent se la conserver, c'est qu'ils ne prennent aucun soin dans l'assortiment de ces fils; qu'ils mêlent le travail de toutes mains; qu'ils en dévident deux, trois, quatre, cinq à six, sans regles & sans suite sur le même écheveau, & qu'il faut toujours procéder à un nouveau dévidage & à un nouvel assortiment; d'où il résulte une perte de temps, de nouveaux frais, & des déchets considérables.

J'avois proposé pour ce dévidage, qui se fait ici fil par fil, durement, & l'on ne sauroit plus gauchement, *le va & vient* de la soierie, assez doux pour ne jamais forcer, & ne pas faire rompre par conséquent dans les résistances; mais il n'obvie pas à l'embarras qu'occasionne la pluralité des fils indéterminée dans chaque écheveau, & souvent dans le même

Le dévidoir de Lintz, le même qu'a imaginé & dont fait usage le sieur Delié de Reims, pare à cet inconvénient. Il consiste en une barre élevée sur la base du dévidoir, parallélement à l'axe de *l'aspe*, & garnie d'anneaux de verre également distribués, dans lesquels on fait passer les fils, à mesure qu'ils se présentent; car il en vient tantôt un, deux, tantôt trois, quatre, & jusqu'à six à la fois. L'égale distribution des anneaux rend semblable celle des écheveaux. Quand il se présente des fils qui se tordent ensemble, on les casse, pour en redistribuer le dévidage plus en face, & d'une maniere plus coulante.

C'est ainsi qu'on est bien à même d'assortir le Poil de chevre: on le fait encore après le dévidage en blanc, tant pour la finesse que pour le degré de blancheur, & l'on répete de nouveau cet assortiment après la teinture, où il est plus facile de s'appercevoir des inégalités que les nuances de blanc & les différences de tors occasionnent. Aussi les camelots de ce pays-là sont-ils parfaitement unis en couleur & en grains. Il est aisé de juger que la Saxe, qui ne fait que des camelots-laine, mais infiniment supérieurs aux nôtres, procede ainsi à leur égard.

Il est un Poil de chevre très-supérieur à celui qu'on nous apporte en France, & qui provient d'une espece particuliere de ces animaux qu'on éleve en assez grande quantité dans la Province d'Angora, au milieu de la Natolie; mais on le réserve pour la fabrique des camelots de ce pays-là, avec défense d'en exporter. Cependant les Hollandois, soit par traité, soit par adresse, trouvent les moyens d'en avoir; & c'est en partie à cela qu'ils doivent la supériorité bien décidée de leurs camelots-poil, & qu'on leur donne la préférence sur les nôtres.

Ceux de la fabrique d'Angora ne souffrent aucune comparaison; ils sont poil, chaîne & trame. On en a tenté ici l'imitation, mais toujours sans un succès déterminant.

Un Seigneur Florentin, frappé de ces différences, & remontant à leurs causes, est parvenu à avoir des chevres d'Angora, dont le troupeau, successivement sous sa direction, s'est considérablement accru. Cette éducation a donné lieu à l'établissement d'une manufacture, dont les camelots ne le cedent à ceux d'aucune autre. Il ne seroit peut-être pas impossible d'imiter en France ce Seigneur Florentin, dont l'entreprise a eu assez de succès pour nous ôter l'espoir d'un débouché de quelque conséquence, dans un pays où il doit y avoir une grande consommation de ce genre d'étoffes.

C'est de la Natolie exclusivement que se tire le Poil de chevre; & l'expédition s'en fait par Smirne principalement, & par Constantinople.

Des Soies.

La soie fait encore une partie des matieres employées à la fabrication des étoffes rases d'Amiens, & cet emploi augmente de jour en jour. Les camelots mi-soie, diverses sortes d'étamines, des serges de nouvelle invention, & plusieurs autres especes d'étoffes en consomment beaucoup. On les a long-temps tirées *organcinées*, & toutes teintes de Lyon & de Paris. On les teint actuellement à Amiens, & on les dévide comme les autres matieres. A l'égard du doublage qu'on en fait avec la Laine, du *virage* ou léger *retorsage*, & de quelques autres opérations qu'elles subissent, elles sont toutes communes à l'une & à l'autre matiere, & l'on en traitera ensemble. Ces Soies sont en partie du cru du Piémont, & en partie de celui du Languedoc. On les tire quelquefois de Turin en droiture, mais plus généralement par la voie de Lyon, qui en expédie également des organcinages du Languedoc.

Du premier Dévidage, de l'opération de doubler, & du second Dévidage pour retordre.

Lorsque le fil vient du marché, ou qu'il est rendu au Fabricant immédiatement après la filature, l'opération que subit d'abord celui qui est destiné pour la chaîne, est un premier dévidage qui se fait en plaçant l'écheveau sur la *tournette* (*Planche III. Fig.* 3.), & tournant le fil sur un *buhot* enfilé dans la broche d'un petit rouet. La forme de ce *buhot* est d'être plus évidé par le bas, pour qu'il contienne plus de fil, un peu renflé par le haut, pour qu'il s'en échappe moins vîte; sans rebord néanmoins, pour éviter le trop de résistance & le frottement qui le feroit casser. On donne à la fusée une forme conique, & l'on en pose ainsi deux, fichées contre une piece de bois placée en face du rouet, de maniere que, les pointes de ces fusées regardant le nouveau buhot sur lequel elles se dévident ensemble par l'une de leurs extrémités, le point de rencontre de leur prolongement se trouve sur le buhot même (*Fig.* 6.). On dirige d'une main la réunion de ces deux fils sur le nouveau buhot, tandis que de l'autre on tourne le rouet. On donne également à cette fusée ou bobine la forme conique, pour que le fil s'en échappe avec la même facilité, lorsque, placé verticalement sur le moulin à retordre, il tend, en se tordant, à s'enrouler sur le dévidoir.

On pourroit absolument ne faire qu'un de ces deux dévidages, & former sur le champ la bobine à retordre de deux écheveaux placés chacun sur une tournette dont on doubleroit le fil en même temps: mais il en pourroit résulter l'inconvénient, de la part des ouvrieres négligentes, qu'un fil cassant, on laissât courir l'autre seul pendant quelque temps; ce qui, répété, nuiroit beaucoup. Un autre inconvénient très-grand encore, feroit que les écheveaux plus ou moins mêlés, opposant enfin au dévidage, par quelque raison que ce soit, plus ou moins de résistance, les fils se trouveroient inégalement tendus au doublage: on ne seroit donc exposé à rien moins, par cette économie, qu'à avoir souvent du fil mal uni & presque toujours inégal en grosseur & en force, en supposant même dans le premier cas, ce qui seroit pourtant inévitable, qu'il ne cassât pas fréquemment au moulin à retordre.

Le dévidage du fil pour la trame consiste uniquement, la matiere étant teinte en écheveaux, à la faire passer de dessus la tournette sur le petit canon, qui, garni pour être mis dans la navette, se nomme l'*espoule*. Cette opération est la même que celle du premier dévidage du fil de la chaîne: un coup d'œil sur les Planches achevera d'éclaircir toutes ces idées; une description plus étendue seroit absolument inutile.

Du Retordage & Dévidage pour ourdir.

Le moulin à retordre est aussi dans le cas d'être plus aisément compris par le secours des Planches, que par aucune description: on ne donnera pas de dimension de ses parties, parce que la gravure de cette mécanique doit être accompagnée d'une échelle. Ses effets, pour être bien entendus, demandent quelques détails, dans lesquels on va entrer.

Ce moulin (*Planche IV. Fig.* 1, 2, 3, 4, 5, 6,) consiste en une grande charpente circulaire, sur un des côtés de laquelle sont tous les rouages qui le meuvent. Sur la base de cette charpente, à peu d'élévation du sol, sont placées verticalement les broches de fer sur lesquelles on fiche les bobines qui portent le fil à retordre. Le bas de ces broches est pressé par une bande de cuir (M) soutenue de champ, qui, passant sur un tambour, en même temps qu'elle frotte sur toutes les broches, leur imprime un mouvement de rotation qui est en raison des diametres du tambour & des broches. Lorsque cette *laniere* ou courroie de cuir se trouve trop lâche ou trop tendue, on avance ou l'on recule au moyen d'une vis, une espece de poulie (V) placée dans l'enceinte du moulin sur le devant du tambour, & sur laquelle la courroie passe, après avoir croisé sur le tambour (S). Les fils qui s'échappent du bout de la bobine, s'élevent dans la direction de son plan jusqu'au haut de la mécanique, & passant de là dans un anneau, ils prennent une direction à peu près horizontale & un peu convergente, pour aller s'enrouler sur l'*aspe* (d) ou dévidoir, & y former chacun son écheveau. Une personne est en dedans de cette enceinte, pour renouveler ou regarnir de bobines & raccommoder les fils qui se cassent, tandis qu'une autre du dehors tourne la manivelle qui fait tout mouvoir. Il faut quelquefois deux personnes en dedans, lorsque les fils, trop tendus, se cassent fréquemment; ce qui arrive encore lorsqu'on veut forcer le torsin, ou que la matiere se trouve altérée par la teinture.

Toute cette charpente est soutenue par six colonnes ou piliers (A); elle porte ordinairement cinquante-deux ou cinquante-quatre bobines en un seul rang, sur le même plan (1); sa circonférence est interrompue sur un sixieme de son étendue, & c'est là que sont placés tous les rouages & l'*aspe* au dessus.

Maintenant, si l'on suppose un axe horizontal qui remplisse le vuide de l'interruption de la circonférence, & se prolonge même; qu'il soit tournant, mais immobile; qu'il lui soit adapté une manivelle à l'un des bouts, une lanterne à l'autre, & une roue de champ dans l'intervalle, on sentira que le mouvement imprimé à la manivelle pourra se communiquer à deux rouages à la fois, qui peuvent être placés, l'un en dessus (c), l'autre en dessous (S) de ce grand axe, & à chacun desquels il est libre de donner un mouvement très-différent. Si la roue est fixe, qu'elle ait le même diametre, & toujours le même nombre de dents, qu'il en soit ainsi à l'égard de celle dans laquelle elle s'engrene, elle aura toujours le même mouvement; c'est celui du tambour (S), c'est le tambour même qui est en dessous. Ainsi les bobines doivent tourner sur elles-mêmes avec une vélocité toujours égale, les mouvemens de l'ouvrier étant supposés égaux.

Mais si la lanterne peut se déplacer à volonté, & qu'on lui en puisse substituer une de diametre

(1) On pourroit en mettre beaucoup plus, en étendant davantage la charpente du moulin; & il est bien étonnant qu'on n'ait pas encore imaginé d'appliquer l'eau ou un cheval au mouvement d'une mécanique d'un aussi grand usage.

& de nombre différens de fuseaux, il est évident qu'on changera par-là le mouvement du rouage qui s'engrene dans cette lanterne. Or, ce rouage est adapté à l'axe du dévidoir, lequel ne reçoit de mouvement que celui qui résulte de l'engrenement de la roue dans cette lanterne, très-variable en diametre & en nombre de fuseaux. On fait donc tourner le dévidoir aussi vîte & aussi doucement qu'on veut, lorsque le mouvement des bobines est toujours le même. Que l'on conçoive encore que le fil ne se dévide de dessus la bobine, qu'en raison de ce qu'il est attiré par le mouvement de l'*aspe*, & il sera démontré que plus ce mouvement de rotation est lent, celui des bobines étant toujours le même, plus la partie du fil dévidé sera torse. Il n'est donc question, pour tordre plus ou moins le fil, que de changer la *tourte* ou *lanterne*. On en a pour cela une grande variété; & il y a une adresse à bien juger & du degré de *tors* qu'il convient de donner, eu égard à la qualité de la matiere, à sa disposition actuelle, & à sa destination future; & à la *tourte* à placer, pour y parvenir.

Le diametre de la *tourte* étant égal à celui de la roue, les rotations de chacune seront égales. Son diametre étant double, celle-ci tournera deux fois, quand celle-là tournera une seule; n'étant que de moitié, ce sera le contraire: ainsi, plus la lanterne sera petite, avec un nombre de dents proportionné, pour faciliter l'engrenage, plus le dévidoir tournera doucement, plus le fil sera retors; & ce degré de tors sera toujours en proportion de ce diametre.

On a un second moyen pour opérer le même effet, & même pour le doubler en même temps, si l'on veut; c'est d'agrandir ou de diminuer le diametre du dévidoir, en éloignant ou rapprochant ses côtés de l'axe, au moyen des traverses à coulisses pratiquées par des mortaises dans l'axe même. Plus ce diamètre est petit, plus la longueur du fil dévidé est de temps à s'y rouler, & plus elle se tord dans cet intervalle; *& vice versâ*.

Lorsqu'on change de *tourte*, on éleve & on abaisse le dévidoir proportionnément au diametre de cette tourte, pour que la roue s'engrene toujours avec la même facilité; on l'abaisse également à l'autre bout, pour la tenir toujours dans une position horizontale. Le point extérieur de tangence du tambour n'étant pas tout-à-fait dans le plan circulaire, mais un peu en arriere, il arrive que la bobine la plus proche de chaque côté ne reçoit qu'un foible frottement de la courroie, qui même n'est pas absolument continu; les fils en sont moins tors: on pourroit remédier à cet inconvénient, par des chevilles de bois arrondies, implantées en avant plutôt qu'en arriere de ces bobines. La forme circulaire de ces moulins semble devoir retordre les fils inégalement, les longueurs de fils dévidés étant toujours elles-mêmes inégales; & cela seroit en effet pour la premiere longueur des fils: mais on y remédie en amenant d'abord tous les fils au centre du moulin, les tordant en cette position, & les distribuant ensuite chacun à sa place sur le dévidoir: alors le tors est égal, parce que le fil ne se dévide plus pour chaque endroit, à proportion de l'espace que chacun a à parcourir, mais toujours également & en même longueur. Mais il résulte un autre inconvénient de l'inégale longueur de ces fils, celui de la différence de poids, & par conséquent celle de tension dans leur longueur. Leur position étant presque horizontale, & leur pesanteur spécifique augmentant en raison de leur longueur, il se fait aux plus longs une plus grande courbure au centre; & lorsque les fils se tordent ensemble, ils se cordent quelquefois dans cette partie par bouts de longueur proportionnée à la moindre tension, occasionnée par la plus grande distance du dévidoir à la bobine.

On obvieroit à ce dernier inconvénient, en employant, au lieu de ce moulin, celui à retordre les soies, où la longueur des fils dévidés est toujours égale, & la position de ces fils toujours verticale.

Les fils, pour chaîne de camelots-laine, se retordent en blanc & à deux fois: on trouve cette pratique meilleure que de le faire en une; le tors en est plus égal & plus ferme: la premiere avec une lanterne de vingt fuseaux, & la seconde avec celle de quinze, plus ou moins, selon la qualité de la matiere.

Les fils, pour chaînes de camelot-poil & de camelot-mi-soie, se retordent en couleur, parce que le fil de laine & le fil de soie dont elles sont composées, se teignent en écheveaux séparément, l'une & l'autre matiere demandant des procédés de teinture différens. On les retord aussi de préférence, & le plus souvent, malgré la double main d'œuvre, à deux fois, avec des lanternes de quatorze, quinze à seize fuseaux, ou quelquefois à une seulement, avec des lanternes de six, sept à huit fuseaux: on a soin d'augmenter le nombre des fuseaux, à proportion que les couleurs sont de nuances fortes, parce que les hautes couleurs altérant plus la matiere, elle demande plus de ménagement.

La chaîne des baracans se retord comme celle des camelots, & plus ferme encore. Celle des étamines, dites *viré-fin*, ne se tord qu'une fois avec une lanterne de sept, huit, neuf fuseaux; & les *demi-fin*, avec celle de neuf, de dix & onze, & ainsi des autres. Celle des serges de Rome, de Minorque, calmandes, basins, grains d'orge, &c. se tord deux fois avec une lanterne de vingt à vingt-cinq fuseaux pour la premiere, & de quinze à vingt pour la seconde, suivant encore la qualité de la matiere, son état actuel, & sa destination future.

Le poil de la trame des camelots-poils est simplement *viré*, ce qui est une maniere de retordre légérement. Cette opération se fait d'une seule fois avec une lanterne de quinze, dix-huit à vingt fuseaux. Ne veut-on qu'un virage très-foible? il n'y a qu'à substituer une poulie à la roue du dévidoir, qui s'engrene dans la lanterne, & une corde ou une courroie passée dessus, & qui embrasse en même temps la lanterne. Cette lanterne, beaucoup plus grande que la poulie, fera tourner le dévidoir beaucoup plus vîte qu'elle ne tournera elle-même; & le fil y étant amené beaucoup plutôt, y sera moins retors.

On remarquera que la filature à corde ouverte se fait toujours de droite à gauche, & le retordage de gauche à droite, en sens contraire par conséquent. Chaque fil se détord un peu au premier mouvement: ils s'ouvrent, s'accrochent & s'incorporent en quelque sorte, puis ils se roulent en *hélices*, & non en *spires*, comme on le dit dans l'Encyclopédie, & enfin ils forment de petites cordes; autrement chaque fil continueroit de se tordre sur soi: ils ne s'accrocheroient point l'un à l'autre; ils se tortilleroient même de distance en distance par brins séparés; ils se corderoient dans ces points. Les fils resteroient bâillans, inégaux en tension & en force, & très-mal unis.

On dit encore dans l'Encyclopédie, qu'on a vu beaucoup de personnes qui ne pouvoient se faire des idées nettes de la raison de cette manœuvre, & qui s'opiniâtroient à prétendre qu'il falloit retordre les brins dans le sens où le fil avoit été tordu.

Il ne s'ensuit autre chose, sinon que beaucoup de personnes n'ont pas voulu se donner la peine de réfléchir un instant à l'objet de leur prétention, ni de jeter les yeux sur un rouet ou un moulin à retordre: ils auroient vu qu'il n'est aucune de ces mécaniques qui ne soit disposée pour produire son effet en sens contraire.

Ces

Ces dispositions ont toujours lieu lorsqu'il est question de retordre deux fils ensemble : mais lorsqu'on n'en retord qu'un, pour augmenter seulement le tors de la filature, ce qui est nécessaire dans bien des circonstances, ce qui seroit avantageux ici à plusieurs égards, si l'on pouvoit se plier à cette pratique, ce qui se fait journellement à Moliens-le-Vidame, à Govillé, & en d'autres Paroisses des environs de celles-ci, pour la fabrique des rubans de Laine qui y est considérable ; alors, ou l'on file à corde croisée, si l'on ne change pas la disposition des moulins à retordre pour cet objet, parce qu'il faut nécessairement retordre dans le sens de la filature ; en tordant le fil en sens contraire, les fibres de la matiere se désuniroient sans ressource, & ce ne seroit plus du fil ; ou l'on change en effet la disposition des moulins, comme on en use à Reims.

Je dis que cette pratique seroit avantageuse, parce qu'un fil de bonne matiere en acquiert beaucoup plus de consistance, & qu'elle nous mettroit dans le cas de monter des chaînes à fils simples pour la tamise & autres étoffes à lustrer, qui en seroient beaucoup plus susceptibles de cette sorte d'apprêts. Je dis que ces fils en acquierent beaucoup de consistance; car j'ai vu les Ouvriers dont on vient de parler, travailler sur de semblables chaînes avec force & action, & faire ainsi jusqu'à cent cinquante aunes de rubans en un jour, un seul ruban à la fois. Les Ouvriers ordinaires en font environ cent aunes ; ce qui ne suppose pas des ménagemens à garder sur la matiere, qui n'est cependant pas d'une qualité supérieure ; mais qui, à la vérité, est filée plus gros pour cet objet, que quand on se propose de la doubler & retordre pour le même emploi. Il faut aussi observer, dans le cas du retordage à fil double, que la partie du buhot horizontal, tournée du côté de la Doubleuse, lui serve de base lorsqu'il est posé verticalement sur le moulin à retordre ; & dans le cas du retordage à fil simple, qu'elle soit tournée du côté opposé, en même temps que le moulin à retordre agit en sens contraire.

Le moulin à retordre, d'usage dans la bonneterie, n'est pas connu dans cette fabrique ; il seroit très-propre à virer les fils, & il a de plus l'avantage de marquer les tours par une suite de rouages semblables à ceux du petit devidoir indiqué & calculé ; mais il n'est susceptible, ni d'autant de variations, ni d'atteindre jamais à un très-grand degré de tors.

Le fil tors, lorsque c'est pour chaîne, se devide de nouveau sur des buhots, pour en former des bobines à ourdir. Ces buhots ne sont point faits comme les précédens, mais en forme de poulie alongée (bbb) : ils sont plus longs & d'un moindre diametre, mais à rebords très-élevés à chaque bout, pour contenir la matiere dont on les charge beaucoup, pour avoir à y revenir moins souvent : il faut cependant éviter qu'ils le soient trop, & dans la crainte que le fil ne s'éboule, & parce que son poids pourroit augmenter sa difficulté à tourner, & faire casser le fil à l'ourdissage.

De l'Ourdissage.

L'ourdissage consiste dans la réunion des fils qui doivent composer la chaîne, tous prolongés dans toute sa longueur, & la division alterne de chacun, qu'on nomme la croisure. Pour y parvenir, on a un moulin vertical (*Planche V. Fig.* 1.), qui n'est qu'une suite circulaire de grands parallélogrammes, dont la piece du centre est en même temps un côté commun à tous, & l'axe à pivot sur lequel tourne la machine (AA). On lui imprime le mouvement par une roue horizontale (r) creusée en rainure, placée au bas de l'axe, & sur laquelle passe une corde qui vient répondre à une semblable roue placée hors du moulin (R), & au milieu de laquelle est dressé un petit axe à hauteur d'appui (aa), avec une manivelle horizontale au bout (M).

A cinq ou six pieds de distance de ce moulin, on place le *cannelier*, qui consiste en deux grands cadres ou chassis sur le même plan, l'un devant l'autre (CCCC) : on les traverse de broches de fer posées horizontalement de l'avant en arriere, & l'on passe dans ces broches les bobines chargées du fil à ourdir (bbb) ; on les place de maniere que les fils se puissent à toutes devider du même côté, afin qu'il y ait toujours une distance plus égale entre eux ; on éleve les bouts, pour les passer chacun dans un anneau placé au dessus. Cet anneau est de fil de fer ou de verre ; celui-ci vaut mieux, le frottement en étant plus doux. C'est de là qu'on les conduit au moulin, faisant la croisure dans l'intervalle. Cette croisure se fait au moyen d'un gril de fer (GG), dont les broches sont percées dans le milieu, & qui, placé dans un cadre de la hauteur du moulin (TT), & suspendu par une corde qui va répondre au haut de l'axe du moulin (B), & se rouler dessus à mesure qu'il tourne, le fait monter ou descendre, suivant que la corde se roule ou se déroule, ou que le moulin tourne à droite ou à gauche.

On passe tous ces fils alternativement un à un, entre les broches du gril, & les trous de ces broches ; on les souleve tous à la fois après qu'on les a passés. Ceux qui sont passés entre les broches, s'élevent jusqu'au haut du gril ; & ceux qui sont passés dans les trous sont arrêtés à cette hauteur. Il se forme un intervalle entre les uns & les autres ; on y passe le pouce ; on abaisse actuellement les fils ; ils se divisent de nouveau, mais dans le sens contraire & en se croisant : on passe l'index dans ce nouvel intervalle ; l'on amene ainsi le bout de la chaîne où tous les fils sont réunis en faisceau, & la croisure, pour attacher le premier à une cheville du haut (c) du moulin, & passer la seconde dans une seconde & troisieme chevilles plus rapprochées l'une de l'autre que de la premiere. Cela fait, on tourne la manivelle (M) ; l'axe devide la corde qui fait descendre le gril ; & les fils qui passent au travers, & qui descendent en même temps, se rangent d'eux-mêmes en *hélice* (EE) sur le moulin, & le garnissent ainsi du haut en bas. Arrivé au bas, on y arrête les fils par une cheville (c) ; on forme, en revenant sur soi, une nouvelle croisure, mais par demi-portées seulement, & qu'on nomme la petite croisure, parce que la premiere du haut s'appelle la grande croisure. On tourne en sens contraire ; la corde se roule sur l'axe ; le gril remonte les fils en même temps & sur la même hélice ; on forme de nouveau la premiere croisure, & ainsi de suite, jusqu'à ce qu'on ait composé la chaîne du nombre convenable de portées. On dit de ce nombre de fils qu'on met à la fois sur le devidoir, que c'est une demi-portée, & que le retour forme la portée.

Comme on fait des portées depuis vingt-six, vingt-huit fils, jusqu'à quarante, quarante-deux & quarante-quatre fils, on voit qu'il suffit d'avoir la moitié de ce nombre de bobines : on en met assez communément vingt, faisant les portées de quarante. Les camelots, & autres étoffes à très-longues chaînes & de matieres grosses, s'ourdissent en deux parties, parce que les portées se surmontant sur l'ourdissoir, & celles de dessus s'éloignant toujours plus du centre que celles de dessous, formeroient une plus grande circonférence, & seroient plus longues ; d'où il arriveroit qu'elles seroient lâches sur le métier, tandis que les autres seroient très-tendues. Les deux demi-chaînes des camelots-laine, ainsi ourdies séparément, après avoir arrêté la croisure des fils, & celle des demi-portées, au moyen d'une ficelle, & les avoir levées de dessus le moulin, & repliées chacune sur elles-mêmes, on les livre en cet état au Teinturier, qui les réunit bout à bout pour les teindre, & ne pas courir les risques de l'inégalité de nuances en les teignant séparément. On les rapproche ensuite pour les monter sur le métier, ce qui s'opere de la maniere suivante.

De la maniere de monter les chaînes sur le métier.

Cette opération se fait ici dans les rues, sur les remparts, ou en tout lieu où l'on a un espace suffisant pour y étendre la chaîne dans toute sa longueur, en ligne droite. On réunit là les deux parties en une; on passe un levier à l'un des bouts (*Planche V, Fig.* 3.), celui de l'extrémité qui se doit rouler la derniere; à l'autre, on fait passer chaque demi-portée entre les dents d'un rateau (sorte de peigne à dents de fer, dont la partie de dessus se démonte pour donner passage aux fils), qui ne sert qu'à diviser ces demi-portées, & tenir la chaîne dans la largeur où on la veut monter, & que l'étoffe se doit fabriquer. On passe ensuite une baguette dans la chaîne, comme l'on a fait du levier à l'autre bout; on enchâsse cette baguette ronde, qu'on nomme le *verdillon*, dans une rainure faite à dessein dans l'*ensouple*, posée à cet effet sur un *baudet* (BB), espece de chevalet élevé, au moyen duquel on fait aisément tourner l'*ensouple* avec des bras de levier (E). La chaîne en cet état très-étendue, soutenue par un homme qui tient, très-près de l'ensouple, le rateau (VV) dans lequel elle est passée, par plusieurs autres de distance en distance (ggg), assez rapprochées jusqu'à l'extrémité, qui la tiennent à poignées très-fermes, & qui, sans jamais la laisser couler entre leurs mains, se rapprochent tout doucement à mesure qu'on la roule sur l'ensouple, & ne la lâchent qu'à l'approche du rateau, pour que les demi-portées prennent leur écartement avant d'y entrer.

Cette ensouple, comme toutes celles d'usage dans ces fabriques, est garnie de plateaux circulaires (oo) très-élevés, pour soutenir la chaîne: ils sont mobiles, pour les avancer ou reculer, suivant la largeur de la chaîne à laquelle on les fixe. On évite par-là les éboulemens, qui détendroient quelques portées, sur-tout celles des lisieres, ce qui est d'une grande conséquence dans le camelot, dont les lisieres fermes & nettes, qui annoncent une bonne fabrication en toute étoffe, parent singuliérement celle-ci.

Il est un autre moyen de rouler sur l'ensouple une chaîne moins longue, & ourdie à la fois; c'est de placer l'ensouple dans les anneaux de deux consoles en fer attachées contre un mur (*Fig. II.* MVV); que les anneaux forgés au bout en forme de colliers, soient assez éloignés du mur, pour qu'on puisse faire tourner l'ensouple avec des bras de levier, d'autres Ouvriers la tenant très-ferme vis-à-vis, & la lâchant à mesure qu'elle approche du rateau (V), dans lequel elle est également divisée par demi-portées. On conçoit qu'il faut la même attention à bien diviser cette chaîne sur sa largeur, & à en faire tendre également tous les fils.

Cette méthode est pratiquée pour monter la chaîne de toutes les étoffes qui se fabriquent dans ces pays, à l'exception de celle des camelots.

La chaîne, ainsi roulée sur l'ensouple, se porte sur le métier, & se passe incontinent dans les *lisses* & dans le *ros*, pour en fixer l'extrémité à la poitriniere, & commencer la fabrication.

Quoique ce passage dans les *lisses* & dans le *ros*, ou peigne, ne se fasse que rarement, au renouvellement de l'un ou de l'autre seulement, il n'est pas moins intéressant de le décrire, comme aussi la méthode abrégée & plus facile qui en tient lieu: mais il faut avant dire un mot touchant les *lisses* & le *ros*, & donner une idée générale du métier.

Des Lisses.

Les *Lisses* se font en fils de laine ou en fils de lin: les premieres sont préférables quant à la durée & à la douceur, mais elles sont sujettes à s'alonger; & ceux des fils qui passent dans ces parties distendues, sont eux-mêmes moins tendus lors du jeu des lames, ce qui rend le travail inégal; & à l'égard du camelot, la trame forçant en dessous ces fils plus mous, ne souleve plus ceux d'en dessus, & ne peut former de grain dans ces parties. On ne s'en sert pas d'autre ici cependant dans la fabrication des camelots de toutes les sortes, & de bien d'autres étoffes, dont la chaîne peu garnie demande d'être traitée avec ménagement: mais c'est une attention à avoir, pour réparer ce défaut aussi-tôt qu'il existe.

Les fils qu'on emploie à la composition des Lisses supposent une bonne qualité de Laine, & l'on choisit une belle filature. On réunit une quantité de ces fils proportionnée à la finesse de l'étoffe qu'on veut fabriquer avec ces Lisses: quatre, cinq, six, & jusqu'à sept, qu'on retord à la fois très-fortement. On les devide ensuite très-tendus sur un petit aspe, & l'on trempe ainsi le tout dans l'eau bouillante, pour que, séchés dans cette situation, ils ne se cordent plus. On double & retord également les fils de lin qu'on destine à cet usage.

Ces Lisses ne se distendent pas; elles cassent net: on les emploie, par préférence, pour fabriquer les calmandes, les serges de Rome, les prunelles, les grains d'orge, &c. & enfin toutes les especes d'étamines de cette fabrique, & toutes les étoffes à chaîne très-fournie, parce qu'elle s'accroche moins, & qu'elle se dégage mieux.

On fabrique ces Lisses sur les *liais* ou tringles, sur lesquelles elles restent montées, qui les soutiennent par haut & par bas, pour en faciliter le jeu en dessus & en dessous: elles se font ou à deux grandes mailles passées l'une dans l'autre, & alors elles saisissent & serrent le fil au point de jonction, l'une en dessus, & l'autre en dessous, de maniere qu'il leve & baisse nécessairement à chaque fois que la Lisse dans laquelle il est passé fait ce mouvement; ou à deux grandes mailles semblables, mais séparées par un petit anneau de même matiere, ou de verre dans certaines circonstances, dans lequel le fil passe également, & joue de la même maniere. La premiere est la Lisse simple, & n'est d'usage que dans les fabriques de toiles & toileries, & toute étoffe de fil, de coton, & de fil & coton. La seconde, comme plus douce (M m *Pl.* 7.), est préférable dans ces fabriques de laine, & dans celles de soie. On la divise, pour ces usages, en deux classes, sous les noms de *Lisse double à deux nœuds*, & de *Lisse double à un nœud*. Dans la premiere, la maille du milieu est arrêtée; elle ne peut être ni plus grande ni plus petite; elle frotte moins les fils que la précédente; ils y sont à l'aise, & jouent sans contrainte: c'est la seule dont on se serve dans tous ces pays pour les étoffes de Laine. Dans la seconde, il n'y a qu'un nœud en dessus de la petite maille, & qu'on peut serrer plus ou moins près du fil de la chaîne. Ce seul nœud fait que la Lisse passe plus aisément entre les fils des chaînes de soie, très-fournies ordinairement, & toujours délicats.

On sent que les liais des lames doivent excéder un peu en longueur la largeur des étoffes qu'on se propose de fabriquer par leur moyen. Les mailles doivent être distribuées précisément sur cette largeur, & d'un nombre qui soit le produit de la division, sans reste de celui des fils de la chaîne, par le nombre des lames; de maniere que si une chaîne se trouve composée de dix-huit cents fils, & fabriquée à quatre lames, il faut quatre cent cinquante Lisses par lame; car dans aucune circonstance, on ne passe qu'un fil en Lisse; mais on les passe, en alternant toujours de fil & de Lisse, dans la croisure primitive, formée à l'ourdissage, & qui se conserve dans le jeu des marches communiqué aux lames. Dans les *pas* de toile ordinaire, où il n'est question que de deux lames, les fils se passent en alternant précisément comme on vient de le dire: mais lorsque le nombre des fils est plus considérable, ou qu'ils ont une certaine grosseur, on augmente le nombre des lames, sans changer celui des Lisses; on augmente même celui des marches qui les font jouer; mais il n'en faut pas moins que la croisure se conserve, & que la moitié de la chaîne, prise par fils ainsi alternés, s'éleve, & que l'autre s'abaisse à chaque fois qu'on *marche*. On expliquera ces divers passages & leur effet, dans un petit tableau, qui contiendra, avec la marche simple, celle des différentes especes de croisures: on expliquera aussi le jeu des lames & de toute la monture du métier.

Des Peignes ou Ros.

Les Ros sont de deux sortes, en fer ou en roseaux de canne. On emploie les uns & les autres dans ces fabriques; mais avec des distinctions bien marquées pour certains objets, & beaucoup moins pour d'autres. Ceux en fer sont absolument nécessaires pour toutes les étoffes à trame mouillée: le roseau s'amolliroit, se déjetteroit, se pourriroit enfin par cette humidité: ainsi le baracan, la panne, la serge de Rome, la turquoise, &c. se fabriquent toujours avec des Ros en fer. Il n'est pas aussi général de se servir de Ros de canne pour les étoffes à trame seche; on n'en use plus guere, même dans la fabrique des camelots, mais seulement dans celle des petites étamines où il entre de la soie; & encore est-il probable que les Fabricans de ces sortes d'étoffes en viendront à les abandonner, comme le font ceux des divers genres de camelots.

On convient que le roseau, plus doux, plus flexible, livre plus facilement passage aux nœuds, & que les Ros en fer, lorsqu'ils sont neufs, & que le poli n'en est pas porté au degré convenable, sont sujets à couper beaucoup de fils: mais on trouve que ceux en canne, dont les broches durent beaucoup moins & se déjettent beaucoup plus, hachent & coupent aussi les fils, lorsqu'elles commencent à s'user.

On ne fait plus guere usage d'autres Ros que de ceux d'acier dans les fabriques de soieries, à Lyon, à Tours, à Paris, &c. si ce n'est pour quelques étoffes légeres & délicates, & pour la gaze, dont la trame mouillée l'exposeroit à ternir la blancheur recherchée dans ce tissu léger & de pur ornement. On n'est pas exposé à cet inconvénient à l'égard des étoffes de Laine tissées à trame mouillée. Outre qu'elles sont toutes sujettes à être débouillies, dégraissées, ou lavées du moins pour premier apprêt, on a la plus grande attention, chaque fois qu'on quitte le travail, de tenir la chasse éloignée de la duite avec un bâton. Les Ouvriers qui n'ont pas cette précaution, tachent l'étoffe sans remede: les lessives & le pré, par lesquels on opere le blanchissage des velours de coton, ne suffisent même pas pour enlever ces taches de rouille.

Le Peigne ou Ros (*Planche* 7. *Fig.* H.) n'est qu'une suite de broches passées dans la même filiere, pour leur donner la même épaisseur. On en forme un plan, en les rangeant de champ, à distance d'un fil doublé & retors, qui, passant entre chacune, les serre toutes fortement en même temps, les unes à la suite des autres: elles sont saisies de haut & de bas entre deux éclisses de bois, applaties en dedans, & que le fil enveloppe entre chaque séparation de broches. On choisit un bois sec, le moins sujet à se gonfler & à jouer: le noisetier y est très-propre; mais on termine les bouts du parallélogramme par des morceaux de rebut du roseau même, qui est dur, ferme, inflexible. Ces bouts de canne sont insérés dans les extrémités des éclisses, & fortement arrêtés chacun par quatre croisures du même fil. Les bouts de roseau, qui sont très-rapprochés des broches, leur procurent du soutien; & la derniere qu'ils avoisinent de chaque côté, est doublée pour soutenir mieux l'effort de la lisiere, qui tend toujours à s'écarter en poussant en dehors, & d'autant plus qu'il arrive souvent que les fils en sont plus gros que ceux du corps de la chaîne.

Le fer des Ros doit être bien battu, bien forgé, sans paillettes, trempé en acier, & bien poli. La maniere de les faire à la main, telle qu'elle se pratique dans ce pays, est longue, & sujette à des irrégularités, au lieu que la mécanique leur donne la plus grande précision: elle serre les broches par une pression toujours égale; & la ficelle étant toujours de même grosseur, les écartemens sont toujours égaux: mais cette mécanique, de l'invention du sieur Délié de Reims, & que possede encore le sieur Fouquier de Rouen, n'est connue que par ses effets: il seroit à désirer qu'elle devînt publique. Lorsque je conseille la mécanique comme plus propre à opérer également, je ne prétends pas exclure la méthode précédente. Le sieur Soval, Maître Rosetier à Amiens, fait des Ros à la main avec autant de vîtesse, & une précision que rien n'égale; mais les Ouvriers de cette espece sont rares: il est le premier de ce genre. Il prepare lui-même sa matiere; & ses Ros montés, il ne leur reste qu'à en redresser les broches.

A l'égard des Ros de canne, qui se font de la même maniere que ceux en fer ou en acier, on choisit un roseau convenable à la finesse du Ros. On tire ces roseaux du Portugal, de l'Espagne, de la Provence; on préfere ceux d'Espagne pour les ouvrages délicats: ils sont d'un bois ferme & plus fin que les autres qu'on emploie dans les Ros à fabriquer les diverses draperies.

Le poli des broches, sur le plan formé par leur arrangement, se donne ordinairement après la fabrication du Ros. On goudronne le fil employé à la construction du Ros, & l'on s'en sert assez fraîchement goudronné, pour qu'il lui reste toute la flexibilité convenable. Le goudron est non seulement destiné à garantir le fil de la pourriture, mais aussi pour le rendre moins susceptible de l'humidité; d'ailleurs le goudron séché & durci ne permet plus aux broches de jouer dans aucune circonstance: elles sont toujours soutenues & serrées avec un degré égal de fermeté. La longueur du plan formé par la longue suite des broches, est égal précisément à la largeur de la chaîne, qui est celle de l'étoffe. Le Ros a de plus, après la largeur déterminée de l'étoffe, ses soutiens de canne. La hauteur des broches, dans leur vuide, est de deux pouces & demi à trois pouces & demi, suivant les genres d'étoffe, & elles sont arrêtées sur six lignes environ à chaque bout. A l'égard de l'écartement de ces broches, il est inassignable: il dépend & de la finesse de la matiere qu'on emploie, & du nombre des fils qui doivent y passer. Pour les étoffes à marches simples, on n'en passe ordinairement que deux entre chacune, ce qui s'appelle passer ou mettre *deux fils en broche* : on en passe pour les autres, quelquefois trois, quatre, cinq, & jusqu'à six à la fois.

Des Navettes.

Il est presque autant de sorte de Navettes, que de genres d'étoffes. Pour les camelots, par exemple, dont le travail doit être fait le plus prés possible du ros, & dont l'ouverture de la chaîne reste courte, même en poussant la chasse le plus qu'on peut, il faut une Navette mince & étroite; aussi n'a-t-elle de convexité d'une part & de concavité de l'autre, que ce qu'il en faut pour éviter les frottemens, qu'on cherche toujours à faire porter sur le moins de points possibles; c'est aussi pour cette raison qu'elles sont évidées en dessous. Mais eu égard à ce court diametre, on ne sauroit faire des *espoules* pour la trame d'une certaine grosseur, & il les faudroit renouveler trop fréquemment : on a donc alongé cette Navette, ainsi que la poche ou fosse qui contient l'espoule, & l'on fait en conséquence celles-ci plus longues.

La chaîne étant large, dans le genre des étoffes seches, il a fallu donner du poids à cette Navette, pour que le retard occasionné par les frottemens dans cet intervalle, devînt à peu près nul, qu'elle soutînt le mouvement imprimé dans le jet, & qu'elle pût être lancée avec célérité de part & d'autre alternativement. Pour y parvenir, on les perce longitudinalement à jour sur leur largeur, & l'on remplit ces vuides de plomb, par masses égales, afin d'y conserver toujours l'équilibre. Celles qui doivent servir à la fabrication d'étoffes moins larges, sont un peu moins longues, ont un peu plus de courbure, ont moins de poids; mais elles conservent plus de ressemblance avec les premieres, à mesure que l'étoffe plus serrée, plus forte de travail, demande à être tissée plus près du ros. A l'égard de celles employées à fabriquer les étamines & toutes ces étoffes légeres, appelées en conséquence étoffes de *petite Navette*, elle est en effet plus courte, plus arquée, plus large, plus évasé, & sans addition de corps etranger, pour en augmenter le poids.

Toutes les Navettes sont ferrées au bout, pour qu'elles n'accrochent pas les fils, & que, plus pointues, elles s'ouvrent mieux le passage; ces bouts sont relevés & obtus, pour qu'ils ne heurtent nulle part. La matiere dont elles sont faites, est toujours de buis, le bois du pays le plus lourd, le plus dur, & le plus susceptible de poli; car il faut éviter pardessus tout, qu'aucun fil ne soit accroché dans ce passage continuel & subit.

L'*espoule* qui garnit la Navette pour former la trame à son passage dans la chaîne, est une petite bobine formée sur un canon de roseau. L'axe sur lequel elle tourne très-librement dans la fosse de la Navette, est en bois dur & ferme, & mieux encore en acier, telle que partie d'une grosse aiguille de bas. L'un des points d'appui de cet axe, celui dans lequel on l'introduit d'abord, est garni d'un ressort qui fait effort pour le contenir.

L'espoule se devide toujours en dessous, parce que le trou par où sort le fil, est plus bas que ceux de l'appui de l'axe, & qu'il auroit trop d'effort à faire en passant pardessus; il se casseroit, ou arrêteroit la Navette chemin faisant. Le fil sortant par la partie convexe de la Navette, on sent que ce côté doit être tourné du coté de l'étoffe, & la partie concave vers le ros.

Du Métier.

Tous les Métiers de ce pays sont les mêmes; on y fabrique indifféremment des camelots, des pannes ou peluches, des baracans, des serges, des étamines, des calmandes, &c. ils ne different en rien quant à la charpente, à laquelle on donne seulement plus ou moins d'inclinaison, suivant le travail; & encore est-il douteux que cette différence d'inclinaison, toute inclinaison même soit nécessaire : jai fait faire derniérement à Paris un Métier horizontal, sur lequel on a fabriqué un baracan très-grainé, aussi parfaitement, & avec plus d'aisance que sur les Métiers inclinés, d'usage : c'est celui dont la planche est ci-jointe. Mais c'étoit un baracan, objecte-t-on, dont le grain ou la cannelure est formée par la chaîne. Voici sur quoi on fonde l'inclinaison du Métier à camelot. La partie de la chaîne qui est en dessus lorsque l'Ouvrier foule, étant en ce cas beaucoup moins tendue que la partie inférieure, présente un logement à la trame, que cette partie inférieure, par sa tension, lui force de prendre sous le coup de la chasse. Cette portion ainsi soulevée par la trame, domine le plan de la chaîne, & forme le grain de l'étoffe. Mais on trouveroit le même avantage dans la seule inclinaison de la chaîne sur un Métier horizontal. Voyez celui d'usage (*Planche 6.*) vu sur ses différentes faces, avec toutes les pieces de son armure, en travail & séparées.

Quoi qu'il en soit, tout Métier doit être monté carrément & solidement sur quatre piliers, avec des traverses de haut & de bas (*Fig.* 1, 2, 3 & 4.). Ils ont de dehors en dehors six pieds de haut, quatre de long, & quatre de large. On sent que pour des étoffes étroites, cet excès de largeur est assez inutile. Ils sont en outre soutenus par les côtés de deux pieces de bois qu'on nomme les *coterets*, placées au dessous de l'*œuvre* ou *poitriniere*, laquelle est placée d'un pied en avant sur le devant du Métier. Jusqu'ici ce n'est que la charpente dont aucune piece n'est mobile; c'est un Métier isolé de sa garniture; ce n'en est, à proprement parler, que la carcasse. Comme ils different dans ces garnitures, je vais décrire toutes les pieces qui servent à composer celle du Métier à camelot (*Planche VII.*), & j'en ferai ensuite remarquer les différences d'avec ceux des autres étoffes.

1°. La piece de l'*œuvre* ou *poitriniere* P, nommée aussi *ventriere* dans la fabrique du camelot, par la position que l'Ouvrier est obligé de prendre, est celle dont on a déja parlé, sur laquelle l'Ouvrier s'appuie en travaillant, & qui est à rainure à jour, du dessus en dessous, pour que la partie de l'étoffe fabriquée y passe, & s'aille rouler sur une *ensouple* ou *enselle* (o) qui est en dessous, pardelà le sommier de la chasse.

2°. La chasse (H) qui est composée du *sommier* (cc) & de la *cape* (bb), entre lesquelles pieces le *peigne* est saisi par des rainures pratiquées en dessus du *sommier* qui est au bas, & en dessous de la cape qui le couvre. La cape est à coulisses dans les *épées* (aa); on la leve pour placer les ros, & on l'arrête avec des chevilles. C'est le sommier très-lourd, & dont l'effet est de porter en avant le ros, qui amene avec force & vîtesse la trame au fond de l'angle des fils de la chaîne, qui a donné le nom de *chasse* à ce grand cadre. Il est soutenu sur des *creneaux* en gradins (cr), à plus ou moins d'élévation, pour en faciliter le balancement, & en faire porter le bas d'autant plus en avant, que le talus ou les gradins plus élevés ont plus de pente. Ces creneaux, ou plutôt ces dents de scie, sont sur une ligne horizontale au nouveau Métier. Les autres pieces de la chasse sont les *épées*, ou côtés du cadre qui unissent le sommier, qui y est suspendu, à la *barre* qui ferme le cadre par en haut. Il y a encore des pieces à la chasse, mais réservées à ce genre de travail : c'est la *barre de suspension* (**), à un demi-pied de distance en avant de celle qui fait la clôture du cadre, & réunies l'une à l'autre par deux gros morceaux de bois qui sont entre deux, & qu'on nomme les *avelots*. Cette forme de suspension concourt encore, à ce qu'on prétend, à faire chasser le sommier en avant. C'est la construction des Métiers d'usage dans cette fabrique. Celui que j'ai fait faire n'a point ces *avelots*. La barre de suspension est attachée immédiatement aux épées.

3°. L'*ensouple* ou *ensells* de la chaîne qui est suspendue par des cordes, à la regle placée au haut, sur le derriere, & qui est soutenue entre les derniers piliers par des tringles verticales qui y sont clouées, & contre lesquelles elle coule : lorsqu'on veut élever l'ensouple à mesure qu'elle se dégarnit, & que le plan de la chaîne s'abaisse sur le derriere, on tourne une cheville posée entre les cordes de suspension, & elles s'accourcissent, ou bien on les éleve sur des creneaux en gradins, qui surmontent la regle dans laquelle elles sont passées. Si l'on veut la dérouler pour fournir au travail à mesure que l'étoffe se fabrique, on tourne l'ensouple avec un *étendoir* en fer, instrument à long manche, & recourbé en équerre. L'ensouple percée sur son extrémité comme un treuil, reçoit de même la partie recourbée du détendoir ; & appuyant dessus le manche en avant, on fait tourner l'ensouple à volonté. On repose le manche de ce détendoir, dont on laisse l'autre bout dans le trou de l'ensouple, sur les broches d'un rateau placé verticalement à cet effet sur le côté droit du Métier. On a substitué à la suspension dont on vient de parler, des appuis à l'ensouple (*Pl.* 6.), avec une roue dentée (I), & au détendoir, la barre (G). Ce mécanisme est plus simple, & d'une toute autre solidité.

4°. L'*ensouple du travail* (o), sur laquelle s'enroule l'étoffe à mesure qu'on la fabrique, est placée en dessous, comme on l'a déjà dit, percée en treuil comme la précédente, & de plus armée d'une roue dentée en *encliquetage* (N), avec son crochet, qui donne la facilité d'enrouler l'étoffe fabriquée, d'amener en avant la chaîne déroulée, & de donner le degré de tension convenable au travail.

5°. Les marches (S *Pl.* 7.), au nombre de quatre, ayant du derriere leur prolongement sur la longueur du Métier, sont fixées à charniere à cette extrémité ; & la distance de leur point d'appui au pied de l'Ouvrier, est pour faciliter leur jeu naturellement dur par la forte tension de la chaîne, & la tension plus forte encore des lames. Ces marches, qui sont toutes des leviers du troisieme genre, ont la *puissance*, qui est la pression du pied de l'Ouvrier, à peu près à égale distance du point d'appui & du poids, ou de la résistance. On verra que dans les autres Métiers la puissance est plus rapprochée de la résistance. Ces marches se prolongent de l'avant en arriere, ou, si l'on veut, de l'arriere en avant de l'Ouvrier, jusqu'à l'extrémité du Métier : elles y reçoivent les cordes, qui, passant au travers d'une latte, à peu près dans le milieu de leur cours, sont attachées au haut, chacune à l'une des extrémités des *bilbacs* (xx), qui font la bascule sur le *vinaigrier* (yy), avec les cordes qui vont répondre aux lames. Le *vinaigrier* n'est autre chose que la traverse du haut & du derriere, surmontée du *peigne* à cinq dents ou broches de bois, entre lesquels passent les quatre *bilbacs* : ceux-ci sont enfilés avec les dents du peigne par la *fleche* (zz), qui est une broche de fer, sans gêner leur mouvement de bascule ; de maniere qu'en foulant une des marches soutenues en l'air par des cordes toujours tendues, on fait tirer cette corde qui y est attachée, baisser le bout du bilbac correspondant, & lever la lame suspendue à l'autre bout : enfin, ces *bilbacs* sont des leviers du premier genre, qui ont leur point d'appui sur la fleche.

6°. Les *lames* sont un composé de *lisses* fixées en dessus & en dessous, ou de haut & de bas par les liais (*Planche* 7. *Fig.* 1 & 2. EE), comme il a déjà été expliqué : elles traversent la chaîne dont chaque fil passe dans la maille de l'une d'elles ; &, attachées en dessus & en dessous, lorsqu'on leve ou baisse chaque lame, on fait lever ou baisser tous les fils de la chaîne qui y passent. Il reste à faire connoître comment on fait lever & baisser ces lames. Le premier de ces deux mouvemens vient d'être décrit : il résulte de la pression de la marche, & du mouvement de bascule du bilbac. A l'égard du second, il est plus difficile à concevoir. Supposons deux forts morceaux de bois, taillés en dessous en creneaux par gradins, pour y faire plus ou moins tendre une corde qu'on y passe, chacun par le côté, sous le Métier, fixés contre terre, avec la facilité de faire couler la corde sur les creneaux. Cette corde est attachée à l'axe d'une poulie, dans laquelle passe une nouvelle corde qui contient les *jutriaux* dans le milieu, & leur laisse la liberté de faire la bascule sur ce point d'appui. Les *jutriaux* sont au nombre de deux de chaque côté ; ce sont des morceaux de bois de huit à dix pouces de long, aux extrémités desquels sont attachées les lames pardessous en cette maniere : la premiere lame à un bout de l'un des jutriaux ; la deuxieme à l'autre bout du même, & ainsi de chaque côté ; la troisieme à l'un des bouts de l'autre jutriau, & la quatrieme à l'autre bout du même. Un des bouts des jutriaux levant, attiré en en-haut par la lame, attirée ellemême par la corde du bilbac, l'autre bout du même jutriau baisse, & attire en en-bas la lame d'après celle qui leve, à laquelle il est attaché. Ces jutriaux sont, comme on voit, ainsi que les bilbacs, des leviers du premier genre. Comme le mouvement se fait des deux côtés de la même maniere, il est clair que, du seul élévement de l'une des lames, il en résulte l'abaissement de l'autre.

Ceci bien conçu, il est aisé de voir comment on attire fortement les lames en en-bas, pour donner du fond à la chaîne, au moyen des creneaux en gradins. Il faut être bien attentif à donner des longueurs & des tensions égales, pour ne forcer pas plus d'un côté que de l'autre. Les lames attirées en dessous de chaque côté à la fois & avec même force, résistent à ce travail sans se casser ni se déjeter, ce qu'elles ne pourroient faire, si la résistance étoit inégale ou fixée en un seul point. C'est pour cette raison que chaque corde de suspension des lames, qui part du bilbac, se divise bientôt en deux, pour aller saisir la lame en dessus, à peu près vis-à-vis les points, où elle est saisie pardessous.

Il est bon d'observer que les traverses du bas & des côtés du Métier sont placées à la hauteur convenable, pour soutenir l'axe de l'ensouple sur laquelle se roule l'étoffe, qu'on a dit être placée pardessous la chaîne, derriere le sommier de la chasse. On remarquera aussi que la traverse du bas & du derriere, qui est sous le siége, sert à reposer les pieds de l'Ouvrier lorsqu'il ne travaille pas, & à le soulever lorsqu'il étend le corps & les bras en dessus les lames, pour raccommoder les fils qui se cassent parderriere. On ajoute même à cet usage, & pour plus grande facilité, une barre en avant de cette traverse, qu'on nomme le *branson*.

Usage en Allemagne.

En Saxe, à Gotingen, & à Lintz, où l'on travaille le camelot supérieurement, on en monte la chaîne sur le métier tout différemment qu'ici ; & je ne doute nullement que la supériorité que j'indique ne soit due en partie à leur méthode, que je vais décrire.

D'abord le Métier, qui a à peu près les dimensions du nôtre, quatre pieds en quarré, est posé d'à-plomb sans aucune inclinaison. L'ensouple sur laquelle la chaîne est roulée, est posée à un pied & demi au dessous d'une autre ensouple ou cylindre, au dessus duquel passe la chaîne, pour en soutenir les fils à la hauteur convenable. Ce cylindre excede de huit pouces le plan horizontal de l'œuvre, & la direction inclinée de la chaîne n'est plus interrompue qu'à son passage dans les lames, qui la tirent en fond d'environ trois pouces.

Il n'y a pas de bilbacs, & les cordes de suspension des lames roulent sur des poulies, comme au Métier à toile. Le battant ou chasse n'a point de revers: il est tout uniment suspendu verticalement sur la traverse du haut. On se sert, comme ici, de quatre lames & de quatre marches; mais la *rentreture* & le *marcher* sont différens, comme on le verra ci-après.

Je n'oublirai pas d'observer que les marches sont fixées, ou qu'elles ont le jeu à charniere sous le derriere du Métier, comme à celui de velours de coton, & que l'Ouvrier foule à l'autre extrémité: le travail en est certainement plus doux, & l'étoffe, à ce qu'on prétend, plus grainée.

En réfléchissant sur la position de l'ensouple de la chaîne, je m'étonne qu'on n'ait pas préféré de la mettre autant en dessus du cylindre qui détermine sa direction à l'œuvre, qu'on l'a mise en dessous; elle seroit moins près de terre, moins exposée à l'humidité, plus en vue, & plus à la main de l'Ouvrier. Les fils qui cassent se montreroient pendans; on les pourroit reprendre sans tâtonner, & ils ne seroient pas sujets à traîner. Cette position a sur notre méthode deux grands avantages entre plusieurs autres: le premier, de donner un développement de la chaîne beaucoup plus long, lequel, au moyen de l'appui qu'il reçoit en passant sur l'ensouple du haut, donne aux fils de la chaîne une tension aussi forte, que si le développement ne partoit que de ce point d'appui, & à la fois une beaucoup plus grande élasticité. Il résulte de ces dispositions, que les parties développées de la chaîne réagissent à toute action, & que les coups de chasse étant moins durs, il se casse moins de fils, & le travail en est d'autant plus net.

Le second avantage est de tenir la chaîne dans tout son développement, toujours à la même élévation, ce qui, toutes choses égales d'ailleurs, doit rendre le grain égal d'un bout à l'autre de la piece. L'Ouvrier qui l'éleve en serrant les cordes par lesquelles l'ensouple est suspendue, ne le fait ni dans des temps assez réglés, ni assez également, pour que l'inclinaison ne varie d'une maniere sensible, & qu'elle ne soit exposée à quelque déversement qui occasionneroit nécessairement de la variété dans la tension des fils de la chaîne.

Il est pourtant dans cet usage un inconvénient qu'il ne faut pas se dissimuler; il ne tient, ou plutôt ne nuit en rien à la bonne fabrication; il en est absolument indépendant; mais il dérange un peu plus l'Ouvrier, & il en faut moins pour rebuter des gens dont la routine est presque toujours la raison: c'est qu'un fil venant à se casser au delà des lisses, le bout qui tient à la chaîne va pendre ou traîner sur le derriere, & il faut que l'Ouvrier sorte du Métier pour le raccommoder & le ramener en place; au lieu qu'ici il n'a besoin que de se dresser, & de tendre les bras pardessus les lames, pour atteindre aisément d'un bout du développement de la chaîne à l'autre.

Mais en alongeant les Métiers, on remédieroit aux inconvéniens de l'une & l'autre méthode. Dans aucun genre de fabrique, ils ne sont aussi courts que le sont ceux d'ici, & il n'est absolument bon à rien qu'ils le soient ainsi. Un pied de plus procurera, toutes choses égales d'ailleurs, plus de longueur d'étoffe fabriquée, en un temps donné, & d'une fabrication plus parfaite. Qu'on les alonge de deux pieds, qu'on leur donne la longueur des Métiers de la toilerie, celle des Métiers de la soierie, & l'Ouvrier ne sera plus obligé d'en sortir pour raccommoder les fils qui casseront: il en cassera beaucoup moins d'ailleurs.

Passage des fils en lisse & dans le ros.

La chaîne roulée sur l'ensouple, & celle-ci mise en place, & tournée de façon que la chaîne se dévide en dessus, on en étend les fils pour les faire passer un à un d'abord dans les lisses, & ensuite dans le ros (*Planche 5 & 6. Fig.* E & F). Lorsque la lisse est simple, il faut que le fil soit serré entre les deux mailles, pour qu'il leve & baisse lorsque la lame fait ce mouvement. Quand elle est double, le fil passe tout uniment dans l'anneau qui est entre les deux mailles. Quand il n'y a que deux lames, le passage se fait alternativement; tous les fils de l'un des côtés de la croisure dans l'une, & tous ceux de l'autre côté dans l'autre. Quand il y en a quatre qui doivent produire le même effet que deux, mais seulement pour distribuer davantage les fils, & rendre leurs mouvemens plus libres, on passe tous les fils de l'un des côtés de la croisure, alternativement un à un, dans les lisses de la premiere & de la troisieme lame, & de même ceux de l'autre côté de la croisure, dans les lisses de la seconde & de la quatrieme lame. La premiere & la troisieme s'élevant & s'abaissant toujours ensemble, tandis que la seconde & la quatrieme sont toujours en même temps le mouvement contraire, il en résulte que la chaîne s'ouvre aussi également dans la croisure que s'il n'y avoit que deux lames.

S'il est indifférent de faire lever les deux lames proche l'une de l'autre à la fois, comme cela se pratique dans la fabrication du baracan, & même du camelot baracané, il faut alors passer tous les fils de l'un des côtés de la croisure alternativement dans les deux premieres lames, & ceux de l'autre côté de la croisure alternativement dans les deux dernieres.

Les fils ainsi passés en lisses, on les passe en ros, au moyen d'une lame d'acier dentée un peu à crochet; &, amenés du côté de la poitriniere, on les y fixe à un verdillon qu'on passe dans la poitriniere même, ou qu'on attache à une autre étoffe ou reste d'ancienne chaîne, pour perdre moins de longueur de celle-ci, qui ne pourroit être tissée dans cette partie. Ces différens passages sont longs & minutieux: on les évite, en laissant un reste de chaîne dans les lisses & dans le ros, & dont on retord ces bouts avec ceux de la nouvelle chaîne qu'on se propose d'y introduire; puis en tirant tout doucement la verge ou verdillon de bois auquel les premiers sont attachés, on y fait aisément passer les seconds.

Ce reste de chaîne, qu'on laisse passer dans les lisses & dans le ros, se nomme la *peignée*. On sent que, formé toujours par le reste de la derniere chaîne, il se renouvelle à chaque piece, & que c'est un petit déchet sur la longueur de la chaîne à supporter à chaque fois. A Amiens le passage de la peignée dans les lisses est toujours l'affaire du Lamier ou Faiseur de lames: il ne vend celles-ci qu'ainsi garnies; & s'il arrivoit, par quelque événement, qu'une chaîne se trouvât entiérement dépassée, on lui remettroit encore les lames, pour y passer une nouvelle peignée, pour *passer les lames* en terme de fabrique.

Le tors des fils de la chaîne avec ceux de la peignée se fait en pinçant les deux pointes, les tordant ensemble, recouchant cette partie torse sur la longueur de l'un des fils, & roulant le tout à la fois entre le pouce & l'index. L'Ouvrier entre dans le métier, & continue toujours en reculant, laissant le travail fait en avant, & celui à faire en arriere, jusqu'à ce qu'il en soit à l'autre lisiere. Dans le premier cas, il faut une grande attention à ne pas prendre un fil pour un autre dans leur passage en lisses: un seul fil d'un pas mis sur un autre dérangeroit le travail; il en seroit de même dans celui-ci, si le tors ne se faisoit pas de chaque fil avec son correspondant; & c'est ce qu'on appelle mettre la chaîne *hors-pas*.

Réflexions sur les diverses sortes de grains dans les étoffes, & moyens d'en produire ou de l'éviter.

On a déjà dit que tout métier doit être monté carrément & solidement. Celui du camelot est de plus incliné de l'arriere en avant, quoique la chaîne au contraire doive l'être un peu de l'avant en arriere. Cette différente inclinaison est déterminée & par la position de l'ensouple de la chaîne, & par le changement de direction de ladite chaîne, qui, dans son développement & à son passage dans les lames, reçoit une inflexion en en-bas. C'est de cette disposition que la partie de la chaîne, qui est en dessous lorsque l'Ouvrier marche, est plus ouverte & un peu plus tendue que celle qui est en dessus, & c'est par-là que l'effort de la trame seche & filée un peu tors, se trouve secondé pour faire surmonter la chaîne; effet d'où résulte le grain, qui, sans beaucoup d'usage d'ailleurs, & d'adresse de la part de l'Ouvrier, ne se formeroit encore que très-imparfaitement. Il est un moment à saisir pour clore *le pas* & serrer la *duite*: c'est celui où cette duite se trouvant à une ligne proche du tissu, il frappe, *démarche* & *marche* subitement, pour ouvrir le pas suivant. Le coup que l'Ouvrier donne est sec, & la chasse en est répercutée. La trame se roule & s'arrondit chaque fois pendant quatre à cinq coups de suite, & par-là même elle concourt le plus à l'effort & à l'effet dont on a parlé, qui est, disent les Ouvriers, de bien *faire tourner la trame*. Une des choses qui concourt encore à ramener la trame en dessus, est la forme de la suspension de la chasse qui porte le sommier très en avant, comme on l'a fait remarquer en parlant du métier.

L'usage de tenir au pied, toujours & egalement, & le moment saisi de frapper entre les deux marches, sont ce qui constitue le bon Ouvrier; mais de savoir de leur part précisément à quoi tient cette supériorité, il n'en est guere parmi les meilleurs même qui soient dans le cas de l'indiquer. Les uns font bien sans beaucoup de peine; d'autres, avec les plus grands efforts, ne sauroient réussir. J'insiste sur ces pratiques, parce que le travail fait mollement laisse flotter la chaîne, est toujours inégal, & donne moins de longueur d'étoffe. Il résulteroit les mêmes inconvéniens de chasser trop tôt. En chassant ou frappant trop tard, on ne fera qu'une étoffe plate & sans grain, une toile enfin.

Si toutes ces attentions de l'Ouvrier ont été prévenues de la part du Fabricant, par le choix d'une chaîne bien assortie à la trame, il est évident que l'étoffe aura atteint le degré de beauté & de perfection dont la matiere & la filature peuvent la rendre susceptible.

Maintenant, si l'on veut sentir la différence du grain d'une étoffe formé par la trame, de celui formé par la chaîne, il faut savoir qu'au baracan la chaîne est beaucoup plus grosse que la trame, qu'elle est doublée & retorse fortement à deux fois, au lieu que la trame simple, plus fine, d'une filature plus molle, est en outre employée, mouillée, que le métier & la chaîne sont très-inclinés d'arriere en avant, l'ensouple de la chaîne étant à peu près horizontale à la vue de l'Ouvrier, & la direction de cette chaîne absolument droite dans cette pente; d'où il ne peut y avoir aucune différence de tension dans quelque partie de la chaîne, en un temps que dans un autre. La chasse très-lourde retombant par son poids toujours considérable, est tout uniment suspendue par la traverse qui termine le cadre du côté du haut des épées; & frappant la trame à pas ouvert par un coup dur, sourd & sans réaction, elle la plaque & l'empêche de surmonter la chaîne, ce qui feroit draper l'étoffe, eu égard à son peu de tors. La chaîne plus ronde & d'une consistance ferme, résiste à toutes les opérations: elle ne reçoit aucune inflexion de la trame, qui au contraire les reçoit toutes d'elle. Elle conserve par-là son grain en forme de canelures prolongées sur la longueur de l'étoffe; au lieu que celles du camelot formées par la trame, sont prolongées sur la largeur.

On voit par ce qui vient d'être dit, ce qui est à faire pour qu'une étoffe n'ait de grain d'aucune maniere, comme à la tamise, au duroy, & autres semblables qu'on destine à des apprêts luisans, pour lesquels la fabrication la plus en toile possible, est la plus convenable. Il faut que la chaîne & la trame soient de fils à peu près de même grosseur & également tors, que le métier soit horizontal, que la chaîne soit également tendue dans cette direction, que les lames jouent en l'air sans faire d'effort de part ni d'autre, & enfin que l'Ouvrier tisse continuellement, *marchant*, *frappant*, selon leur maniere de s'exprimer.

Ces préliminaires sur des différences si marquées, & si peu sensibles à la plupart des hommes, m'ont paru nécessaires pour l'intelligence des opérations qu'on va décrire. Les raisons seront actuellement senties, sans être obligé d'entrer dans des détails qui interromproient inévitablement le cours de la description.

Division & subdivision des especes & genres d'étoffes.

Les seules étoffes comprises sous la dénomination d'*Etoffes rases & seches*, peuvent se représenter sous un grand nombre de classes, & fournir une variété innombrable d'échantillons. On resserrera les premieres divisions, se réservant à donner dans les subdivisions les détails dont chaque objet est susceptible. On commencera donc à diviser ces étoffes en deux classes: la premiere contiendra toutes celles *à pas simple*, soit qu'il en résulte du grain, & de quelque maniere qu'il soit produit, soit qu'on les destine à un apprêt ras, mat ou luisant; & cette classe comprendra les camelots de toutes les sortes, les baracans, la grande variété d'étamines, les tamises, duroy, & autres de ce genre.

Dans la seconde, on fera entrer toutes les étoffes à *pas croisé*, de quelque croisure que ce soit; comme toutes les especes de serges d'Aumale, de Blicourt, du Gevaudan, de Rome, de Minorque, les prunelles, les calmandes unies & à côtes, les basins, turquoises, grains d'orge, siléfies, malbourougs. La premiere division supportera quatre subdivisions. Dans la premiere, on renfermera les étoffes qui grainent par la trame; tels sont les camelots, qu'on subdivisera par especes: 1°. en camelot-laine d'Amiens, de Lille, de Saxe, de Gotingen, de Berlin & d'Angleterre; 2°. en camelot-mi-soie d'Amiens & de Berlin; 3°. en camelot-poil d'Amiens, de Lintz, de Bruxelles, & de Hollande.

Dans la seconde, ce seront les étoffes qui grainent par la chaîne: tels sont les baracans ou autres étoffes, sous quelque dénomination que ce soit, dites *baracanées.*

On placera dans la troisieme toutes les sortes d'étamines, dont les unes ne grainent point, les autres grainent un peu plus par l'un des deux moyens, & les autres un peu par les deux.

Dans la quatrieme enfin, on trouvera les tamises, les duroy, & autres étoffes à pas de toile sans grains, & dont le fil demande d'être aplati par l'apprêt.

La seconde des grandes divisions comprendra toutes les sortes d'étoffes croisées, dont la fabrication nous est connue; & comme les croisures, la matiere, l'équipage, la monture & la fabrication de presque toutes, sont différentes : on en fera autant de subdivisions qu'il y aura d'especes principales.

PREMIERE CLASSE.

§. I.

Du Camelot-laine.

On a observé précédemment, que c'étoit le Fabricant qui destinoit la matiere lorsqu'il l'achetoit filée, & que sa destination ultérieure dépendoit absolument de sa maniere actuelle d'être. On ajoutera ici, que, pour l'emploi des chaînes à doubler & à retordre, telles qu'elles sont toutes dans cette fabrique, on fait toujours choix de fils filés, moins tors, réservant pour la trame ceux qui le sont plus. On fera en outre remarquer que toutes les matieres employées à la fabrication du Camelot, sont teintes en fil, savoir, celle pour la chaîne, lorsqu'elle a passé par toutes les opérations qui précedent celle de monter la chaîne sur le métier; enfin qu'elle se teint, la chaîne ourdie. Les fils de lizieres, au nombre de six de chaque côté, doivent être de couleur différente, pour indiquer que l'étoffe est composée de matieres teintes avant la fabrication. La trame se teint en écheveaux, immédiatement avant d'en former les espoules. Ces matieres, tant pour la chaîne que pour la trame, en ce qui concerne le Camelot-laine d'Amiens, sont de son cru : c'est toujours Laine de pays, de la Province ou des Provinces voisines. Il en est cependant de très-beaux: il en est aussi de très-communs. On sent à quoi tiennent ces différences : elles sont encore distinguées par les prix, & chaque chose reste dans l'ordre. Le nombre des fils en chaîne passés toujours quatre en broche, varie de quinze à dix-huit cents, sur la largeur de cinq huitiemes d'aune, qui ne varie guere dans cette fabrique.

On pourra appercevoir l'effet d'une fixation toujours la même sur la même largeur, lorsqu'on voudra réfléchir qu'il faudroit en même temps obtenir, ce qui est impossible, une filature toujours égale. Car enfin, un Ouvrier, quelque habile qu'il puisse être, pourra-très bien ne jamais parvenir à fabriquer convenablement une étoffe avec tel nombre de fils en chaîne, qu'il la fabriqueroit supérieurement avec un nombre moindre. Il faut toujours entre la matiere, les lisses & le ros par où elle doit passer, des rapports, dont le Fabricant peut seul être le juge; & à tout prendre dans ce cas-ci, il vaudroit encore mieux pécher par défaut que par excès : aulieu de faire une étoffe nécessairement bourrée, inévitablement mal tenue au pied, mal unie, mal-propre, elle pourroit n'être que légere, elle pourroit même ne l'être pas, quoique-très bien fabriquée : mais comme c'est toujours la chaîne qui donne de la consistance à l'étoffe, on retrouveroit à l'usage l'inconvénient de ne l'avoir pas suffisamment fournie.

Outre les Camelots de laine ordinaires, qui se font toujours à Amiens à trame simple, assez passablement torse, & jamais retorse, il s'en fait une espece très-grossiere, qu'on nomme improprement *baracan*, où l'on double, où l'on triple même la trame; mais il existe dans la fabrication de celle-ci des différences qui sont expliquées ailleurs.

On fabrique à Lille de beaucoup de sortes de Camelots-laine en couleurs unies, de rayés & de jaspés, comme à Amiens, mais on les y varie de plus dans les largeurs, & il s'en fait considérablement en blanc, pour être teints en pieces. Les plus larges de ces Camelots, de trois quarts & d'environ une aune, mesure de France, sont peu connus hors la Flandre; il sont légers, communs & à bas prix, & se consomment principalement en habillement de femme. Ceux de largeur ordinaire de demi-aune un douzieme, connus sous la marque distinctive de *quatre*, *quatre & demi*, ou *cinq barres*, se travaillent tantôt en couleur, & tantôt en blanc, pour être teints ensuite. La chaîne est double & retorse à tous ces Camelots; mais à beaucoup de ceux-ci on double aussi la trame, qu'on vire même un peu fortement; on les fait encore en plus belles matieres que ceux d'Amiens, souvent en superfin de Turcoing, & en plus hauts comptes, ce qui les rend d'une qualité & d'un grain bien supérieurs.

Il s'en fait à très-grosse trame simple, connus sous le nom de *gros grains*, & ceux-ci sont pour être moirés; d'autres plus légers, à trame plus fine, de la grosseur à peu près de la chaîne, qu'on destine au gaufrage.

Les Camelots ordinairement rayés à larges raies, & dont Lille fournit abondamment, se désignent par le mot d'*étroit*, & varient en qualités connues sous les noms de *treize*, *quatorze* & *seize tailles*, comme les précédentes par les *barres*.

On differe beaucoup de nos pratiques en Allemagne, dans la fabrication du Camelot-laine. On en double, on en triple, & quelquefois même on en quadruple la trame : il arrive toujours au moins qu'on la double, même dans les Camelots rayés & à carreaux, pour meubles & habillemens de femmes du commun, ou d'enfans; & aussi dans une espece de petit Camelot, sorte de crépon, qu'ils font en blanc ou en couleur unie, & dont ils écrasent le grain, ainsi qu'au rayé, par un apprêt luisant. Il se fait une consommation prodigieuse dans toute l'Allemagne de ces Camelots rayés par échantillons très-variés en toutes sortes de couleurs, & elle s'étend beaucoup jusque dans la Lorraine & autres Provinces voisines.

A l'égard de la chaîne, ordinairement double comme ici, on la triple quelquefois; mais en général on la tord légérement au moulin : elle acquiert assez de consistance par l'encollage, qui se fait, la chaîne ourdie, à la colle forte dissoute dans une suffisante quantité d'eau chaude, à raison d'une livre pour treize à quatorze livres de matiere, en procédant d'ailleurs comme il est usité pour l'encollage des chaînes de draperie.

Lintz, qui depuis long-temps emploie tous les moyens que les Entrepreneurs de cette fabrique impériale imaginent pour la porter au point de perfection de celles de Saxe & de Gottingue, divise ses diverses sortes de Camelots-laine par centaine de fils en chaîne. Les plus communs ont deux mille fils sur la largeur de cinq huitiemes d'aune de France, & les plus fins jusqu'à trois mille. On proportionne la finesse du fil au compte dans lequel on veut fabriquer, de sorte que pour une chaîne de deux mille fils, on en prend du numéro 20, ou 21. Lorsqu'on double le fil de la trame, on le choisit du même numéro que celui de la chaîne; si l'on en met trois ou quatre, on le prend d'une filature plus fine: plus le fil est fin, plus il est tors.

Les

Les Camelots-laine d'Angleterre, dont la matiere & la filature approchent beaucoup plus de celles de Saxe que des nôtres, en tiennent beaucoup plus aussi quant à la composition. On en double, on en triple quelquefois aussi la trame ; & ils n'en sont ni moins fins, ni moins beaux.

On fait en Angleterre, indépendamment de toutes les sortes de Camelots dont on a parlé & dont on parlera dans cet Ouvrage, beaucoup de petits Camelots de seize à dix-sept pouces de large, de matieres très-communes, à chaîne double & retorse, & à trame simple, mais très-torse aussi, brochés à chaînons (on en donnera la marche ci-après). La Laine du broché est de filature très-ouverte, pour qu'elle s'épate & garnisse mieux, & de couleur toujours tranchante sur celle du fond. On en fait de même à carreaux, avec le bouquet au milieu, ou de rayés, avec les fleurs entre les raies.

Si la trame est teinte d'une couleur différente de celle de la chaîne, la couleur composée qui en naîtra, aura du changeant, & cette maniere de nuancer a été & est encore fort à la mode. Si l'on veut avec cela, ou sans cela, que l'étoffe soit rayée en chaîne, il n'est question que d'alterner ses couleurs dans l'ourdissage, avec une quantité de fils de suite de la même couleur, proportionnée à la largeur qu'on a dessein de donner aux rayures. Veut on avec cela, ou sans cela, que l'étoffe soit jaspée? il n'est question que de faire teindre différemment les fils de la chaîne avant de les doubler, pour les retordre, & de ce mélange il naîtra l'effet désiré.

De la Fabrication.

Toutes ces choses en état, la navette garnie, l'Ouvrier assis dans le métier, & bien en face de son travail, il ne lui reste qu'à marcher, lancer la navette, clore & rouvrir ses pas, comme il a été expliqué au Camelot particuliérement qui a quatre marches & quatre lames, pour ne faire l'office que de deux. Il faut fouler deux marches à la fois, pour faire lever deux lames en même temps. Dans l'un & dans l'autre cas, ce sont la premiere & la troisieme, la seconde & la quatrieme. Il ne reste donc pas d'appui à l'Ouvrier. Il faut en conséquence qu'il soit solidement assis à plat sur une planche, laquelle est suspendue par une corde d'un côté, & soutenue de l'autre par un bout arrondi sur un appui formé par les platines ou regles inclinées, & une cheville qui y est implantée à l'angle droit, pour l'élever & l'abaisser à volonté, & pour lui donner la facilité, par cette tendance au jeu d'un axe tournant, de se porter aux situations que l'Ouvrier a besoin de prendre dans ses divers mouvemens. Il est de plus soutenu contre l'œuvre qui lui presse le ventre, & cette pression est la plus favorable pour le soutien du corps, & pour la liberté des deux jambes qui doivent agir à la fois.

Dans la plupart des autres métiers, où la planche du siége tournée de champ, appuie seulement l'Ouvrier, & le rejette en avant, comme au baracan & à toutes les étoffes de la petite navette, serges de Rome, prunelles, turquoises, &c. ou mise à plat, mais courbée de maniere que l'Ouvrier, assis solidement dans la concavité de la planche, puisse agir avec l'aisance & la force qu'exige la fabrication du Camelot baracané ; ou enfin sur quelqu'autre métier que ce soit, où l'on est libre de marcher & de démarcher de l'un & de l'autre pied alternativement, c'est plutôt la poitrine qui appuie sur l'œuvre. Mais le corps ne pourroit long-temps être soutenu ainsi, sans en sentir bientôt de très-mauvais effets ; aussi est-il soutenu sur l'un de ses pieds, toujours ou alternativement, suivant son usage, tandis que l'autre agit seul.

Quoique l'Ouvrier, pour ouvrir le pas, doive fouler deux marches à la fois, il y a cependant un petit intervalle dans lequel on donne un léger mouvement de balancement alternatif, qui se communique du bas en haut, pour détacher les lisses & les fils que la tension & la pression unissent assez pour en casser dans ce frottement, par une division unique & trop brusque. Le pas ouvert, l'Ouvrier pousse la chasse d'une main, par la partie la plus proche de l'ouverture de la chaîne ; & de l'autre il lance la navette, laquelle est reçue par la main qui a poussé la chasse, & qui la soutient, jusqu'à ce que la navette arrive. On laisse alors tomber la chasse d'elle-même sur la duite ; on frappe ensuite deux coups, en saisissant alternativement la chasse par la cape, avec la main qui vient de lancer la navette ; on démarche dans l'intervalle, & enfin on laisse encore retomber la chasse. L'Ouvrier ne va pas chercher le milieu de la cape pour frapper, il la prend par l'endroit le plus à portée ; mais comme il alterne à chaque duite, & que la chasse est ferme & contient le ros de même, le tissu n'en est pas moins égal.

Pour étendre le premier fil de la trame, l'Ouvrier place en face du trou, en dedans la fosse de la navette, le bout du fil de l'espoule, &, par une aspiration forte & subite, il l'attire en dehors, & l'y prolonge tout de suite convenablement. Il faut faire ce dévidage à chaque nouvelle espoule, d'une longueur de trame égale à la largeur de la chaîne, si la derniere s'est terminée à la lisiere ; ou de ce qu'il en reste à courir, si elle s'est terminée dans l'intervalle, parce que le fil n'étant arrêté encore par rien, & l'espoule n'éprouvant aucune résistance, il ne se dévideroit pas. Il faut avoir attention de placer en trame les fils bout à bout ; s'ils se surmontent, ils font *double duite* dans cette partie ; il y a gonflement & inégalité de grains : s'ils ne se joignent pas, il y a encore *double duite* en cette place, & l'étoffe au contraire y est creuse.

La navette est tenue entre le *pouce* & le *medius*, appuyée contre l'*annularis*, & lancée par un coup de poignet, aidé de l'*index* qui presse en même temps sur la pointe du derriere de la navette ; elle est reçue de l'autre part, entre l'*index* & le *meduis*, & non sur la pointe de l'*index*, comme font les Ouvriers mal-adroits. Indépendamment de ce qu'elle pique le bout du doigt dans ce cas-là, & qu'il s'y forme une callosité à la longue, c'est qu'elle réagit contre, & la trame n'en est jamais aussi bien étendue, défaut qu'il faut soigneusement éviter, si l'on veut avoir un tissu égal & net. Pour faciliter le jeu du poignet, on fait une échancrure de chaque côté aux *coterets*, chose à laquelle on obvieroit fort aisément, en les plaçant plus bas, encore plus au dessous de l'œuvre, dans la construction du métier. A l'égard des marches successives & du temps de lancer & de chasser la trame qu'on nomme ici *enflure* ou *lanchure*, il en a été suffisamment parlé.

Le temple est un instrument brisé en forme de regle, qu'on alonge & qu'on raccourcit à volonté au moyen d'une crémaillere, ou autrement, & qu'on fixe par un bouton. Il sert à tenir l'étoffe dans sa largeur, & à la soutenir dans le travail. Il est, à ses extrémités, garni de pointes de fer, qui entrent dans les lisieres de part & d'autre. On le replace fréquemment en travaillant. Il est toujours mieux de travailler près du temple ; la tension ferme de la chaîne & de l'étoffe sur la longueur les feroient rentrer sur la largeur ; & en *templant* trop éloigné du travail, cette partie ne se maintiendroit pas actuellement dans la largeur exacte du ros ; il se déjetteroit sur ses extrémités ; il ne pourroit pousser la *duite* assez avant, & le travail seroit inégalement & mal-proprement fait. Il est indifférent de *templer* en dessus ou en dessous du travail, lorque l'étoffe, moins large que le Camelot, laisse la facilité d'agir pardessous, pour y tendre, détendre & placer le *temple*. On le met dessus au Camelot, & toujours dessous aux petites étamines.

Si un fil se casse, il faut ralonger un des bouts, pour rapprocher les deux: on prend pour cela du dernier *penne*, si l'une & l'autre matiere est blanche, ou de semblable couleur, & de même espece & qualité : si elle differe en l'une de ces choses, on dévide une petite bobine de plus qu'il n'en faut, pour ourdir la chaîne, & on l'emploie à cet usage.

Le nœud n'est plus celui du Tisserand, la Laine est trop molle; elle n'a pas assez de ressort pour se prêter au passage rapide des bouts de fils; elle n'auroit même souvent pas assez de force pour soutenir la secousse prompte qu'on [illegible]outume de donner au fil, pour serrer ce nœud. On j[illegible]t tout uniment les deux fils l'un sur l'autre, & on les noue ensemble, par un nœud simple & ordinaire : on sépare ensuite ces deux fils, & on les étend de longueur de part & d'autre du nœud, ce qui le serre suffisamment. On coupe les bouts passans, avec des ciseaux, le plus près du nœud.

A-t-on du fil de poil de chevre à raccommoder? il faut faire un second nœud ; là matiere qui est élastique & plus coulante que la Laine, s'échapperoit du premier, si l'on ne la contenoit par les mêmes bouts qu'on coupe à la Laine. On commence par faire un nœud avec les deux bouts; on noue ensuite les deux bouts ensemble; on ramene le premier nœud de l'autre côté du second, en couchant dessous les deux bouts, & il se serre dessus, en tirant les fils prolongés de part & d'autre.

S'il se lâche quelque fil en travaillant, ou que ceux cassés & raccommodés soient moins tendus, ce qui arrive souvent, on les arrête sur l'œuvre, avec une aiguille à grosse tête, qu'on nomme *épinglette*, qu'on plante dans l'étoffe, & qui tient ceux-ci également tendus que les autres.

Observations sur quelques différences du Camelot baracané & du Camelot ordinaire.

Les différences dans la fabrication & dans l'effet du Camelot baracané, sont trop marquées pour ne les pas indiquer. D'abord, la chaîne de celui-ci n'est point retorse, quoique doublée, mais seulement virée. On prétend que c'est pour que la trame, de trois fils assez communs, & d'un très-gros volume, ait plus de facilité à s'approcher, par les inflexions de la chaîne ; mais ce ne pourroit être qu'en énervant le fil, puisqu'il faut que cette chaîne soit tenue très-tendue. La vraie raison est que l'étoffe est de bas prix, & qu'une chaîne torse couteroit davantage que lorsqu'elle est simplement virée. On trouve même au marché ce fil ainsi préparé, sans que le prix en soit augmenté d'une maniere sensible.

Cette chaîne a peu de consistance, comme l'on voit, eu égard aux secousses qu'elle éprouve; on la colle pour lui en donner davantage. L'opération de coller, dont on donnera le procédé ci-après, est commune à toutes les chaînes simples, ou virées, ou légérement retorses, comme il arrive même quelquefois au Camelot ordinaire qui est d'une filature trop tendre.

L'inclinaison de cette chaîne sur le métier est à peu près égale à celle des baracans, de vingt, vingt-deux à vingt-quatre pouces, sur une longueur horizontale d'environ trois pieds; & on ne lui donne point de fond, c'est-à-dire qu'elle n'est pas attirée en dessous par les lames,

La Chasse est suspendue comme au baracan, par la barre de travers, sans *avelots*. Cette barre, à toutes les chasses, est attachée avec des cordes qu'on serre plus ou moins, pour élever ou abaisser la chasse au besoin: & pour derniere ressemblance enfin avec le baracan, on tisse ce Camelot à trame mouillée. On le fabrique ordinairement en blanc, pour être teint en piece. On en a fait autrefois à trame en quatre & en cinq fils virés ensemble. La trame de ceux qu'on fait aujourd'hui en *beige*, couleur naturelle très-rembrunie, est seulement double.

Les Anglois font aussi une sorte de Camelot baracané à très-gros grains, dont la chaîne, quoique double, est assez fine, mais dont la trame, à fil simple, est très-grosse, & d'une filature très-ouverte. La chaîne en haut compte serre la trame de près, & la fait regonfler en dessus par grosses cannelures terminées en arrêtes, & prolongées sur la largeur de l'étoffe.

La navette est plus longue, plus grosse, sa poche ou fosse plus grande, parce que la trame est volumineuse, & qu'il en faut peu pour former une grosse espoule. Le vinaigrier, au lieu d'être posé sur la barre de traverse, est suspendu en dessous par deux crémailleres, qui donnent la facilité de le hausser ou le baisser à volonté ; en tenant les cordes moins tendues, la foule des marches est plus douce, & le jeu en bascule des bilbas plus facile.

Revenons aux Camelots ordinaires : ce qui reste à en dire, est commun à celui dont on vient de parler.

La piece achevée, l'Ouvrier la ramene sur l'œuvre, pli par pli, pour la visiter, & la mettre en état d'être rendue au Maître. Alors il la vergette en différens sens, avec un petit balai de bouleau, pour en faire relever les bouts de fils, les nœuds, & autres superfluités *caties* par le roulage ; & avec la pince armée d'une pointe à l'autre extrémité, il arrache les nœuds, tire les doubles duites, épluche & nettoie la piece d'un bout à l'autre. Le Fabricant fait une seconde visite, plie la piece par feuillets, la roule dans l'un des bouts, & la porte ainsi au Marchand, soit qu'il lui livre comme marchandise de commande, soit que le Fabricant l'ayant faite pour son compte, il la lui vende *a prix défendu*.

Un petit tableau de cet objet, relativement à la fabrique d'Amiens, seroit ici d'autant moins hors d'œuvre, que les détails dans lesquels on entrera jetteront du jour sur sa fabrication, & en même temps sur son commerce.

Chaque piece de Camelot-laine consomme de vingt-cinq à trente livres de matiere, dont les deux tiers environ pour la chaîne, & l'autre tiers pour la trame. Celle-ci est d'un prix moindre que celui de la chaîne, d'un huitieme ou d'un dixieme. Ce prix ne peut s'assigner, tant il est variable; mais en le supposant, comme en ce moment, de 3 liv. à 4 liv. 10 sols la livre, la matiere filée & prise au marché, il en résultera une somme d'environ 100 liv. La main d'œuvre de toutes les opérations, depuis la filature exclusivement, jusqu'au tissage exclusivement aussi, peut s'estimer à 10 liv. celle du tissage à 20 liv. l'Ouvrier tisseur gagnant de 20 à 25 sols par jour. La chaîne a communément de soixante à soixante-cinq aunes de longueur, & souvent davantage; elle perd environ trois aunes, & toujours plus, à mesure que l'étoffe se graine mieux à la fabrication ; reste soixante aunes d'étoffe pour le taux commun, qui se vend depuis 40 jusqu'à 50 sols l'aune : la piece entrera donc dans le commerce sur le pied de 120 à 150 liv. C'est le moment où le Fabricant la livre au Marchand, celui-ci se chargeant de tous les apprêts.

Il paroît au premier coup d'œil, que le Fabricant ne gagne rien, ou qu'il gagne bien peu dans ce travail, qui cependant est d'un détail considérable; ajoutez qu'il achete toujours comptant les matieres, & qu'il ne vend pour l'ordinaire l'étoffe qu'avec des délais de paiement. Il gagne peu en effet. C'est ici, plus que nulle part, que les bénéfices sont véritablement le fruit de l'industrie : mais la consommation en est considérable, & cette foible industrie en apparence est d'un grand produit pour l'Etat. Le nombre des métiers battans dans ce seul article est couramment de cinq, six à sept cents, suivant les temps de l'année; & celui des pieces qu'ils produisent, de huit à dix mille, année commune. La grande consommation s'en fait en Espagne, principalement en couleurs rembrunies, & ensuite dans toute la France, sur-tout dans les Provinces méridionales.

On n'entrera pas dans un semblable calcul à la suite de chaque objet. Celui-ci donnera une idée de la consommation de la matiere, de l'étendue & du prix de la main d'œuvre, & c'est tout ce qu'on vouloit : il sera bon seulement d'ajouter pour cet effet, que les Camelots-poil & ceux mi-soie, dont on va parler, sont des objets de quantité de plus d'un tiers chacun du précédent, & que le total du nombre des Métiers à Amiens, dans le seul genre de la cameloterie, est couramment de mille à douze cents, & quelquefois de quinze cents.

Du Camelot-mi-soie.

Le *Camelot-mi-soie*, ainsi que le Camelot-poil, se fabrique, quant aux opérations, précisément de la même maniere que le Camelot-laine. A l'égard de la matiere, la différence est indiquée par leur nom. Il est composé en chaîne d'un fil de pays plus fin & mieux choisi que pour le Camelot-laine, & d'une soie organcinée de trente à trente-six *deniers* retors ensemble. Le nombre des deniers de la soie se détermine par celui des brins qui se dévident à la fois des cocons, pour en former un fil. Quoique ce nombre ne soit pas toujours égal, il est de l'art de le rendre le plus uniforme. Plus il s'en trouve dans la composition d'un fil, plus il est gros, plus il a de poids. On a dans les manufactures de dévidage & d'organcinage des soies, un moulin, dont un nombre déterminé de tours de cette soie en fixe le denier ou le poids. On l'organcine ensuite : c'est une opération à part, qui consiste à doubler deux de ces fils, & à les virer légérement.

L'usage étoit précédemment d'employer deux de ces soies organcinées virées ensemble & avec le fil de laine, mais chacun d'une quantité de deniers moindre de moitié que le précédent. Cette quantité de seize, dix-huit à vingt deniers, est le plus bas des extrêmes de cette progression. On pouvoit les teindre de différentes couleurs, ce qui donnoit la facilité de mieux jasper le Camelot : mais on ne pouvoit pas autant varier le poids de cette soie; car en le diminuant davantage, elle n'avoit plus assez de force & de consistance : d'ailleurs on pouvoit être moins attentif à en raccommoder sur le champ une seule des deux, lorsqu'elle venoit à casser, que lorsqu'il n'y en a qu'une, laquelle même, comme beaucoup plus forte, n'est guere dans le cas de se rompre. Les avis à ce sujet ont été longtemps partagés, & il y a eu d'amples discussions sur le parti le plus avantageux. L'autorité des réglemens avoit long-temps tranché la difficulté. La liberté a décidé en faveur du parti opposé; il faut croire que c'est le meilleur. Ce n'est pas qu'on n'emploie encore souvent une double soie organcinée; mais c'est dans les Camelots de qualités supérieures, & alors elle est d'un titre au dessus de celui qu'on a indiqué. On en emploie même quelquefois, dans ce cas-ci, d'organcinée en trois.

On a observé que la soie doit être teinte avant le doublage de la chaîne, à cause de la différence des procédés de teinture. Lorsqu'on se propose d'exécuter un échantillon, il est tout simple qu'on ne veuille avoir de soie teinte en couleur convenable, que ce qu'il en est nécessaire pour cela. On en ourdit une portée, qu'on mesure & qu'on pese : le calcul est ensuite aisé à faire.

Veut-on éprouver des soies, pour voir celle qui mérite la préférence? on en double & ourdit une livre, plus ou moins; on voit ce que cette quantité fournit de longueur, & le Fabricant se regle là-dessus. La trame de Camelot-mi-soie est aussi un fil de pays bien choisi, & d'une filature très-torse. On emploie quelquefois des Laines de Hollande filées à Turcoing, dans la fabrication de ce Camelot; & la qualité de l'étoffe qui en résulte, est supérieure à ce qu'on fait communément en ce genre.

Il se fait aussi à Berlin des Camelots-mi-soie, & ils y sont très-beaux, supérieurs aux nôtres, & par la qualité de la matiere, & par sa filature, & enfin par la trame bien assortie, doublée & fortement virée. Y sont-ils plus ou moins chers que chez nous? Les primes que le Roi donne sur la culture de la soie, les gratifications qu'il accorde par pieces d'étoffes, brouillent le calcul qu'en pourroient faire ceux qui ne sont pas parfaitement instruits de ces détails : cependant je ne pense pas que Berlin entre jamais en concurrence avec nous sur cet article, ni sur aucun autre objet de fabrique dont la matiere premiere ne soit pas purement & naturellement de son cru; car les soies de ce pays-là proviennent d'une culture forcée, dont le profit ne sera jamais qu'une chimere.

On en pourroit dire autant de la Hollande relativement à cet objet, & à plusieurs autres du même genre, non quant à la matiere, puisqu'elle ne cultive que ses Laines, mais eu égard à la main d'œuvre, qui y est fort chere.

Le *Camelot-mi-fin* de Lintz tient un peu, par son composé, de notre Camelot-mi-soie; mais il lui est très-supérieur, non seulement par les matieres, la filature & l'assortiment, mais par l'addition aux brins de soie & de laine qui forment les fils de la chaîne, d'un troisieme fil de poil de chevre uni aux deux précédens. La trame est en laine, comme aux nôtres; mais ils different à cet égard, en ce qu'elle est toujours plus fine par proportion que la chaîne. Il est de principe chez eux que la chaîne doit couvrir entiérement la trame, & ils l'enrichissent en conséquence. Nous au contraire, nous cherchons à faire surmonter & *piquer* la trame; & on la fournit relativement à cette intention. Il en résulte de leur part un grain plus fin, plus uni, & une nuance plus égale; & de la nôtre, un grain plus marqué, & en forme de cannelure sur la largeur de l'étoffe.

On a fait des essais dans tous les genres; on a tenté des imitations de toutes les especes : mais dès qu'on veut sortir de son cercle, on se trouve en défaut, & du côté de la matiere, & du côté de la filature. On n'est pas non plus assez exercé dans l'art des assortimens. Si l'on veut, & qu'on puisse réunir tous ces objets, on fait aussi bien qu'ailleurs; mais on sort des prix communs, & il n'y a plus de concurrence. Le grand point est la matiere propre; on est découragé par ce vuide immense; & tant qu'on ne s'en occupera pas spécialement, il faudra savoir se tenir dans l'état de médiocrité.

Le nombre des fils en chaîne varie peu ici dans cette étoffe : il est toujours d'environ deux mille; mais il est plus considérable ailleurs, à proportion que les matieres qu'on y emploie sont plus belles & de filature plus fine. Sa largeur est de cinq huitiemes d'aune, ou demi-aune demi-quart, la même que celle du Camelot-laine, la même aussi que celle du Camelot-poil, à l'égard duquel tous les détails sur la quantité, le poids & la maniere d'essayer & d'employer la soie en chaîne dans le Camelot-mi-soie, sont de plus absolument communs.

Du Camelot-poil.

Le *Camelot-poil* est sans contredit la plus belle des étoffes rases qui ne soient pas de pure soie; & supérieurement traité, il n'en est pas d'unie qui lui puisse être comparée. On varie plus dans la fabrication de cette étoffe que dans toute autre. On ne sauroit donc assigner un nombre aux fils de sa chaîne : le moindre d'usage est cependant de deux mille cinq cents, à deux mille six cents, jusqu'à trois mille, comptés pour un, comme en toute autre circonstance, tous ceux qui sont retors ensemble, & ayant également quatre fils en dent. Le Camelot-poil ordinaire, celui qui occupe ici un grand nombre de métiers, est composé en chaîne d'un fil de Turcoing plus ou moins fin, suivant le degré de beauté qu'on veut donner à l'étoffe, & d'une soie organcinée, l'un & l'autre retors ensemble, & la trame de deux fils de poil de chevre virés ensemble. On en fait dont la chaîne est d'un fil de laine retors avec deux fils de soie, & la trame de trois fils de poil virés; d'autres à chaîne de deux fils de laine, & deux fils de soie, les quatre retors ensemble, & à trame de quatre fils de poil virés; d'autres à un fil ou deux fils de poil, avec un fil ou deux fils de soie, tramés de quatre ou cinq fils de poil; d'autres tout soie en chaîne très-fournie, & de cinq fils de poil en trame; d'autres enfin tout poil, chaîne & trame, à trois, quatre, cinq ou six fils pour celle-ci, & deux, trois, quatre à cinq pour celle-là.

On a fait en France quelques essais de ces derniers, comme on l'a déjà observé : il ne s'y en fabrique plus, ni nulle part en Europe, que je sache, si ce n'est à Lintz, & peut-être quelques-uns à Florence. La seule fabrique qu'on en connoisse ailleurs, est à Angora, & il ne vient guere de ces Camelots en France. A Leyden, on fabrique des Camelots-poil de différentes classes, connus sous le nom de Camelots de Hollande. Cette dénomination ne les désigne pas, car on y en fait de toutes les sortes : mais le Camelot-poil est fait en chaîne, tantôt d'un fil fin de Turcoing retors avec un, & le plus souvent avec deux fils de soie; tantôt d'un fil de poil retors avec deux fils de soie, ou même de deux fils de poil & de deux fils de soie, & toujours tramé de trois, quatre à cinq fils de poil virés. Ce Camelot, dis-je, est très-beau, sur-tout lorsque le poil dont il est composé provient de cette espece de chevre particuliere à la Province d'Angora en Natolie, dont on a parlé précédemment : mais que ce soit de l'une ou de l'autre espece ou qualité de poil, il est toujours fort cher; aussi n'en vient-il en France que ce qui y est attiré par le caprice. Le goût en ce genre peut trouver à se satisfaire dans les fabriques de MM. Laurent freres, & de plusieurs autres, tels que MM. Joiron-Maret, Henri-Martin, &c. qui, par un zele actif & une industrie éclairée, les ont portées à un haut degré de perfection.

Les Camelots de Bruxelles jouissent aussi d'une réputation distinguée : ils ne sont composés que de soie & de poil; il n'y entre jamais de laine, & l'on n'en fabrique pas au dessous de trois fils en chaîne, un de poil, & deux de soie : on en met souvent quatre, dont deux de soie & deux de poil retors ensemble; ils sont toujours tramés de trois, quatre & cinq fils de poil virés. Cet objet n'est pas considérable, & ce n'est plus par son importance qu'il fait encore beaucoup de bruit. La manufacture de Camelots de Bruxelles pourroit être comparée, par ses effets, à celle des tapisseries des Gobelins : ce sont des enfans chéris qu'on estime plus par ce qu'ils coutent que par ce qu'ils rendent; mais on n'imitera de long-temps celle-ci, & il y a long-temps qu'on a imité celle-là.

Le Camelot tout poil, façon d'Angora, qui se fait à Lintz, dans la largeur des nôtres, est de trois mille à trois mille six cents fils en chaînes, suivant la finesse de la matiere. La chaîne du Camelot façon de Bruxelles, est d'un fil de poil très-fin, & de deux beaux organcins de Piémont de 22 deniers chaque.

On commence par retordre le fil de poil de chevre avec un fil de soie; on tord ceux-ci ensuite une seconde fois avec le second fil de soie: Cette main d'œuvre répétée, semble devoir en augmenter le prix, mais elle économise deux onces de soie par chaîne. D'ailleurs le fil tors plus réguliérement, est exempt de *chevilles*, qui, s'alongeant pendant la fabrication, causeroient des défauts essentiels.

Aux soins que prennent les Allemands dans le choix des matieres, des filatures, des degrés de tors, & des assortimens de nuances avant & après la teinture, ils ajoutent encore tous les moyens propres à réparer les défauts inévitables dans une fabrication courante. S'il se trouve une double *duite* par excès, ils la retirent à la pointe; si c'est par défaut, ils enfilent une aiguille de la même matiere, & ils la replacent suivant la croisure de la chaîne, comme elle eût dû être.

Je ne parle pas des Camelots Anglois; on ne les fabrique ni supérieurement à ceux que nous venons de décrire, ni à un aussi bas prix que celui où nous pouvons les établir : ainsi nous ne redoutons aucunement la concurrence de leur part dans ce genre de commerce. Que n'en est-il ainsi d'une infinité d'autres étoffes rases qu'ils répandent dans tous les pays commerçans du monde, & dont ils inondent la France! Que n'en est-il ainsi du Camelot-laine, du baracan, de l'étamine, & de toutes les étoffes seches de la Saxe! Je ne puis m'empêcher de le répéter ici, cela tient uniquement à la quantité & à la qualité de la Laine. Ce sont les taxes de toutes especes sur cet objet qui propage le découragement de la culture dans toute la France, c'est l'arbitraire dans l'imposition, c'est la dureté & la violence de la perception qui le font tendre à sa ruine; c'est le genre d'administration qui ruineroit enfin le commerce & l'agriculture.

§. II.

Du Baracan.

En expliquant la maniere de varier le grain dans les étoffes, & d'en former la cannelure sur la longueur ou sur la largeur, on a donné plusieurs instructions relatives à la fabrication du Baracan : on en va rappeler quelques-unes, pour marquer mieux la différence des procédés & des mécaniques entre celle-ci & celle du camelot.

On a déjà dit que les Fabricans de Baracans achetoient une grande partie de leurs Laines en toison, qu'ils en faisoient le choix, la destination, & qu'ils en dirigoient toutes les opérations : on a dit que la matiere se teignoit avant le peignage, & souvent même avant le dégrais; que la chaîne des Baracans étoit filée plus gros & plus tors que la trame; qu'elle étoit en double, & retorse fortement & à deux fois; qu'elle étoit inclinée sur le métier de l'arriere en avant, de vingt à vingt-quatre pouces; qu'elle suivoit la même direction dans tout son développement sans inclinaison forcée par les lames attirées en bas; que la trame plus fine, & de filature moins torse, étoit lancée mouillée, que la chasse étoit suspendue sur les crémailleres, ou creneaux en gradins, par la barre de traverse, sans renvois. On ajoutera ici, qu'on ne peigne la Laine destinée pour la chaîne que deux fois, & cela par économie; qu'on peigne celle de la trame trois fois, & jusqu'à quatre fois, pour

pour qu'elle soit d'une filature plus douce, & que les couleurs en soient mieux mélangées, effet pour la chaîne, auquel le doublage des fils concourt beaucoup; qu'après avoir chassé la trame par un coup à *pas ouvert*, pour la bien enfoncer, on la frappe ensuite fortement à deux à trois coups à *pas clos*; sur quoi on observera qu'en aucune circonstance, quoique cela soit quelquefois d'usage, quelquefois aussi prescrit, il n'est utile, & qu'il est même toujours nuisible de frapper plusieurs coups de suite à pas ouvert, parce que le second ramene en avant, par réaction, la matiere chassée au fond par le premier. Il est inutile, par cette raison, de frapper très-fort ce premier coup à *pas ouvert*.

On ajoutera, qu'il n'y a que deux marches aux Baracans, quoiqu'il y ait quatre lames, & que les lames levent & baissent deux à la fois, l'une à côté de l'autre, & non pas par position alterne, comme au camelot, parce que la chaîne beaucoup moins fournie, n'étant que de mille à douze cents fils sur la même largeur que le camelot, il n'y a ni des mouvemens instantanés à saisir pour le détachement des lames les unes des autres, ni les risques à courir d'un frottement aussi considérable. Aussi en conséquence de ce nombre moindre de fils, n'y en a-t-il que deux *en dent* ou en broche.

On ajoutera encore, que l'Ouvrier n'ayant qu'à fouler alternativement, mais la marche étant dure, & par la tension de la chaîne & par sa grande inclinaison, il faut qu'il se tienne presque debout dans son métier, toujours un pied à terre, & soutenant le poids du corps, tandis que l'autre foule; il n'est d'ailleurs appuyé du derriere que par la planche du siége, posé ici de champ, & par la piece de l'œuvre, sur laquelle fléchit un peu la poitrine.

Les lisses sont souvent en fil, soit parce qu'elles cassent plus net que celles de laine, comme on l'a déjà observé, soit parce qu'elles sont à beaucoup meilleur marché que celles-ci, comme un est à quatre. La navette est de celles de la deuxieme sorte, dont on se sert dans la fabrication des serges de Rome, des calmandes, &c. tous les autres détails d'opérations sont entiérement conformes à ce qui se pratique pour le camelot.

On distingue les Baracans en trois sortes, en *fins*, en *demi-fins* ou *entre-fins*, & en *communs*. Pour les uns, comme pour les autres, on choisit toujours une plus belle matiere pour la trame, que pour la chaîne. Celle-ci en général est toujours formée de laine de pays, du Soissonnois, de la Brie, &c. plus ou moins bien choisie; & la trame, de laine de pays également, pour les communes, & de laine de Hollande pour les autres. A l'égard de cette derniere, ce n'est pas fréquemment de celle de premiere qualité, ou du moins il arrive qu'on en extrait le superfin au peignage, pour être employé dans les fabriques d'un autre genre. On en fabrique bien quelquefois en laine de Hollande, chaîne & trame, qui sont d'une grande beauté, & qu'on nomme Baracans Anglois, quoiqu'ils n'y ressemblent point du tout; mais c'est dans la largeur de demi-aune.

On ne dit rien ici de ce qui est prescrit quant au poids des pieces, à leur longueur, qui est de vingt-six aunes, ce qui fait qu'on les vend à la piece, & qu'il en résulte quelquefois des contestations jusques dans l'Etranger, ni à mille autres choses aussi inutiles à citer qu'à pratiquer.

Il y a lieu aux mêmes distinctions entre les Baracans de Saxe, ceux de Gottingue & les nôtres, qu'entre les camelots. Ils tissent aussi leurs Baracans à trame double, mais d'une assez grande finesse, pour que la cannelure de l'étoffe n'en reste pas moins nette sur sa longueur. Ils augmentent aussi la chaîne, & la retordent quelquefois par trois fils. En Angleterre, on fournit aussi beaucoup la chaîne des Baracans, & l'on y met une trame fine & filée très-ouvert, ce qui marque fortement cette cannelure en chaîne qui les distingue si bien des nôtres. Il ne tient donc qu'à cette cannelure en chaîne sur une étoffe rase & un grain sec, de donner la dénomination de *baracanée* à une étoffe quelconque: aussi fait-on des *turquoises baracanées*, des *calmandes baracanées*, &c. Ce sont des étoffes à côtes, & dont chaque côte est cannelée, comme faisant partie d'un Baracan: l'intervalle est croisé tout uniment, ou satiné, &c. & cet intervalle peut être l'envers d'une semblable cannelure, &, *vice versâ*, alors l'étoffe seroit sans envers.

On peut encore *baracaner* une étoffe en enserrant sur le même pas plusieurs fils à la fois, beaucoup plus rapprochés entre eux qu'ils ne le sont des autres: il s'en forme une cannelure en largeur, & c'est ce qu'on nomme Baracan-*gros-grain*.

Différence du Métier à petite navette, de celui à Camelot.

Quoiqu'ici on appelle plus particuliérement les diverses sortes d'étamines de cette fabrique, *étoffes à petite navette*, on y renferme aussi sous ce nom tout ce qui n'est pas camelot, baracan, ou autres de ce genre. Comme tous les métiers sur lesquels on les fabrique, ont une armure semblable, mais qui differe de celui du camelot, il est à propos, pour n'avoir plus à y revenir, d'indiquer actuellement en quoi consiste cette différence.

Le mouvement des marches aux lames se communique dans le métier à camelot (*Planche* 7. *Fig.* S q x.) par des cordes attachées à l'extrémité des premieres, correspondantes par le derriere du métier, aux bilbacs qui, par un mouvement de bascule, attirent les lames en-haut, & celles-ci, les lames voisines en-bas, par un semblable mouvement de bascule des jutriaux. La communication du mouvement des marches aux lames, dans la construction des métiers de la petite navette, ne se fait point par le derriere du métier, mais par le côté (*Planche* 6. *Fig.* 1, & 3. S, Q, 10.), & c'est toujours le côté droit. Il n'y a ni *jutriaux*, ni *bilbacs*; les marches sont attachées à des *contre-marches* qui les traversent en dessus à angle droit, à environ un pied d'élévation. Ces contre-marches sont percées par le bout, & enfilées par une broche ou cheville de bois passée horizontalement, & soutenue de deux tringles qu'on nomme *ficrons*, percées & clouées verticalement au métier. Elles jouent ainsi du côté gauche. A l'autre extrémité sont attachées des cordes qui montent jusqu'au haut du métier, & qui vont répondre aux *bricotaux*, autres bascules semblables aux *bilbacs*, & faisant le même office, mais par côté; ils attirent également les lames par une corde qui y est suspendue, & qui les vient attacher en se divisant. Voilà pour le jeu des lames en en haut: voyons maintenant pour celui des lames en en-bas.

Au dessus des contre-marches, à peu près à la même distance de celles-ci aux marches, sont les *marchettes*, attachées de même avec des chevilles de bois, également passées dans les *ficrons*. Ces *marchettes* répondent pardessus aux lames qu'elles tirent en dessous, & pardessous aux marches; de maniere que ces dernieres foulées attirent toutes les autres en en-bas. Il est évident que la corde correspondante à une marche qui attire une lame en dessous, ne doit pas être attachée à la même lame que celle correspondante à la même marche, qui attire une lame en dessus; car les choses sont tellement disposées, qu'une seule marche foulée fait toujours lever ou baisser toutes les lames: mais elle en fait lever plus ou moins, ou baisser plus ou moins, suivant la complication du dessin; d'où l'on peut voir que le nombre des marches n'eſt pas déterminé relativement à celui des lames ; mais celui des lames eſt égal à celui des marchettes, à celui des contre-marches, & à celui des bricotaux, toujours tous égaux entre eux.

Dans la fabrication des étamines, où l'on n'emploie que deux marches & quatre lames, & où l'on pourroit n'employer que deux lames, ſi la chaîne étoit moins nombreuſe, puiſque c'eſt un pas de toile, on pourroit abſolument monter le métier comme celui de la toile, ſupprimer les contre-marches & les bricotaux, ainſi que les marchettes ou petites marches ; on pourroit attacher les marches tout ſimplement aux liais du bas des lames, & pardeſſus chacune à l'un des bouts d'une corde paſſée dans une poulie fixée au haut du métier. Il arriveroit alors qu'une lame attirée en deſſous, attireroit en même temps en deſſus celle qui ſeroit attachée à l'autre bout de la même corde ; mais le frottement ſeroit trop conſidérable, & ces ſortes de chaînes ne le ſupporteroient pas.

Les marches de ces métiers n'ont plus la longueur de celles du métier à camelot, quoiqu'elles aient le *talon* auſſi éloigné en arriere ; mais elles ne ſe prolongent pas pardelà les lames : c'eſt toujours un levier du troiſieme genre, mais dont la puiſſance eſt très-rapprochée de la réſiſtance, qui eſt la contre-marche à laquelle la marche eſt attachée, l'Ouvrier foulant preſque ſous la contre-marche. Cette contre-marche eſt également un levier du troiſieme genre, mais dont le lieu de la puiſſance n'eſt déterminé que par la poſition de la marche. Dans les métiers où il y a 10, 12, 15 ou 18 marches, il peut être très-rapproché, ou du point d'appui, ou de la réſiſtance, ou à égale diſtance de l'un & de l'autre. A l'égard des marchettes ou petites marches, ce ſont tantôt des leviers du ſecond genre, tantôt des leviers du troiſieme genre. Cela dépend du point par où elles ſont attirées en en-bas, qui eſt celui de la puiſſance, les lames y correſpondant toujours par le milieu. Si les marches ſont à la droite de l'Ouvrier, les marchettes ſont des leviers du ſecond genre : la réſiſtance eſt entre la puiſſance & le point d'appui. Si elles ſont à gauche, la puiſſance eſt entre deux : c'eſt un levier du troiſieme genre. Lorſqu'il y a une marche au milieu, elle eſt attachée à la marchette, & celle-ci à la lame ; de façon que la puiſſance eſt directement oppoſée à la réſiſtance, & alors le point d'appui eſt nul.

Les bricotaux ſont toujours comme les bilbacs, des leviers du premier genre : ils jouent ſéparés par de petites viroles, ſur une cheville qui traverſe un cadre ou chaſſis poſé lui-même ſur les traverſes du haut du métier, & mobile, pour hauſſer, avancer ou reculer les lames.

C'eſt dans l'aſſemblage de toutes les pieces pour le jeu de ces lames, que l'Ouvrier eſt le plus dans le cas d'exercer ſa ſagacité, & de montrer de l'adreſſe. Il faut bien que le plan ſupérieur que forme la ſuite des lames ſuive toujours l'inclinaiſon de la chaîne, l'état de repos ſuppoſé ; mais elles la doivent toutes varier dans le mouvement d'une ligne ou deux, & cette variation doit ſe renouveler & ſe conſerver toutes les fois qu'on change le pas, & auſſi long-temps qu'il reſte ouvert ; autrement les lames ſe détachant par maſſes, pour hauſſer & baiſſer les fils trop ſerrés dans les liſſes, où ils ſeroient contraints de reſter à la fois ſur un même plan, s'accrocheroient par les nœuds. Le poil ou le moindre duvet, & l'effort de ſéparation dans l'ouverture du tiſſu, les briſeroit fréquemment : ils éprouveroient les mêmes frottemens, avec plus de dureté encore, de la part du ros, entre chaque broche duquel il paſſe ſouvent quatre fils, comme dans la chaîne du camelot ; cinq, comme dans celle de la calmande ; ſix, comme dans celle de la prunelle, &c. tous forcés, ſans les précautions indiquées, de garder la poſition horizontale ; mais ſe dégageant les uns au deſſus, les autres par ces mêmes précautions, qui conſiſtent à tendre plus ou moins les cordes qui font correſpondre les marches aux contre-marches.

Qu'on faſſe bien attention qu'il n'eſt queſtion que de celles-ci, les cordes qui communiquent des contre-marches aux bricotaux devant toujours être égales, parce que les lames ne doivent avoir d'abord que l'inclinaiſon de la chaîne ; & celles qui communiquent des marches aux marchettes, & des marchettes aux lames, devant toujours être également tendues, parce que cette différence de hauteur doit ſe trouver principalement dans la partie des fils de la chaîne, qui ſont en deſſus lors de l'ouverture du pas, & être preſque inſenſible dans la partie qui eſt en deſſous, pour que la navette ne s'accroche à aucun de ces fils.

L'art conſiſte donc à donner à chacune des cordes le degré de tenſion convenable, pour que la gradation des hauteurs reſpectives des lames ſe forme & ſe maintienne à chaque fois qu'on foule une des marches ; & ceci, pour rendre l'effet des deux mouvemens alternatifs qu'on donne à la chaîne du camelot, dont chaque pas s'ouvre par la preſſion de deux marches, qu'on tient toujours l'une d'un pied un peu plus ferme que l'autre.

Cette opération ſe nomme le *jumellage*. S'il n'eſt pas réguliérement fait, & que des fils de la partie du deſſus de la chaîne bâillent ou pendent dans le tiſſu, la navette les ſurmonte, & la trame fait fauſſe duite. Quand il n'y a que quelques fils unis enſemble, ou arrêtés par un nœud, & que la navette paſſe pardeſſus ou pardeſſous, la duite forme *annelée*, c'eſt-à-dire que, reſtant lâche dans le tiſſu, lorſque le ros la ſerre contre le travail, elle y forme un anneau ; & les fils de la chaîne qui ne ſe trouvent point liés par celui de la trame, forment un *pont*. Ces défauts ſont conſidérables. L'Ouvrier doit à l'inſtant mettre ordre aux fils de la chaîne, rouvrir le même pas, en retirer la duite, & y en lancer une nouvelle.

Il reſte maintenant à expliquer l'uſage varié & multiplié de toutes ces pieces, la raiſon d'un plus ou moins grand nombre de lames, & de toutes les parties correſpondantes de l'armure, la maniere de paſſer ou rentrer les fils d'une chaîne, d'attacher les cordes aux lames, de *marcher* enfin pour la formation de toutes les ſortes de croiſures, & de tous les deſſins dont l'exécution eſt poſſible au moyen des marches. Mais ces choſes tiennent au genre d'étoffes compriſes dans les diviſions de la ſeconde claſſe ; & l'on y renvoie pour cet objet.

J'ajouterai ſeulement, qu'il y a un terme propre pour exprimer toutes les opérations qu'on a déjà expliquées, & celles qu'on expliquera dans la ſuite, par leſquelles un Ouvrier ſe met dans le cas de fabriquer l'étoffe déſirée, après qu'on lui a livré le métier, la chaîne & tous les uſtenſiles de fabrication. Ce terme eſt *ambrevage* ; ainſi *ambrever* un métier, c'eſt rapprocher toutes les parties de ſon armure, & leur donner les diſpoſitions convenables pour opérer.

On a placé ici les variations du métier, parce qu'elles ſont d'uſage, ſans être abſolument néceſſaires au métier ſervant à la fabrication des étamines.

§. III.

Des Étamines.

L'étoffe de ce nom ſe diviſe en pluſieurs ſortes, & chaque ſorte en divers genres. Les principales sortes sont : 1°. les *Etamines unies*, en laine & soie, telles qu'elles se fabriquent à Amiens, en Saxe, à Bruxelles & ailleurs : 2°. les *Etamines de pure laine*, en blanc, teintes, rayées & à carreaux, les voiles, &c. qui se fabriquent principalement à Reims : 3°. les *Etamines*, dites du Mans, qui se fabriquent en effet dans la ville de ce nom.

Les premieres se divisent : 1°. en *Etamines unies, fines, demi-fines* ou *communes* : 2°. en *viré-fines, & demi-fines* : 3°. en *façon de crépon d'Alençon deux soies, trois soies, quatre soies* : 4°. en *façon de crépon d'Angleterre*, autrement dites *castignettes* : 5°. en *Etamines glacées*, &c.

On peut varier ces étoffes à l'infini ; on les a beaucoup plus variées encore qu'on ne les varie aujourd'hui ; mais on les varie encore plus que je ne l'indique ici. Il suffit néanmoins de décrire la fabrication des especes les plus répandues dans le commerce, & dont toutes les autres se peuvent déduire (1).

De l'Étamine unie.

L'*Etamine unie fine* se compose en chaîne d'un fil de laine de *bouchon*, ou filé à Turcoing, ou enfin des plus belles laines de pays, doublé & retors avec une soie de Piémont écrue, organcinée de trente à trente-deux deniers, le tout teint en écheveau, après être retors, & en trame, avec un fil de belle laine de pays, peignée, teinte & repeignée avant la filature.

Les *Etamines demi-fines* & les *communes* se font dans les mêmes principes, mais avec des matieres assorties & convenables à leur dénomination : celles de ce genre, rayées en chaîne, le sont d'une soie organcinée à trois bouts retors ensemble, du titre de quarante-huit à cinquante deniers, teinte de couleur différente de celle du corps de la chaîne. Celles à carreaux se trament avec des soies semblables à celles de la chaîne, les trois soies seulement virées. On pourroit les rayer en chaîne ou en trame avec des laines teintes de différentes couleurs, ou avec du coton. Ces sortes d'étoffes sont susceptibles d'une très-grande variété ; on les broche même à petites fleurs faites à la marche, soit par la chaîne, soit par la trame, sur un fond uni, entre des rayures ou des carreaux : & ce broché flottant à l'envers, & dont la marche sera expliquée en son lieu, peut être de soie, de laine, ou de coton, d'une seule ou de plusieurs couleurs, mais toujours différentes de celle du fond.

On aura seulement attention que la matiere ainsi employée à former un dessin quelconque, soit peu torse à la filature, qu'elle soit doublée, légérement virée, pour qu'elle garnisse davantage, & que le dessin soit mieux marqué, & la figure plus saillante.

De l'Étamine virée.

L'*Etamine virée* differe de l'*Etamine fine*, en ce que le fil est teint d'abord, & ensuite doublé & retors avec une soie de trente-six deniers aussi teinte, mais toujours de couleur différente de celle de la laine. La trame est la même à l'une & à l'autre. A l'*Etamine virée demi-fine*, on teint les matieres pour la trame après la filature, & elles sont plus communes, soit pour la chaîne, soit pour la trame. L'Etamine virée veut un peu plus de grain que l'Etamine unie. Il faut donner un peu plus de fond à la chaîne, en tendant davantage les cordes qui font correspondre les marches aux marchettes, qu'on appelle les *grandes cordes*, par comparaison à celles qui correspondent aux contre-marches placées plus près des marches, qui sont plus courtes, & qu'on nomme en conséquence les *petites cordes*. Cette Etamine n'est susceptible d'aucun mélange, parce que son mérite consiste à être *piquée* ou *jaspée* par la soie teinte différemment de la laine ; aussi se font-elles toujours en uni.

Du Crépon, façon d'Alençon.

Le *Crépon, façon d'Alençon*, est formé en chaîne d'un fil de Turcoing dans les premieres qualités, & d'un fil de pays dans celles au dessous, toujours de filature très-torse, & ensuite viré avec deux, trois, & jusqu'à quatre soies, d'où il a tiré ses diverses dénominations, & qui en fixent les variétés. La trame est d'un fil de laine de pays teint, plus ou moins fin, à peu près comme la chaîne, mais moins tors. La soie de la chaîne est ordinairement du cru du Languedoc, & connue dans le commerce sous le nom *de poil d'Alais* Elle est toujours teinte de couleur différente de celle de la laine ; & non seulement elle *jaspe*, mais elle *glace* en proportion de sa quantité. Comme cette soie est peu torse dans le principe, & qu'elle est ici virée seulement avec le fil de laine, elle ressort & tranche sur le fond, d'où elle brille avec plus d'éclat. La trame est toujours teinte de la couleur du fil de laine de la chaîne ; on travaille cette étoffe comme la précédente, &, par la même raison, toujours en uni.

Du Façon-de-Crépon d'Angleterre, dite Castignette.

L'étamine sous le nom de *Crépon d'Angleterre*, ne differe en rien par la chaîne du Crépon d'*Alençon-quatre-soies*, mais la trame est de pure soie, en deux fils retors ensemble, toujours également teinte de la couleur du fil de laine, le plus souvent en brun, mais tranchant toujours beaucoup avec celle des soies de la chaîne : on l'achette ainsi teinte, doublée & torse, prête à être employée. On la désigne sous le nom de *trame*, & cela suffit pour la distinguer dans le commerce & dans la fabrique : elle se tire de la Provence ou du Languedoc.

De l'Étamine glacée.

L'*Etamine glacée* est à chaîne toute de soie, de deux fils organcinés d'environ trente deniers, faisant quatre brins, teints & retors ensemble. On ne les faisoit pas retordre autrefois : elles étoient moins cheres, & elles avoient plus de brillant ; mais les Ouvriers sont devenus plus difficiles sur ce travail fort tendre : on ne les déterminera pas facilement à s'y remettre. La trame est un fil de bouchon teint en laine peignée & filée après.

Il est ordonné par les Réglemens, de n'employer dans la fabrique des Etamines fines, glacées, &c., que des laines de bouchon venant d'Angleterre ; & l'on a long-temps & violemment sévi contre les contrevenans. Je n'insiste pas sur le ridicule de prescrire une matiere étrangere, mais une matiere prohibée à la sortie : c'étoit forcer les Fabricans, & ne leur laisser que l'alternative des risques d'être punis & ruinés par l'Administration d'Angleterre, ou par celle de France. Mais ces mêmes Réglemens défendent bien à tous Fabricans de travailler ou faire

(1) On ne répétera aucun des détails de procédés communs aux objets qu'on a traités. Si l'on ne lit cet Ouvrage que par parties, on s'exposera à le lire sans fruit. Quoiqu'il y ait encore beaucoup de répétitions dont j'ai moi-même senti le dégoût, il faut cependant le lire de suite : il faut du moins lire ce qui précede pour entendre ce qui suit.

travailler à la lumiere, & cela dans un pays où il y a seize heures de nuit en hiver (1).

Toutes ces sortes d'Etamines dans lesquelles on varie encore beaucoup le nombre & la qualité des soies, se fabriquent dans la largeur de demi-aune, & sur la longueur d'environ soixante aunes par piece, à la réserve de celles dites d'*Alençon*, qui ne se font que de quarante aunes. Le nombre des fils en chaîne est, pour les ordinaires, de neuf à douze cents, & dans les plus fines, de douze à quinze cents. Elles s'employent principalement en habillemens de femmes, & quelquefois aussi en habits d'hommes. La consommation s'en fait dans l'intérieur du Royaume; elle étoit autrefois considérable au dehors, & sur-tout dans nos Provinces réputées étrangeres; mais la Saxe, Bruxelles & l'Angleterre travaillent en concurrence avec nous; ils n'ont pas, comme nous, les entraves de passe-avant, d'acquit à prendre, à faire viser, décharger & rapporter, de route à suivre, sans pouvoir s'en écarter, ou de droits à payer à la sortie: & nous n'en exportons presque plus.

On fait encore ici une sorte d'Etamine, qu'on nomme simplement *Crépon*, de pure Laine de pays, à quelques fils de lin près, semés çà & là dans la chaîne par rayures & échantillon quelconque. Ce fil de lin, toujours employé blanc, est connu sous le nom de fil d'*Epinay*. Le crépon se fabrique en blanc, à fil simple, chaîne & trame, celui de la chaîne très-tors à la filature, ou retors au moulin. On teint ensuite cette étoffe; mais le fil de lin ne prend pas la teinture applicable sur la Laine, il reste blanc, ou très-légérement teint, & c'est ce qui la raye sur la longueur. Elle a de la fermeté, à cause du tors du fil de la chaîne; mais comme elle se fabrique toujours en très-bas compte, elle ne sert guere qu'en doublure.

De l'Étamine du Mans.

L'Etamine du Mans se fabrique en Laine de pays bien choisie & soigneusement traitée, comme on l'a indiqué en diverses circonstances, toujours en gras & en blanc, pour être dégraissée & teinte en piece. Elle n'a que le nom de commun, sans aucun rapport avec celles de Reims & celles d'Amiens, qui n'en ont aussi aucun entre elles. Cette étoffe rentre toujours un peu aux apprêts, quoiqu'on use d'une méthode qu'on pense la plus propre à dégraisser sans fouler, & sa derniere largeur est d'environ demi-aune.

Les fils de la chaîne sont d'une filature très-torse, & non retors; ils sont cependant toujours employés en simple, ainsi que ceux de la trame. Le nombre de ces fils, qui varie depuis quinze à dix-huit ou dix-neuf cents, est déterminé par leur finesse, la largeur étant toujours la même.

On passe la chaîne dans un bouillon de tripes pour l'encollage, & on la pare à la colle de rognures de peaux.

A l'égard de la disposition du métier, elle est la même que celle du métier de baracan: deux marches & quatre lames; grande inclinaison du métier & de la chaîne; même longueur, ros semblable; également deux fils en broche; trame mouillée, fortement tissée; lisses de fils à deux mailles, & un anneau dans le milieu.

L'Etamine du Mans est d'un excellent usage. Après le choix des matieres le mieux fait, elle exige sur-tout une très-belle filature, telle qu'il faut désespérer de l'étendre en France, en matiere de pays, tant qu'on s'opiniâtrera à la faire au sec.

De l'Étamine de Reims.

On fait à Reims des Etamines de diverses sortes; on les varie beaucoup, soit par le choix des matieres, la filature, le nombre de fils en chaîne, le tissage plus ou moins serré, soit en couleur & en rayures; mais elles se font toutes sur le même principe: de Laines de la Champagne, de la Brie, du Berry, de la Bourgogne, de l'Auxois, ou autres semblables; toujours peignées, filées très-tors au fuseau en grande partie pour la chaîne, & plus mou, plus ouvert: au petit rouet pour la trame sur vingt-quatre pouces de large, pour revenir à une demi-aune après les apprêts.

Le voile n'est qu'une Etamine fine. Les plus belles Laines peignées y sont les plus convenables: celles sur-tout d'Angleterre, de Hollande, de Flandres s'y emploieroient avec beaucoup de succès. Ce sont ordinairement des Laines de la Champagne dont on compose cette étoffe: les plus longues, les plus susceptibles d'un beau peignage, dont on tire le fil le plus fin, le plus uni, le plus ferme, le plus propre à produire une belle étoffe, serrée, rase & seche.

Les burats & les buratés ne varient pas moins dans leurs especes & qualités sous ces dénominations génériques, que les étoffes précédentes sous les leurs. Ils se fabriquent sur la même largeur, avec des matieres semblables, plus ou moins torses, suivant la douceur ou le grain, le ras & l'uni qu'on veut leur donner.

Toutes ces étoffes du genre des étoffes rases & unies, sont à fils simples, souvent retors au moulin: la chaîne en est légérement collée à la colle de Flandres, & parée ensuite avec un parement fait au petit lait; la trame mouillée, & même légérement gommée.

A l'égard des flanelles unies & croisées, façon d'Angleterre, elles se font, quant à la chaîne, en Laines semblables à celles employées dans les étoffes précédentes, & à trame de Laine de Ségovie cardée à l'huile & filée au grand rouet: on dégraisse cette Laine au savon noir après la filature, & on la fait sécher avant de l'employer.

La largeur des flanelles est de sept huitiemes pour trois quarts; & la longueur de cinquante-cinq à cinquante-six aunes, pour cinquante-deux à cinquante-trois.

Les métiers de Reims sont montés comme ceux des toiliers, à poulies pour le jeu des lames, sans marchettes ni contre-marches. Ils sont de la longueur de ceux d'Amiens, mais ils ont moins d'inclinaison.

§. IV.

De la Tamise.

On a déjà observé dans les diverses distinctions qu'on a données, que la Tamise n'est qu'une toile en laine. On a fait remarquer que les fils dont elle est composée, doivent être le plus égaux en filature, chaîne & trame, d'une filature très-torse l'une & l'autre; la trame un peu moins cependant que la chaîne, afin qu'elle entre mieux; assez enfin, pour que les petits quarrés du tissus soient parfaits, ou que dans un plus grand, il entre un nombre égal de duites & de fils de chaîne, & que ces fils soient toujours employés en simple.

Il ne faut pas de grain à la Tamise, puisqu'elle est destinée à recevoir un apprêt luisant. Mais lorsque

(1) Statuts & Réglemens arrêtés au Conseil pour les Sayteurs, Hautelisseurs, Houpiers, Foulons, & autres Ouvriers faisant partie de la Manufacture d'Amiens, du 23 Août 1666.

Art. 553. « Il est défendu auxdits Maîtres de travailler ou faire » travailler à la chandelle au soir & au matin, d'avoir proche de » leurs étilles aucunes lampes ou crasses, ni, &c. &c. &c. ».

que la filature n'est pas bien torse, l'humidité s'y introduit plus aisément. Alors, quelque ferme que soit le *cati* de la presse, il se perd insensiblement, l'étoffe devient molle, & le lustre disparoît. Si la chaîne est double, elle devient plus dure aux apprêts que la trame; elle résiste davantage au *cati*, & elle tend également à se détordre : mais en employant les chaînes de fils simples, il les faut plus tors que ceux qu'on destine à doubler, plus tors même qu'il n'est possible de le faire à la filature; ainsi le moulin à retordre devient indispensable, soit pour la chaîne, soit pour la trame des Tamises: & les buhots doivent être placés, & le moulin à retordre tourné en sens contraire, comme on l'a observé. Il faut en outre coller légérement les fils de la chaîne, en écheveaux, avant de l'ourdir, & ceux de la trame qui en doivent rester encore mouillés lorsqu'on les emploie. C'est ainsi qu'en use le sieur Chabail, le seul de nos Fabricans qui ait encore parfaitement réussi à imiter les Tamises Angloises, d'après les principes que lui a donnés le sieur Price, à qui nous devons les apprêts Anglois, & beaucoup d'autres excellentes notions de fabrique qu'il a rapportées de son pays. On placera le procédé du collage à la fin de cette section.

Il seroit à désirer qu'on filât en gras pour cet usage; non seulement la filature en seroit plus belle, comme on l'a vu précédemment, mais elle résisteroit davantage au travail; on dégraisseroit l'étoffe ensuite. C'est ainsi qu'operent les Anglois : ils trouvent le moyen d'employer par-là, avec beaucoup de succès, & des fils d'une grande finesse, & des fils très-communs, qui souvent ne résistent pas davantage, quand la matiere est seche, courte ou filée peu tors. Mais le moyen qu'on ait tenté cette pratique, qu'on ait fait des essais, qu'on ait exercé son industrie en ce genre! Nos Réglemens proscrivent la filature en gras, & l'on a poursuivi l'exécution de ces Réglemens avec aussi peu d'intelligence & autant de dureté à cet égard qu'à mille autres.

Si la Tamise n'est qu'une toile, il convient que la disposition du métier soit la même qu'à celui de la toile. La matiere n'y fait actuellement rien; toute inclinaison de la chaîne est donc inutile, & la plus grande liberté dans le jeu des lisses est nécessaire. On y emploie deux ou quatre lames, ce qui dépend de la grosseur ou de la finesse des fils de la chaîne, & par conséquent de leur nombre. On s'en sert de quatre ordinairement; elles levent & baissent par position alterne, comme au camelot, ou l'une à côté de l'autre, comme au baracan : l'effet est le même, le passage des fils y étant relatif. On peut ne mettre que deux marches, & fouler alternativement, ou en mettre quatre, en en foulant deux à la fois; tout cela est assez indifférent : cependant plus la chaîne est fournie de fils, plus il convient de porter à quatre le nombre des lames, plutôt encore que celui des marches.

La difficulté de travailler nos fils en simple, les a fait doubler d'abord dans la Tamise, comme dans les autres étoffes : on en vient d'indiquer les effets. Quelques-uns ont doublé en chaîne le fil de la Laine avec un fil de soie, qui ne paroissoit point d'abord, mais seulement pour donner de la consistance à la chaîne. Cette soie ne prend point la teinture comme la Laine; mais elle pique encore plus l'étoffe par la différente impression de l'apprêt sur l'une & l'autre matiere, que par une nuance qui n'est pas uniforme.

On fabrique ordinairement, & il convient de fabriquer toujours la Tamise en blanc : j'en déduirai les raisons, en traitant des apprêts auxquels elles sont entiérement relatives. On fabrique cette étoffe supérieurement en Angleterre. La matiere longue & lisse se prête à une belle filature, & elle a une grande disposition au lustrage. Sa largeur ordinaire est de vingt-sept pouces, mesure de France; le nombre des fils de la chaîne est de treize à quatorze cents; la matiere presque égale en chaîne & en trame, très-peu plus fine pour la derniere. La chaîne doit peser de dix à dix liv. & demie pour quarante-six aunes d'étoffe, qu'on met en deux coupes, pour avoir des longueurs conformes à celles des Tamises Angloises. Il entre de sept, sept & demi à huit livres de trame dans cette longueur de quarante-six aunes. Dans les Tamises superfines, on porte le nombre des fils au pouce jusqu'à soixante, ce qui fait seize cent quatre-vingts fils dans cette largeur.

Le *duroi* est plus forcé en compte que la Tamise, puisqu'on y met de mille à onze cents fils sur une largeur de dix-huit pouces & demi : il est aussi plus tissé. On suit d'ailleurs sur la matiere, dans toutes les opérations, le même traitement que pour la Tamise. On en fait aujourd'hui de très-beaux à Amiens, & c'est encore le sieur Chabail, d'après les conseils du sieur Price, qui réussit le mieux dans cette étoffe, beaucoup demandée d'Espagne, & que fournissoit l'Angleterre en très-grande quantité avant la guerre.

La fabrication de la Tamise, celle du duroi & de bien d'autres étoffes, ont long-temps mis à la torture l'esprit de nos Fabricans. Les apprêts nous manquoient; nous les avons actuellement aussi parfaits que ceux des Anglois : nous avons poussé aussi loin qu'eux l'industrie en ce genre; & quoique leur filature en gras, encore inusitée chez nous, leur donne beaucoup de facilité & de grands avantages, on peut s'en rapporter à l'esprit actif & curieux de nos Fabricans, à leur esprit de recherches, & sur-tout d'imitation; ils les balanceront, du moins en tout ce qui dépend de l'exercice libre des unes & des autres facultés : mais en ce qui concerne la matiere sur laquelle ils les peuvent exercer, il dépend du Gouvernement, & de lui seul, de nous placer au niveau des Anglois.

On fait des Tamises en Saxe & à Berlin, à l'imitation de celles d'Angleterre; car ce nom est Anglois, & il est le même par-tout : elles y sont de la plus grande finesse, en Saxe sur-tout; mais l'apprêt n'en est pas porté à sa perfection.

Reims fabrique une sorte de petite étamine, à fils très-tors, qui, mise plus en compte & mieux tissée, peut passer pour une Tamise. Cette étoffe se lustre très-bien, & sa beauté d'ailleurs dépend de la finesse de la matiere & de la filature.

On encolle les chaînes de fils gras, ainsi que les autres. On les *pare* aussi, soit avec de la colle à la farine, qu'on nomme *parement*, soit avec une légere dissolution de colle de peau, un peu chaude, pour qu'elle soit plus liquide.

Du Collage.

La colle se fait avec des rognures ou des raclures de peau de toutes les sortes, des muscles, des cartilages, &c. enfin de toutes les parties animales fibreuses, gélatineuses, qui, souples à l'humidité, & dissolubles par la chaleur, reprennent du corps, se durcissent & deviennent tenaces lorsqu'elles sont privées de cette humidité. Il n'est donc question que de faire bouillir ces matieres dans l'eau pure, jusqu'à ce qu'elles y soient entiérement fondues : on les lave avant cette cuisson à l'eau chaude, & l'on en coule le bain après la dissolution, pour en distraire les parties charnues & indissolubles, & que la colle refroidie soit en gelée nette & transparente.

Appliquée sur une matiere quelconque, elle lui procure ses qualités, en raison de la quantité qu'on y en met : ainsi, lorsqu'on veut un encollage plus fort, on étend une plus forte dose de cette colle, dans une quantité d'eau donnée. S'il y en avoit trop, devenue feche, elle feroit dure & caffante, & elle rendroit telle la matiere à laquelle on l'uniroit. Les fils d'une chaîne qui en feroit enduite à ce degré, fe briferoient à chaque inftant, & ne foutiendroient aucun travail. Il vaudroit beaucoup mieux pécher par défaut que par excès; il refteroit la reffource de parer, & il n'en eft aucune contre un encollage trop fort. On a foin que le bain foit très-chaud, pour qu'il foit plus fluide, & qu'il pénetre mieux dans les pores de la matiere. On y comprime les chaînes avec une batte pefante par le bout.

Quand on a beaucoup d'encollage à faire, on fe fert du bain immédiatement après qu'il eft coulé. Quand on a peu de cette matiere à employer, pour une, deux ou trois chaînes feulement, on fait rediffoudre de la colle dans l'eau, & on fe fert de cette nouvelle diffolution au degré de chaleur indiqué.

Alors, on arrange une ou plufieurs chaînes à la fois au fond d'un baquet; on y verfe deffus le bain de colle; on les y comprime; on les *liffe*, & on les tord, pour qu'elles s'imbibent également; on les fecoue bien, pour que les fils fe détachent, & on les étend ainfi à l'air, pour qu'elles fechent. On fent bien que le degré de chaleur du bain n'influe en rien fur la confiftance de la chaîne, mais bien la quantité de colle qui y refte, lorfque fon humidité eft évaporée. S'il étoit queftion de matiere teinte, il faudroit proportionner le degré de chaleur à la tenacité de la couleur; il faudroit qu'elle ne fût que tiede pour des couleurs peu folides, & ainfi de fuite, jufqu'à la chaleur employée pour les chaînes en blanc.

Il eft toujours mieux de fécher l'encollage au grand air, la chaîne bien tendue, & foutenue de diftance en diftance: elle fe feche plus également. Lorfque le temps n'y eft pas favorable, on a des fécheries couvertes, & l'on y met des poëles au befoin, ayant attention que la chaleur foit modérée, pour que l'humidité s'évapore infenfiblement, & que le féchage, fait par degré, n'ôte rien de leur foupleffe aux fils de la chaîne.

On colle auffi des fils en écheveaux, lorfqu'ils font d'une filature trop molle; ceux principalement venant de l'Artois y font très-fujets, & ils font alunés, à deffein de leur procurer une apparence de fermeté & de force, que leur auroit réellement donnée plus de tors à la filature, fi l'on n'eût voulu gagner fur le temps néceffaire à porter cette main d'œuvre à fa perfection.

Cet encollage fe fait dans une légere eau de colle, qui n'eft autre que le bouillon que vendent les Tripiers, où ils ont fait cuire des pieds de veau, des oreilles, & autres parties femblables, étendu encore dans une plus grande quantité d'eau. On trempe les écheveaux dans ce bain; on les tord; on les fecoue; on les étend pour les faire fécher; après quoi on les double, pour les retordre au moulin. C'eft de cette maniere que fe fait au Mans l'encollage des chaînes pour les étamines.

Parer une chaîne, c'eft enduire l'efpace des fils déroulés de deffus l'enfouple jufqu'aux lames, d'une colle quelconque. On le fait, en trempant des broffes de crin dans la colle, & les paffant l'une deffus, & l'autre deffous la chaîne, vis-à-vis, ou l'une fur l'autre, de maniere qu'on en vergette les fils dans toute cette étendue. On en ufe ainfi, lorfque cette efpece d'encollage eft fait avec le *parement*. Quand on le fait à la colle de peau, plus liquide que le *parement*, on y trempe un vieux penne ou autre matiere femblable, & on le paffe & repaffe fur cette partie développée de la chaîne. Comme on tiffe incontinent après avoir paré, & que l'humidité des fils les expoferoit à fe diftendre & à rompre même au travail, on les feche, en paffant & repaffant deffous un réchaud de feu.

Il eft des endroits, comme à Rheims, où l'on fait diffoudre la colle à cet ufage dans du petit lait (1). On n'a aucune obfervation à faire fur cette préférence. Quand il arriveroit qu'elle procureroit à la matiere un peu plus de douceur, l'objet eft de donner un peu plus de confiftance à la chaîne pour l'inftant du travail, paffé lequel il la faut purger de tous ces ingrédiens, quels qu'ils foient. A l'égard de la variation des effets de la colle, & des influences mêmes de l'intempérie de l'air fur elle, les Ouvriers paroiffent y avoir peu d'égards: ils l'emploient fans aucune confidération du chaud ou du froid, du fec ou de l'humide.

SECONDE CLASSE.

§. I.

De la Serge d'Aumale, de Blicourt, &c.

Ces deux premieres efpeces d'étoffes rentrent dans la même, quant à la fabrication; elles ne different que par la largeur. L'*Aumale* a demi-aune, un huitieme & trois pouces, pour revenir à demi-aune un huitieme après les apprêts; & le *Blicourt* a demi-aune un douzieme, pour revenir à demi-aune. Elles different encore par le choix des matieres, toujours plus fines & mieux afforties dans le *Blicourt* que dans l'*Aumale*, à l'égard de laquelle on réferve, pour les plus communes, les Laines les plus groffieres.

L'objet de travail & de commerce de ces deux articles, eft confidérable au midi de l'Amienois, dans tout le Vimeu, & principalement dans les environs de Grandvilliers, d'Hardivilliers, de Crevecœur, en fe rapprochant de Beauvais, & confidérablement encore en tirant du côté d'Aumale, de Poix, & vers Oifemont. Les premiers pays dont on vient de parler, s'adonnent plus particuliérement à la fabrication du Blicourt, & les autres à celle de l'Aumale, quoiqu'on faffe l'un & l'autre dans ces différens endroits. On y fait auffi des *Serges de Rome*, des *Serges de Minorque*, des *Turquoifes*, & autres petites étoffes de ce genre, qu'on travaille bien fupérieurement à Abbeville, & dont on fait beaucoup auffi à Amiens: mais je ferai mention de chacune de ces étoffes, après avoir traité de la Serge d'*Aumale* & de celle de *Blicourt*.

Les Laines de la Province ou des Provinces voifines, font les feules qui fervent à alimenter ces fortes de fabriques, à moins que le hafard n'ouvre quelque branche de commerce de cette matiere dans des pays éloignés, comme il arrive quelquefois d'en tirer pour ces objets, de l'Alface, de l'Allemagne, & d'ailleurs, mais de qualité & de prix à peu près les mêmes.

Après avoir ouvert les toifons, extrait les ordures, & coupé les *durillons* ou *loquets* à la petite force, mis à part les parties les plus hautes & les plus fines pour chaîne, les fuivantes pour trame, & les rebuts pour lifiere; après avoir battu la Laine fur la claie, l'avoir enfimée fur le plancher, à l'huile

(1) *Procédé du Collage en Angleterre pour la chaîne des Tamifes.* Paffer la chaîne dans un bain compofé de quatre pots d'eau de riviere, & un demi-pot de lait, où l'on aura fait diffoudre une demi-livre de colle; faire fécher ladite chaîne au grand air; tremper feulement la trame dans ledit bain; l'exprimer à la main, & l'employer fur le champ ainfi mouillée.

de colsat ou de navette, roulée sur elle-même, l'huile en dedans, entrée avec force dans le barril vuide de savon noir, bien peignée, lavée audit savon, filée, la chaîne & la trame au sec, & à corde ouverte, mais moins tendue pour celle-ci que pour l'autre, pour qu'il s'échappe plus de matiere en même temps, que la trame soit filée plus ouverte, plus molle, & la chaîne au contraire, rase, lisse & plus torse; après avoir enfin dévidé, bobiné & ourdi, selon les procédés décrits, on colle la chaîne à la colle de veau, à raison d'une livre & demie par chaîne du poids de vingt-livres.

Cette chaîne ainsi collée, & étendue pour sécher, se repasse encore quelquefois à la colle en cette situation, comme il arrive aussi quelquefois aux chaînes de camelots-laine, après la teinture; on les suit d'un bout à l'autre avec des brosses imbibées de colle, en maniere de parement.

Le nombre des fils de la chaîne est d'environ quinze à seize cents pour l'Aumale, & de douze à quinze cents pour le Blicourt. On tisse ordinairement l'Aumale à trame mouillée. Il est moins question de faire draper ces étoffes, que de former une croisure nette & apparente, qu'elles soient destinées à un apprêt mat ou à un apprêt luisant, l'un & l'autre leur convenant également.

Le métier de la Serge a les mêmes dimensions que ceux des fabriques d'Amiens, & son armure est la même qu'à ceux des étoffes de la petite navette: quatre marches, quatre lames, &c.; l'inclinaison de la chaîne de l'arriere en avant, plus ou moins grande, est ordinairement de vingt à vingt-quatre pouces. Les lisses sont en fils de lin, à deux mailles; l'anneau de même matiere, intercepté; deux fils en broche: le passage des fils de la chaîne, ainsi que le jeu des marches & des lames, sont expliqués ci-après.

En attendant qu'on traite des apprêts, on prévient d'un usage d'Ouvriers qui y est très-contraire: pour rendre plus coulant le passage des fils dans le ros, ils le graissent avec l'huile de la lampe, ce qu'ils appellent *faire une passe*. Cette huile brûlée desseche la matiere, & y adhere avec une tenacité contre laquelle les dégraissages ordinaires ne peuvent rien: il les faut donc forcer pour l'en purger entiérement, & néanmoins toujours éviter le foulage, qui est aussi très-contraire aux fortes d'apprêts convenables à cette étoffe, ce qui est fort difficile à opérer. Si elle n'étoit pas parfaitement nette avant la presse, on verroit remonter cette huile à la chaleur, en plaquer la surface, ternir la couleur, & graisser les cartons, qui, à leur tour, tacheroient les nouvelles étoffes dans lesquelles on les emploieroit.

On fabrique beaucoup de Serges dans le Gévaudan: elles sont travaillées bien supérieurement, quoique dans les mêmes principes, à ce que nous faisons de plus beau en ce genre; elles sont d'une filature plus fine, plus fournies en compte; mais leur largeur est moins considérable. On y met environ douze cents fils passés dans des ros de vingt pouces, pour leur fournir, après la fabrique & les apprêts, une largeur de dix-huit pouces. La chaîne ourdie sur la longueur de trente-six aunes, en donne environ trente-cinq d'étoffe, qui pese de douze à quinze livres.

Les Laines de ce petit pays un peu montagneux, sont assez fines, longues, lisses, & très-propres au peignage. On en use dans le choix de celles propres à la chaîne & à la trame, & dans la filature de l'une & de l'autre, comme en Picardie: les plus longues & les plus fines, qu'on a soin de filer plus fin & plus tors, pour la premiere, & les autres qu'on file moins fin & plus ouvert, pour la derniere.

Le fil filé pour chaîne se nomme *estame*, & *trame*, celui qui n'est employé qu'à cet usage.

Les plus belles Serges se font, chaîne & trame, en *estame*, & se nomment alors Serges *étaminieres*, *premiere qualité*, *seconde*, &c. Quoiqu'elles aient éprouvé un peu de foulage, pour les purger de toutes les parties hétérogenes, la Laine n'ayant reçu qu'un premier lavage avant d'être peignée, le grain en reste fin, & la croisure nette. Il est vrai que ce foulage ne se fait qu'à l'eau pure: eau qu'on prétend dans le pays avoir la qualité de faciliter le peignage & les autres opérations, sans l'intervention des matieres grasses ou huileuses, employées par-tout ailleurs. On frotte seulement le peigne avec une couenne de lard, comme on l'a indiqué.

L'autre espece de Serge, fabriquée également en blanc, en même compte, & sur la même largeur, se nomme *Serge tramiere, premiere, seconde qualité*, &c. Elle est un peu plus foulée, a plus d'étoffe, & paroît moins fine. On fait encore à Mende des Serges dans le goût des *Jagatis* d'Angleterre, teintes en Laine, chaîne & trame de couleurs différentes. Les fabriques du Gévaudan qui jouissent d'une réputation bien méritée, étoient autrefois entiérement fournies de Laines du cru de ce canton, ou des cantons voisins. Ces matieres ont aussi souffert des diminutions considérables; & il faut aujourd'hui, là comme ailleurs, s'en pourvoir à l'Etranger. On supplée à celles qui manquent en Gévaudan, par celles des Provinces voisines; & en plus grande quantité par des Laines qu'on tire de diverses Echelles du Levant. Il n'est cependant pas rare de voir dans ce pays-là le même Particulier récolter la Laine, la faire passer successivement par toutes les opérations préparatoires de la fabrication, fabriquer enfin, & vendre les étoffes, produit de sa matiere & de ses soins, de telle maniere que le Cultivateur est à la fois Fabricant & Marchand.

Ce seroit bien quant à la population, à l'agriculture & au commerce, le dernier degré d'extension, de force & de richesse, auquel la politique pût atteindre, que de réunir le plus, sur des individus dispersés, de ceux de ces objets qui en sont susceptibles. Les hommes, entassés avec une seule ressource, autre que celle de l'agriculture, quelque abondante qu'elle puisse être, dans des temps aussi prolongés qu'on voudra les imaginer, périront tôt ou tard de la plus affreuse misere: les moindres crises dans le commerce en font presque chaque année, dans quelques-uns de ces gouffres murés, d'horribles exemples. Mende, la Capitale de cet industrieux canton, n'a point encore atteint la perfection des apprêts propres à ses Serges. Comme Amiens les possede supérieurement, nous lui en ferons part, ainsi qu'à toute la France, par la publication des pratiques qui y conduisent.

La Gascogne, & principalement le Nébousan, fait aussi des Serges avec les matieres de son cru; elles sont très-communes, mais à très-bas prix. La Picardie en tire en assez grande quantité, pour les teindre, les apprêter; & les exporter ensuite en Espagne. Les différentes Provinces par où elles passent pour arriver en Picardie, étant remplies de Douanes, de Bureaux de visite, & de droits énormes perçus comme sur marchandises passant des Provinces de France en Provinces réputées Etrangeres, & *vice versâ*, droits qui, sur une étoffe de 17 à 18 sols l'aune, en augmentent le prix d'environ quinze pour cent, sans compter les retards que ces perceptions destructives occasionnent, & les frais considérables de transport, droits qui par conséquent font éprouver sur cette branche de commerce, des surcharges telles, qu'elle court risque d'être bientôt ruinée, si l'on n'y met ordre.

Les Serges d'Aumale s'emploient beaucoup en meubles & en doublures, teintes & apprêtées: on en imprime aussi une certaine quantité, quoique ce goût très-répandu depuis vingt ou vingt-cinq ans, commence à s'user. Le Blicourt, plus fin, plus léger, fait des doublures plus propres; & la Serge de Mende, plus rase, plus fine, plus belle enfin que le Blicourt, y est bien plus convenable; mais elle est plus chere.

Il se fabrique encore des Serges dans le Cotentin, connues sous le nom de *Serges de Saint-Lo*, parce que cette Ville est le centre de leur fabrication. On ne peut guere les comparer aux précédentes, si ce n'est dans les procédés de la fabrique, qui sont les mêmes, à de grandes différences près, indiquées relativement au lavage, quant au triage des laines, à la filature, à la maniere de rentrer les fils, pour opérer la croisure, de marcher & tisser enfin. On ensime, avant le peignage, à l'huile d'olive la plus commune; on dégraisse ensuite au savon *madré* de Marseille, la Laine supposée bien hors de son suin avant le peignage: la filature & le peignage faits en gras. Mais, avec tout cela, la Serge de Saint-Lo n'est guere dans le cas d'être comprise parmi les étoffes rases & seches que j'ai entrepris de décrire. Son foulage, quoiqu'aux pieds, la quantité dont elle rentre, son feutrage enfin, & le corps qu'elle acquiert dans cette opération, la rapprochent autant du drapé de la ratine, qu'ils l'éloignent du ras de la Serge ordinaire.

Ces Serges sont de plusieurs sortes, connues principalement sous les noms de *rases*, de *finettes*, & de *fortes*, qui les désignent à peu près. Elles se fabriquent sur la largeur d'environ cinq quarts d'aune, pour revenir à une aune en blanc; & elles s'emploient ainsi, ou teintes en diverses couleurs, en habillemens, de même que les Serges d'Agen qui sont encore plus drapées que celles de Saint-Lo.

Je n'ometterai pas de parler, dans cette suite de Serges qui se fabriquent dans le Royaume, de celle qui se fait à Reims, à l'imitation & au même usage que les petites flanelles d'Angleterre, dont on fait des chemisettes à mettre sur la peau; elles sont aussi fines, aussi blanches, plus rases, & plus fournies en compte que celles d'Angleterre, mais elles ont l'air moins brouillées; elles sont moins crépées, qualité que les Angloises acquierent par une filature torse, un foulage léger, & qui les fait préférer, comme plus propres à absorber la transpiration.

§. II.

De la Serge de Rome.

La *Serge de Rome*, croisée des deux côtés, ou sans envers, n'est, à bien des égards, qu'une Serge d'Aumale; c'est le même passage des fils; le même nombre de marches & de lames, celles-ci se foulant, & celles-là levant & baissant dans le même ordre. Mais elle en differe essentiellement par la qualité de la matiere bien supérieure dans la Serge de Rome, par la chaîne de fils toujours doubles & retors, par la trame de filature très-ouverte, plus fine, & toujours lancée très-mouillée, & par un tissage fort & très-approché, qui lui donne plus de consistance & autant de main qu'en acquierent plusieurs sortes de draperies par un foulage long & serré.

Comme la chaîne est peu fournie, eu égard à sa finesse, & à la largeur de l'étoffe, qui est de demi-aune, c'est la trame fine, ouverte, mouillée & fortement chassée, qui lui donne cette épaisseur drapante.

On fabrique toujours cette étoffe en blanc, pour la débouillir, la dégorger, & la teindre ensuite, ordinairement en matieres de pays; mais les belles qualités, en Laine de Flandres ou de Hollande. La croisure de la Serge de Rome est la même à l'endroit & à la l'envers, à la seule différence près, qu'elle va de droite à gauche d'un côté, & de gauche à droite de l'autre.

Lorsqu'on veut faire un envers à la Serge de Rome, on n'en passe la chaîne que dans trois lames, mais toujours également, chacune par tiers, & l'on ne les fait jouer qu'au moyen de trois marches. Dans la Serge précédente, il leve & baisse toujours moitié de la chaîne, & toujours deux fois de suite & à la fois, deux fils l'un à côté de l'autre, le premier avec le second, le second avec le troisieme, le troisieme avec le quatrieme, le quatrieme avec le premier, & ainsi de suite. Ici tout s'opere également par les fils qui baissent; mais il n'en leve jamais qu'un, & la croisure en dessus se forme par la trame.

Ces croisures qui dessinent différemment une étoffe, sont sujettes à des variations sans fin. Le nombre de combinaisons est-il épuisé avec un tel nombre de lames & de marches? on varie l'un des deux, ou tous les deux, & à chaque fois il s'ouvre une nouvelle carriere. On en jugera, en observant la gradation suivante des marches, & des manieres de marcher.

§. III.

De la Serge de Minorque.

A la *Serge de Rome* sans envers, les deux côtés sont les mêmes, parce que la chaîne passée de suite dans les lames, leve & baisse par moitié; à la Serge à envers, elle ne leve que par tiers; & par quart seulement à la Serge de Minorque: ajoutez, que la trame est beaucoup plus fournie dans celle-ci que dans les autres; les trois fils contre un la repoussent en dessus; & comme le fil qui enserre la trame à l'endroit de l'étoffe, n'est jamais deux pas de suite le même, mais le plus proche de celui-ci, il en résulte une cannelure diagonale, renflée par la trame ordinairement triple, virée, mouillée, & chassée avec force. Cette cannelure est plus ou moins nette, mieux ou moins bien marquée, suivant l'uni de la filature, & le plus ou moins de finesse du fil. La chaîne fine, double & très-torse, & la trame filée-très ouverte & légérement virée, sont les premieres conditions pour faire une bonne Serge de Minorque.

Quelques Fabricans ne tissent cette étoffe qu'à trame double; quelques-uns même qu'à trame seche; alors il en entre moins; & comme elle surmonte fort à l'endroit les fils de la chaîne qui la pressent en dessous, elle est bientôt coupée par ceux-ci, faute de leur opposer une consistance qui résiste à cet effort. Nous fabriquons toujours en blanc la Serge de Minorque, ainsi que la plupart de nos petites étoffes croisées, pour les teindre en pieces, de sorte que la couleur est toujours une; mais dans l'Etranger, & sur-tout en Saxe, on en fabrique beaucoup en couleurs variées en chaîne & en trame, ce qui tranche par piqûres rapprochées & suivies en direction diagonale, suivant l'effet de la croisure. Ces variations, lorsqu'on y oppose des couleurs assorties avec goût, font un effet assez piquant.

§. IV.

De la Calmande.

La Calmande est une étoffe connue & réglementée d'ancienne date; elle s'est soutenue avec un accroissement continuel, parce qu'on la varie à volonté, qu'elle est appliquable à une infinité d'usages, & d'un très-bon service. On en fabrique beaucoup en blanc, en uni, & à côtes, pour teindre en pieces. Il s'en fait aussi une très-grande quantité de rayées en diverses couleurs, & à fleurs de différens dessins.

Le

Le *pas* de la Calmande est précisément celui du satin. On se sert également de cinq lames & de cinq marches, dont l'une de celles-ci, foulée, fait lever régulièrement quatre de celles-là à la fois, lorsqu'il n'en baisse qu'une. En considérant cette marche, on reconnoîtra que les quatre fils qui levent, dominent la trame chacun quatre duites de suite, toujours en avant, quoique toujours parallélement, mais diagonalement; de maniere qu'au premier pas, les quatre premiers fils levant, le cinquieme baisse; au second, les deuxieme, troisieme, quatrieme & cinquieme levent, le premier baisse; au troisieme, les troisieme, quatrieme, cinquieme & premier levent, le deuxieme baisse, & ainsi de suite. Il en résulte une floté de la part des fils de la chaîne, qui forme le satiné de l'étoffe; & dans le fait, la Calmande n'est qu'un satin en laine.

Mais en travaillant cette étoffe, comme on l'indique ici, il arriveroit qu'il n'y auroit jamais qu'un cinquieme de la chaîne en dessous, lorsqu'on ouvre le tissu, & toujours par fils séparés de la distance des quatre qui se trouveroient en même temps en dessus. Cette partie de chaîne seroit trop foible, pour résister au frottement continuel de la navette, d'un certain poids, & qu'elle supporteroit en entier: on tourne donc la chaîne sens dessus dessous, ou, ce qui est la même chose, on dispose les pieces de l'*armure*, ou l'on fait le *jumellage* en sens contraire; & la Calmande se travaille à l'envers.

Tout ceci est dit pour les Calmandes unies. A l'égard de celles à côtes, dont il se fabrique considérablement depuis quelque temps, on conçoit que le passage des fils, & le jeu des lames ne doivent plus être les mêmes; mais que les côtes n'étant qu'une alternative d'endroit & d'envers, la *rentreture* doit alterner d'abord pour produire cet effet; ce qui sera encore expliqué à l'article des marches. Ces côtes sont ordinairement de largeur égale entre elles, & de distance égale à cette largeur; alors l'étoffe n'a point d'envers, car tout est semblable de l'un & de l'autre côté. Elles peuvent être inégales, ainsi que leur distance: ce n'est plus une étoffe absolument sans envers; & l'endroit est toujours censé être le côté où il y a le plus de satiné, celui où les côtes un peu en relief, eu égard au fond, sont plus larges que leurs intervalles.

On fabrique la Calmande en blanc, unie, ou à côtes le plus ordinairement, sur la largeur de demi-aune un douzieme. On en distingue la qualité par le nombre des fils en chaîne, indiqué par le nombre des barres qu'on fait avec des fils en couleur, placés sur une partie de la largeur, près de la lisiere & du chef. Celles dites *deux barres*, sont composées de deux mille fils en chaîne; les *trois barres*, de deux mille trois cents; les *quatre barres*, de deux mille six cents; les *cinq barres*, de deux mille huit cents; les *six barres*, de trois mille; & les *sept barres*, qui est la qualité supérieure, de trois mille deux cents. Chaque fil double & retors; & la trame simple, filée moins torse, fine proportionnément à la chaîne, employée mouillée & tissée ferme.

Les Calmandes de premiere qualité sont déjà très-blanches en comparaison des communes, quoique les unes & les autres soient également fabriquées en écru, étant destinées le plus souvent ou à rester en blanc, ou à être teintes en couleurs fines, & beaucoup en couleurs claires. On choisit les matieres les plus nettes & les plus blanches naturellement; & en conséquence, les Laines de Flandres, jaunies par le défaut de parcage, n'y sont pas très-propres. On se sert donc ordinairement pour ces premieres qualités, de Laine de Hollande. Les autres sont très-convenables à la composition de cette étoffe, quant à la finesse & à la force. On les emploie avec succès dans les qualités moyennes & inférieures, qui plus bises d'abord, se décruent & s'apprêtent suivant les procédés qu'on indiquera ensuite.

Quoiqu'il se fasse une très-grande quantité de Calmandes en écru, il s'en fait beaucoup plus encore de teintes, rayées en couleurs variées de toutes sortes d'échantillons. Celles-ci ne different en rien des autres quant à la fabrication; mais elles sont ordinairement de matieres plus communes, & presque toujours de largeur plus étroite, comme de six à sept seiziemes, & de neuf cents, mille, à douze cents fils en chaîne.

Le centre de fabrication en France de la Calmande, est la Flandre, & particuliérement Roubais & ses environs: on en fabrique cependant en Picardie, mais plus généralement dans le commun, toujours en écru, & jamais de rayées. On n'y fait pas non plus de Calmandes à fleurs; variétés dont il se fabrique prodigieusement, ainsi que des autres, à Berlin, & sur-tout en Angleterre. Le fond de l'étoffe des Calmandes fleuries, se fait de même que les Calmandes ordinaires: le dessin s'exécute en outre au moyen de la tire: mais ce n'est pas ici le lieu de parler de cette maniere d'opérer; on en traitera ailleurs. Je m'en tiendrai, pour le moment, à dire, que la Calmande à fleurs, & celle rayée de toutes couleurs, font une partie considérable de cette immense quantité d'étoffes de petit lainage, que les Anglois fabriquent dans les plus basses largeurs, depuis treize à quatorze pouces, jusqu'à dix-huit ou vingt, & dont ils font un commerce prodigieux dans le monde entier.

Je ne puis m'empêcher de répéter à cette occasion, ce que j'observois dans un Mémoire à mon retour d'Allemagne, après avoir passé à Francfort & à Leipsick en temps de foire. Les étoffes rases étoient en si grande quantité dans ces deux villes, qu'entassées, on en auroit pu former des montagnes: la plupart étoient en contravention à nos Réglemens, soit par les largeurs si peu considérables, que beaucoup ne sembloient propres qu'à faire des ceintures, soit dans le nombre des fils, moindre d'un tiers ou d'un quart, proportionnément à leur largeur, de ce qui nous est prescrit dans les mêmes especes. Ces marchandises arrivent en très-grande quantité: elles se dispersent de même. La consommation en est prodigieuse, & il semble le plus souvent n'y en avoir pas assez. Eh bien! on n'y en voyoit pas une piece des fabriques de France. Je ne voudrois que cet exemple, pour prouver combien sont dangereux à l'industrie & pernicieux au commerce, la plupart de nos Réglemens de fabrique.

§. V.

De la Prunelle.

Cette petite étoffe, de nouvelle invention, & d'un excellent usage, a déjà souffert diverses révolutions dans sa fabrication & dans son commerce; mais elle se soutient, & l'on en consomme toujours beaucoup. Sa chaîne est composée de deux fils de Turcoing superfins, doublés, & fortement retors ensemble; & sa trame, d'une soie de Languedoc ou de Piémont organcinée, doublée, & virée en trois, quatre ou cinq fils, suivant sa grosseur, ce qui forme six, huit ou dix brins. Le nombre des fils en chaîne est de deux mille à deux mille quatre cents, sur la largeur de vingt pouces.

On jugera de la finesse des matieres propres à fabriquer la Prunelle, lorsqu'on saura que le poids d'une chaîne fine de quarante à quarante-cinq aunes, ne doit pas excéder onze livres: celui de la ſoie en trame eſt d'une livre & demie à deux livres. Cette ſoie s'emploie de toutes les manieres, *crue*, *décruée*, ou *greſe-blanche*. On en a fait en couleur, travaillées en ſoie teinte : on fait aujourd'hui généralement en écru celles qu'on veut en couleur unie, à l'exception des gris, & des autres couleurs, dont les procédés pour la teinture en ſoie ſont différens de ceux pour la teinture en laine. A l'égard des rayées, dont on fait beaucoup auſſi, on en teint les matieres avant de les employer.

On fait quelquefois des Prunelles à chaîne, de Laine de pays, de la plus belle filature qu'on puiſſe trouver; mais la Laine de Hollande ſe montre dans cette comparaiſon avec toute ſa ſupériorité. La chaîne de cette derniere Laine reſte à peu près dans ſa longueur après la fabrication & les apprêts; tandis que la Laine de pays, quelque bien choiſie qu'elle ſoit, s'accourcit d'une aune à une aune & demie. Une chaîne de ſoixante aunes ne donne guere que cinquante-huit à cinquante-huit aunes & demie d'étoffe, l'une & l'autre ſuppoſée également tenue au pied. La Laine de Hollande, plus fine, plus liſſe, plus longue, eſt ſuſceptible d'un meilleur peignage : elle ſe dilate plus aiſément ; ſes fibres ſe détachent, s'étendent, s'alongent davantage. La nôtre plus ſeche, plus dure, plus courte, caſſeroit plutôt que de ſe prêter à une pareille extenſion.

Pour donner en même temps autant de force & plus de fineſſe à la Prunelle, on a eſſayé d'en faire la chaîne d'un fil de Turcoing ſuperfin, doublé & retors avec une ſoie organcinée ; les Prunelles fabriquées en laine ſont plus communes, mais elles ſont moins cheres, & d'un bon uſage. Le nombre des fils de la chaîne eſt diminué, ſuivant la qualité, d'un cinquieme ou un ſixieme de celles tramées de ſoie. Elles ſe tiſſent toujours à trame très-fine, double, virée, & le plus ſouvent mouillée. La pratique de tiſſer à trame ſeche eſt mauvaiſe, lorſqu'on fabrique en blanc, & que la chaîne eſt fournie en compte. Les duites ne ſauroient s'approcher.

Le travail de la Prunelle ſe fait ordinairement avec cinq marches : c'eſt pour une plus grande commodité de l'Ouvrier. En conſidérant le plan des marches, & le mouvement que chacune d'elles procure aux lames, on reconnoitra que la quatrieme foulée fait lever & baiſſer les mêmes lames que la premiere ; & la cinquieme, que la deuxieme. Il ſuffiroit donc de trois marches ; mais un même pied feroit obligé de *foncer* deux fois de ſuite, ce qu'on nomme ici *brochetter*, & ce qui eſt pénible pour l'Ouvrier : mais il faut toujours ſix lames, & ainſi de toutes les autres parties qui concourent à leur jeu.

Il y a peu de différence du travail de la Prunelle à celui de la calmande. Celle-ci, comme on l'a vu, s'exécute par quatre fils levés & un baiſſé, ou le contraire, puiſqu'elle ſe fait à l'envers : cinq fils en broche par conſéquent. La Prunelle en a ſix, & elle s'exécute par quatre levés & deux baiſſés ; elle n'a plus beſoin d'être tiſſée à l'envers, parce que les deux fils de deſſous ont aſſez de force pour ſoutenir la navette. Le paſſage des lames étant égal dans les Prunelles comme dans les calmandes unies, il eſt néceſſaire que le nombre des liſſes le ſoit à chaque lame : mais dans les Prunelles à côtes, il y a des variations dans l'arrangement par paquets, qui ſe feront ſentir à l'inſpection des marches.

La Prunelle eſt l'étoffe raſe en laine la plus jolie & la meilleure qu'on ait faite en France. On en doit l'invention, quant à nous du moins, & la perfection, à M. Joiron Maret.

§. VI.

De la Turquoiſe (1).

De toutes les petites étoffes croiſées que je décris, la *Turquoiſe* eſt celle qu'on varie le plus dans la fabrication, & chacune d'elles a une dénomination particuliere. On dit donc : *Turquoiſe à côtes*, *Turquoiſe baracanée*, *guillochée*, *croiſette*, *grande*, *petite*, *double*, *ſimple*, *mille-points*, *&c. &c.*

On les fabrique généralement en matieres de bonne qualité, filées fin, à fils doubles & retors pour la chaîne, ſimples & mouillés pour la trame, avec environ mille fils ſur la largeur de demi-aune. La Turquoiſe ſimple s'exécute avec trois marches & quatre lames : celles à deſſins en exigent un nombre proportionné à leur complication, & qu'on trouvera déterminé relativement à l'examen des marches indiquées ci-après, nos. 8 & 9.

Cette étoffe, & ainſi de la plupart de celles que je décris, qui ſe fabriquent en écru, & de petite largeur, ſe monte en chaîne d'environ ſoixante aunes de longueur, qu'on coupe en deux ou trois pieces, ſuivant les demandes.

§. VII.

Du Baſin.

Le *Baſin* tire ſon nom d'une ſorte de toilerie, ou étoffe en fil & coton, cannelée ſur la longueur, & que celle-ci imite fort bien : c'eſt encore une eſpece de Turquoiſe qu'on auroit pu nommer tout uniment *Turquoiſe baſinée*, ſans en faire une diviſion à part, ſi elle n'eût eu une diſtinction marquée dans le commerce. Il s'en fabrique d'ailleurs beaucoup en couleurs, qui, par leur oppoſition, détachent encore mieux la cannelure du fond, ce qui n'arrive jamais à la Turquoiſe proprement dite, qui ne ſe fabrique qu'en blanc. Le Baſin ſe tiſſe, ainſi que la Turquoiſe, toujours à trame ſimple & mouillée, lorſqu'il ſe fabrique en blanc ; & à trame ſeche, lorſqu'il ſe fabrique en couleurs.

§. VIII.

Du Grain-d'orge.

Si la *Turquoiſe* eſt de nos petites étoffes celle dont on varie le plus les deſſins, le *Grain-d'orge* eſt celle dont les deſſins ſont le plus ſaillans. C'eſt pour y parvenir, qu'on le tiſſe à trame double virée. Le principal mérite de l'étoffe ne conſiſte pas dans ſa fineſſe, on y emploie des matieres ordinaires ; mais dans ſa force, dans ſa réſiſtance, qui lui a acquis ſucceſſivement les noms d'*Amen*, d'*Eternel*, de *Fort-en-diable*, &c. Elle ſoutient mal ces dénominations, lorſqu'on néglige d'en fournir la chaîne du nombre convenable de fils, de huit cents, neuf cents à mille, ſuivant la filature, ſur la largeur de demi-aune, & ſi on la tiſſe légérement, l'étant toujours au ſec, ſur-tout ſi c'eſt à trame ſimple, comme cela arrive quelquefois, principalement dans ceux qu'on fabrique en couleurs.

Le nom de *Grain-d'orge* lui vient de celui de ſon Auteur, & non de celui du deſſin de cette forme, long-temps le ſeul qu'on ait exécuté ſur cette étoffe ; mais qu'on varie beaucoup aujourd'hui. On réunit & prolonge ces grains en côtes ſur la largeur, en carreaux, en loſanges, &c. &c. Il ne ſe fabrique qu'en blanc, pour être teint, ou en couleur unie, & ſeulement en gris. Ceux qui ſe font en couleurs variées en chaîne & en trame, pour détacher mieux le deſſin du fond, ſe nomment, *façon* de

---

(1) J'ai mis au rang des étoffes croiſées, la Turquoiſe & le Baſin, quoique l'une & l'autre ſe faſſe à pas ſimple & ſans croiſure, lorſqu'elle eſt travaillée en uni ; mais comme on y forme le plus ſouvent quelques petits deſſins, & qu'ils exigent des pas croiſés, il m'a paru plus convenable de les placer dans cet ordre.

Siléfie, ou tout uniment, *Siléfie*, & forment en cela une nouvelle divifion.

§. IX.

Du Siléfie, ou façon de Siléfie.

On vient de voir que le *Siléfie* ne differe du *Grain-d'orge* qu'en ce qu'il fe fabrique à chaîne & à trame de différentes couleurs, & en ce que les deffins plus variés, & fouvent plus compliqués demandent un autre ordre dans le paffage des fils, dans le nombre des marches, dans celui des lames, en un mot, dans l'*ambrevage* & le *jumellage*.

Le Siléfie eft de nos étoffes croifées, celle qui confomme les matieres les plus communes, & l'une de celles qui foient à plus bas prix.

La *rentreture* a bien en général une forme déterminée pour chaque efpece d'étoffes décrites, & auffi quelquefois la même pour plufieurs : mais elle varie fouvent auffi dans la même efpece, ce qui dépend de la nature du deffin. Elle n'eft même pas toujours déterminée pour tel deffin; car, comme on peut exécuter différens deffins fur la même rentreture, par la feule difpofition des cordes, d'où réfulte le jeu des lames, on peut quelquefois le varier, en difpofant les cordes de maniere à ramener les lames à produire le même effet : tout cela dépend de la facilité que l'Ouvrier trouve à exécuter un deffin, le grand art confiftant toujours à fimplifier l'état de la machine.

§. X.

Du Malbouroug.

Le *Malbouroug* eft de toutes les étoffes croifées la plus compliquée, celle dont l'exécution du deffin demande le plus grand nombre de marches, & dont le paffage des lames préfente le plus d'irrégularité. Cette étoffe, qui fe fait à la marche, reffemble le plus au ras de Sicile qui fe fait à la tire, dont la figure d'un côté fait fond de l'autre, & dont l'un eft toujours formé par la trame, lorfque l'autre l'eft par la chaîne. Il faut donc qu'il foit fabriqué en couleurs, & que celle de la chaîne foit différente de celle de la trame.

L'apprêt qui convient & qu'on donne ordinairement au Malbouroug, eft le *cati* fortement luftré : les fils doublés & retors ne font donc pas propres à fa fabrication : on en a déjà infinué les raifons à l'article de la Tamife & ailleurs; & elles feront expliquées, lorfqu'on traitera des apprêts. Cependant nos fils de laine courte & feche ne fauroient guere s'employer autrement. Ils ne réfifteroient pas aux fecouffes qu'éprouve une chaîne très-fournie, & qui demande d'être tiffée fortement. Les Laines de Hollande filées à Turcoing s'y emploieroient à fils fimples avec fuccès, mais elles font très-cheres. C'eft bien un grand mérite de cette étoffe d'être fabriquée avec de bonnes matieres & fufceptibles d'un bel apprêt; mais, en y ajoutant en outre de la confiftance, il la faut établir à bas prix.

On voit donc encore relativement à cet objet, de quelle importance il feroit de remonter à l'amélioration de nos Laines, pour les rendre propres aux travaux auxquels plufieurs nations, & fur-tout les Anglois, fe livrent avec tant d'avantages.

On a auffi retors un fil de foie avec un fil de laine, pour donner plus de fineffe, & laiffer autant de force à la chaîne; mais on a vu dans la tamife & dans la prunelle les inconvéniens qui réfultent de cette pratique : ils fe réuniffent ici; & cette foie y ajoute un prix de matiere & de main d'œuvre, que le Malbouroug ne fauroit fupporter. Il faut donc, pour fabriquer cette étoffe convenablement, n'employer dans fa chaîne que des fils fimples, d'une filature très-torfe, ou retors enfuite au moulin; dans lequel cas, il auroit fallu avoir l'attention de les filer à corde croifée. Le nombre de ces fils fur la largeur de demi-aune, eft de neuf cents à mille, la trame de matieres de pays, comme celle de la chaîne, également bien choifie, également filée fin, mais un peu moins torfe; & affez rapprochée au tiffage, pour que le nombre des fils de trame foit à peu près égal à celui des fils de chaîne.

ARMURES DES MÉTIERS.

On ne donne ici qu'une trentaine de ces fortes d'armures, qu'on pourroit encore beaucoup varier; mais ce nombre fuffit pour avoir une idée des différences qui fe rencontrent dans les tiffus fimples, croifés, à carreaux, à côtes, & à toutes fortes de petits deffins praticables à la marche, & pour faire concevoir le mécanifme de toutes ces fortes de métiers.

M défigne les marches, qu'on multiplie felon le deffin des étoffes qu'on veut faire; T le talon des marches, ou le point où eft fixé leur jeu à charniere; L les lames, dont le nombre quelquefois moindre, quelquefois plus grand, ou égal à celui des marches, eft fouvent déterminé relativement à ce dernier. F défigne les fils de la chaîne. Les petits points noirs • marquent leur paffage dans les liffes. Les o marquent l'endroit où font attachées les cordes qui correfpondent des marches aux lames par en haut, & qui les levent lorfqu'on foule la marche correfpondante; tandis que toutes les autres baiffent, ce qui forme la *foule*. C'eft de cet arrangement des fils que fort le deffin qu'on veut former, foit par la trame, foit par la chaîne.

N°. 1. *Planche VIII.* Toile.

La Toile fe fait avec deux marches & deux lames. Les fils font paffés dans les liffes, alternativement de la premiere à la feconde, &c. On foule les marches en commençant toujours par le pied droit, dans l'ordre fuivant : 1 : 2, & recommençant; la marche 1 fait lever la lame 2, & la marche 2, la lame 1. Le nombre des liffes eft ici égal en chaque lame. Quand il fe trouvera des lames d'un nombre inégal de liffes, on le fera remarquer.

N°. 2. *Planche VIII.* Camelot.

On emploie quatre marches & quatre lames. On foule à la fois 1, 1, qui font lever de même 1, 3. On foule enfuite 2, 2, qui font lever 2, 4. On paffe quatre fils entre chaque broche du ros ou peigne, ce qui s'appelle *mettre quatre fils en dent.* Le nombre des liffes de chaque lame eft égal. Les fils font rentrés dans les lames à la fuite l'un de l'autre : c'eft pourquoi on fait lever les lames 1, 3, afin qu'il ne fe rencontre pas une petite cannelure, que les dents du ros occafionneroient, fi elles levoient 1, 2, & 3, 4. La figure G eft l'armure du métier de Camelot en Allemagne : on foule avec le même pied deux marches à la fois.

N°. 3. *Planche VIII.* Camelot baracané.

Le Camelot baracané fe fabrique à quatre marches

& quatre lames, comme le Camelot simple. On foule 1, 3 : 2, 4 à la fois. Les lames levent 3, 4 : 1, 2. Le passage des fils est différent. On passe dans la premiere lame, ensuite dans la troisieme, puis dans la seconde, & enfin dans la quatrieme. La raison que nous avons donnée du passage précédent, est confirmée par celui-ci; car si les fils étoient rentrés tout de suite, il faudroit que les lames levassent aussi 1, 3 : 2, 4.

Quatre fils en dent.

N°. 4. *Planche VIII.* Baracan.

Il faut pour le Baracan deux marches & quatre lames, qui levent aussi 1, 2 : 3, 4. On foule 1, & ensuite 2. Les fils sont passés dans les lames 1, 3, 2, 4.

Deux fils en broche.

N°. 5. *Planche VIII.* Serge sans envers.

On peut faire cette étoffe de différentes manieres, avec le même nombre de lames & de marches : on peut aussi les varier, pourvu qu'on fasse lever trois fois de suite deux lames, l'une à côté de l'autre, & qu'on termine par les deux extrêmes. Voici la maniere d'arranger les cordes, & de faire lever les lames en foulant les marches. Il y a quatre lames & quatre marches. Les fils sont passés de suite dans 1, 2, 3, 4. Les o, qui sont sur les points de section des lignes longitudinales & des transversales, marquent les lames qui levent; tandis qu'on foule sur la marche qui y répond, les autres baissant en même temps. Ici on ne travaille qu'avec un pied, qui est le droit : le gauche reste appuyé par terre sur le bord de la fosse, dans laquelle se fait le jeu des marches. On foule 1, qui fait lever les lames 4, 3 : on foule ensuite 2, qui fait lever 3, 2; puis 3, qui fait lever 2, 1; enfin 4, qui fait lever 1, 4. On recommence à la premiere marche.

Quand on veut faire usage des deux pieds, on se sert de l'une des deux figures A B. Pour la figure A, on foule avec le pied droit 1 & 3, & avec le gauche, 2, 4, & ainsi pour la figure B. On observe de fouler les marches selon l'ordre des chiffres, pour qu'elles puissent faire lever les lames qui y répondent, suivant leur indication. Deux fils en dent. La figure C est encore une autre maniere de passer les fils, & de marcher, pour opérer le même effet. On foule 1, 4 : 2, 3; il leve 2, 4 : 2, 3 : 1, 3 : 1, 4.

N°. 6. *Planche VIII.* Serge de Rome avec un envers.

Cette étoffe se fait avec trois lames & trois marches, qui se foulent 1, 2, 3, avec un seul pied; les lames levent 3, 2, 1. On voit qu'il doit nécessairement y avoir une croisure à l'endroit, formée par la trame, & que la chaîne doit former une toile à l'envers, puisqu'il n'y a qu'un tiers de la chaîne qui leve, tandis que les deux autres tiers baissent.

Les fils sont passés 1, 2, 3 : il y en a deux en dent.

N°. 7. *Planche VIII.* Serge de Rome à côte.

Il faut, pour former la côte qui est baracanée, & à pas de toile, lorsque les intervalles sont croisés, multiplier le nombre des lames, sans augmenter la somme totale des lisses, & faire lever trois lames à la fois.

Les fils sont passés dans les lisses 1, 2, 3 : 1, 2, 3 : 4, 5, 6 : 4, 5, 6, & en recommençant. On voit par cet arrangement qu'il faut laisser des intervalles entre les lisses, puisqu'il s'en trouve un si grand entre les fils passés dans celles de la lame 1, & dans celles de la lame 6 : c'est ce qu'on n'apperçoit pas d'abord, lorsqu'on veut imiter un dessin. Pour éviter un examen trop réfléchi, quand le métier est monté & les fils passés, on élague tout ce qui est inutile. S'il restoit à chaque lame autant de lisses qu'à celle de la Serge de Rome, n°. 6, il y en auroit la moitié qui ne serviroient pas. Les marches se foulent 1, 2, 3, & les lames levent 2, 3, 6 : 1, 3, 5 : 1, 2, 4, & ainsi de suite en recommençant.

Deux fils en dent.

N°. 8. *Planche VIII.* Turquoise baracanée.

Comme on veut avoir dans la Turquoise cette espece de cannelure ou raie que les broches du ros forment entre les fils, on les passe dans les lisses 1, 2, 3, 4, & on fait lever les quatre lames deux à deux, par le moyen de deux marches, qu'on foule alternativement, comme à la toile. La marche 1 fait lever 3, 4; & l'autre, 1, 2.

Deux fils en broche.

N°. 9. *Planche VIII.* Turquoise Mont-à-loisir.

Trois marches & quatre lames, les fils passés 1, 2, 3, 4. On foule 1, qui fait lever les lames 3, 4 : on foule 3 avec l'autre pied, qui fait lever 1, 4. Le pied droit foule 2, & 1, 2 levent. Le pied gauche refoule 3; ensuite le pied droit retourne à la premiere marche, parce que la marche 3 baisse deux fois, tandis que les deux autres ne baissent qu'une fois chacune. Deux fils en dent.

N°. 10. *Planche VIII.* Basin en Turquoise.

Trois marches & quatre lames, dans lesquelles les fils passent, 1, 2, 3, 4 : 3, 2, 1 : 2, 3, 4, & ainsi de suite; de sorte que la premiere & la derniere lame ne soient garnies que de moitié des lisses des autres. On foule 1, qui fait lever les lames 3, 4; puis 3, qui fait lever 4, 2; ensuite 2, qui fait lever 3, 1, & on reprend 3 : la course est finie, la troisieme marche allant deux fois avec le pied gauche, contre les deux autres une seule. Si l'Ouvrier n'est pas assez agile du pied gauche, on le fait commencer par 3, & il marche alors 1 deux fois; mais il faut transposer l'arrangement des cordes.

On appelle *course* le nombre de duites à passer pour faire le dessin. Il y en a ici quatre, quoiqu'il n'y ait que trois marches; mais l'une d'elle joue deux fois.

Deux fils en broche.

N°. 11. *Pl. VIII.* Basin varié du précédent.

Il y a trois marches & six lames. Les fils sont passés de suite 1, 2, 3, 4, 5, 6. On foule comme au précédent 1, 3 : 2, 3. Les lames levent 1, 3, 5 : 4, 5, 6 : 2, 4, 6.

Deux fils en dent.

N°. 12. *Pl. VIII.* Mille-point en Turquoise.

Quatre marches & sept lames dans lesquelles les fils passent 1, 2, 3, 4, 5, 6, 7 : 6, 5, 4, 3, 2, 1 : 2, 3, 4, 5, 6, 7. &c. On voit par-là comment les lisses des lames doivent être compassées. On foule 1, 4 : 1, 3 : 1, 4 : 1, 3 : 2, 4 : 2, 3 : 2, 4 : &c. On peut pousser plus loin la course, suivant la finesse de la trame, ou selon la longueur

longueur qu'on veut donner au dessin. Les lames levent 1, 2, 6, 7 : 1, 3, 5, 7 : 3, 4, 5, & enfin 2, 4, 6.
Deux fils en broche.

N°. 13. *Planche VIII.* Prunelle unie.

On pourroit faire la Prunelle avec trois lames & trois marches; mais comme il se trouve beaucoup de fils dans la chaîne, on met six lames & cinq marches. Les fils sont passés 1, 2, 3, 4, 5, 6. On foule 1, 3, 2, 4, 5, & la course est finie. Les lames levent 2, 3, 5, 6 : 1, 3, 4, 6 : 1, 2, 4, 5 : 2, 3, 5, 6 : 1, 2, 4, 5.
Six fils en broche.

N°. 14. *Planche VIII.* Prunelle à côte.

Trois marches & six lames. Les fils se rentrent 1, 2, 3 : 1, 2, 3 : 1, 2, 3 : 1, 2, 3 : 4, 5, 6 : 4, 5, 6 : 4, 5, 6 : 4, 5, 6, &c. On foule 1, 2, 3. Les lames levent 2, 3, 6 : 1, 3, 5 : 1, 2, 4. On fait aussi cette étoffe à six marches, & à six lames, composées comme celles ci-dessus, *Fig.* A, & elles levent ainsi, 2, 3, 6 : 1, 3, 5 : 1, 2, 4 : 2, 3, 6 : 1, 3, 5 : 1, 2, 4 : ce qui est une répétition.

N°. 15. *Planche IX.* Calmande unie.

Cinq marches & cinq lames; les fils rentrés 1, 2, 3, 4, 5. Les lames levent 4, 2, 5, 3, 1 : d'où l'on voit que quatre baissent à la fois, tandis qu'il n'y en a qu'une qui leve. Cette étoffe se fait à l'envers, & la croisure de l'endroit ne se forme qu'avec la chaîne.
Cinq fils en broche.

N°. 16. *Planche IX.* Calmande à côte.

Cinq marches & dix lames. Les fils se rentrent 1, 2, 3, 4, 5 : 1, 2, 3, 4, 5 : 1, 2, 3, 4, 5, 6, 7, 8, 9, 10 : 6, 7, 8, 9, 10 : 6, 7, 8, 9, 10 : & ainsi de suite en recommençant. On marche comme au N°. 15, d'un seul pied, 1, 2, 3, 4, 5. Les lames levent, 2, 3, 4, 5, 10 : 1, 3, 4, 5, 7 : 1, 2, 3, 5, 9 : 1, 2, 3, 4, 6 : 1, 2, 4, 5, 8.
Cinq fils en dent.

N°. 17. *Planche IX.* Serge de Minorque.

Quatre marches & huit lames; les fils passés 1, 2, 3, 4 : 1, 2, 3, 4 : 1, 2, 3, 4 : 5, 6, 7, 8 : 5, 6, 7, 8 : 5, 6, 7, 8 : on foule d'un seul pied dans l'ordre suivant, 1, 2, 3, 4. Les lames levent 2, 3, 4, 6, 7, 8 : 1, 3, 4, 5, 7, 8 : 1, 2, 4, 5, 6, 8 : 1, 2, 3, 5, 6, 7. L'Ouvrier a ici six lames à faire lever à la fois, tandis qu'il n'y en a que deux qui baissent.

Pour sa commodité, l'étoffe se travaille à l'envers, comme il est tracé en A, le nombre des lames, le passage des fils, & la marche étant de même. Les lames levent 1, 5 : 2, 6 : 3, 7 : 4, 8.
Quatre fils en broche.

N°. 18. *Planche IX.* Grain-d'orge.

Huit marches & huit lames; la rentrée des fils, comme à la serge de Minorque. On ne foule qu'avec un seul pied 1, 2, 3, 4, 5, 6, 7, 8, & en recommençant; les lames levent 2, 3, 4, 8 : 1, 3, 4, 7 : 1, 2, 4, 6 : 1, 2, 3, 5 : 4, 6, 7, 8 : 3, 5, 7, 8 : 2, 5, 6, 8 : 1, 5, 6, 7.
Quatre fils en broche.

N°. 19. *Planche IX.* Barré en Grain-d'orge.

Huit marches & huit lames; la rentrée comme au N°. 18, se marche de même, les lames levent 1, 5 : 2, 6 : 3, 7 : 4, 8 : 1, 2, 3, 5 : 1, 2, 4, 6 : 1, 3, 4, 7 : 2, 3, 4, 8.

N°. 20. *Planche IX.* Mille-point cannelé.

Quatre marches & huit lames: se rentrent 1, 2, 3, 4, 5, 6, 7, 8 : 7, 6, 5, 4, 3, 2, 1 : 2, 3, 4, 5, 6, 7, 8, &c. On marche à deux pieds, 1 avec le droit, 4 avec le gauche, répétant autant de fois qu'il est nécessaire, pour alonger le point convenablement; ensuite 2, 3, &c. avec les mêmes répétitions. Les lames levent 1, 2, 3, 5, 7 : 4, 6, 8. 2, 4, 6, 7, 8 : 1, 3, 5.
Deux fils en broche.

N°. 21. *Planche IX.* Mouches & Navettes.

Huit marches & six lames : se rentrent comme au N°. 20. On marche 1, 8 : 1, 8 : 1, 8 : 1, 8. 2, 7 : 2, 7. 3, 6 : 3, 6. 4, 5 : 4, 5 : 4, 5 : 4, 5. &c. les lames levent 2, 4, 5, 6 : 1, 3 : 1, 3, 5, 6 : 2, 4 : 1, 2, 4, 6 : 3, 5 : 1, 2, 3, 5 : 4, 6. Le travail se fait à deux pieds, le droit foulant les quatre marches à droite, & le gauche, les quatre à gauche.
Deux fils en broche.

N°. 22. *Planche IX.* Petite Fraise de mouche.

Huit marches & huit lames; les fils passés comme aux N°s. précédens. On marche 1 & 8, chacun trois fois; 2 & 7 de même; 3 & 6 de même; 4 & 5, cinq à six fois chacun. On est actuellement au milieu des marches, les deux pieds l'un contre l'autre; on s'en retourne comme on est venu, en foulant 3 & 6 trois fois, 2 & 7 de même, & enfin 1 & 8 aussi trois fois, & l'on revient. Les lames levent 1, 3, 4, 5, 7, 8 : 2, 6 : 1, 3, 5, 6, 7 : 2, 4, 8 : 1, 3, 5, 7, 8 : 2, 4, 6 : 1, 2, 3, 5, 7 : 4, 6, 8.

N°. 23. *Planche IX.* Petite Croisette.

Les marches, les lames & le passage sont comme au N°. 22. Les lames levent 1, 3, 5, 6, 7 : 2, 4, 8 : 1, 3, 5, 7, 8 : 2, 4, 6 : 1, 2, 4, 6, 8 : 3, 5, 7 : 2, 3, 4, 6, 8 : 1, 5, 7.

N°. 24. *Planche IX.* Zigzag cannelé.

Huit marches, huit lames, les fils rentrés 1, 2, 3, 4, 5, 6, 7, 8, & recommencer. On marche 1, 8 : 2, 7 : 3, 6 : 4, 5. Les lames levent 1, 2, 5, 6, 8 : 3, 4, 7 : 3, 4, 5, 7 : 1, 2, 6, 8 : 2, 3, 4, 5, 8 : 1, 6, 7 : 2, 3, 4, 7 : 1, 5, 6, 8.

N°. 25. *Planche IX.* Croisette & Fraise.

Neuf marches & dix lames; la rentrée des fils comme aux N°s. 20 & 21. On marche cinq à six fois, comme il suit : 1, 8 : 1, 9 : 2, 8 : 2, 9 : 3, 8 : 3, 9 : quatre à cinq fois, 4, 8 : 4, 9 : trois fois, 5, 8 : 5, 9 : trois fois, 6, 8 : 6, 9 : trois fois, 7, 8 : 7, 9. S'en retourner de la même maniere, en recommençant par 6, 8. Les lames levent, en considérant la progression naturelle 1, 2, 3, &c. des marches, 1, 5, 6, 7, 8 : 1, 3, 5, 6, 7, 9, 10 : 2, 4, 6, 8, 9, 10 : 1, 2, 4, 6, 9, 10 : 2, 3, 4, 6, 8, 10 : 1, 2, 4, 5, 6, 8, 10 : 2, 3, 4, 6, 7, 8 : 1, 3, 5, 7, 9 : 2, 4, 6, 8, 10.

N°. 26. *Planche IX.* Croisette sans envers.

Seize marches & dix lames; les fils rentrés comme au N°. 24. On marche 1, 16, quatre ou cinq fois; 2, 15, deux fois; 13, 14, quatre à cinq fois; 4, 13, chacun deux fois; 5, 12, chacun deux fois; 6, 11, chacun trois ou quatre fois; 7, 10, chacun deux fois; 8, 9, quatre ou cinq fois; revenir à la premiere en travaillant. Les lames levent 2, 4, 5, 6, 7, 8 : 1, 3, 9 10, : 1, 3, 5, 6, 7, 9 : 2, 4, 8, 10 : 2, 4, 6, 8, 9, 10 : 1, 3, 5, 7 : 1, 3, 5, 7, 9, 10 : 2, 4, 6, 8 : 3, 4, 5, 6, 7, 9 : 1, 2, 8, 10 : 2, 4, 5, 6, 8, 10 : 1, 3, 7, 9 : 1, 2, 3, 5, 7, 9 : 4, 6, 8, 10 : 1, 2, 4, 6, 8, 10 : 3, 5, 7, 9.

N°. 27. *Pl. IX.* Silésie en AV, ou Zigzag.

Huit marches, huit lames; les fils sont passés comme au N°. 26. On marche avec un seul pied 1, 2, 3, 4, 5, 6, 7, 8; puis on recommence par 1. Les lames levent 3, 4, 5, 8 : 2, 3, 4, 7 : 1, 2, 3, 6 : 1, 2, 5, 8 : 1, 4, 7, 8 : 3, 6, 7, 8 : 2, 5, 6, 7 : 1, 4, 5, 6.

Quatre fils en broche.

Pour faire des yeux de perdrix, il suffit de marcher de la huitieme à la septieme, puis la sixieme, la cinquieme, &c.

N°. 28. *Planche X.* Silésie à bâton rompu.

Dix marches & dix lames; la rentrée des fils comme au N.° 27. On marche comme au même N°. 27; & l'on peut faire des yeux de perdrix avec le même changement. Le dessin est ici plus grand, & il se forme un petit bouton qui ne se trouve pas dans celui ci-dessus. Les lames levent 4, 5, 6, 10 : 3, 4, 5, 9 : 2, 3, 4, 8 : 1, 2, 3, 7 : 1, 2, 6, 10 : 1, 5, 9, 10 : 4, 8, 9, 10 : 3, 7, 8, 9 : 2, 6, 7, 8 : 1, 5, 6, 7.

Quatre fils en broche.

N°. 29. *Planche X.* Silésie ou Cœur enflammé.

Seize marches & dix lames; les fils rentrés comme au N°. précédent. On foule 1, 2, 3, 4, &c. jusqu'à 16. On revient par 15, 14, &c. jusqu'à la premiere. Les lames levent 1, 2, 5, 6, 8, 9 : 1, 2, 4, 7, 10 : 1, 2, 3, 6, 9, 10 : 1, 2, 5, 8, 9, 10 : 4, 7, 8, 9 : 3, 6, 7, 8, 9 : 2, 5, 6, 7, 8 : 1, 4, 5, 6, 7 : 2, 3, 5, 6, 9, 10 : 1, 4, 7, 9, 10 : 1, 2, 5, 8, 9, 10 : 1, 2, 3, 6, 9, 10 : 2, 3, 4, 7 : 2, 3, 4, 5, 8 : 3, 4, 5, 6, 9 : 4, 5, 6, 7, 10.

Trois fils en broche.

N°. 30. *Planche X.* Bâton rompu.

Dix-sept marches & dix lames; les fils passés comme ci-dessus. On marche 1, 2, 3, 4. &c. jusqu'à la dix-septieme, & on recommence par la premiere. Les lames levent 1, 4, 5, 6, 7, 10 : 4, 5, 6, 9 : 3, 4, 5, 8 : 2, 3, 4, 7, 10 : 1, 2, 3, 6, 9, 10 : 1, 2, 5, 8, 9, 10 : 1, 4, 7, 8, 9 : 3, 6, 7, 8 : 1, 4, 5, 6, 7, 10 : 2, 5, 6, 7 : 3, 6, 7, 8 : 1, 4, 7, 8, 9 : 1, 2, 5, 8, 9, 10 : 1, 2, 3, 6, 9, 10 : 2, 3, 4, 7, 10 : 3, 4, 5, 8 : 1, 4, 5, 6, 7, 10.

N°. 31. *Planche X.* Malbouroug.

Seize lames & seize marches. Les huit premieres lames sont employées à faire le dessin, & les huit autres la répétition qui est à côté, ce qui est distingué par des X. On marche 1, 2, 3, 4 : 9, 10, 11, 12 : 1, 2, 3, 4 : 5, 6, 7, 8 : 13, 14, 15, 16 : 5, 6, 7, 8 : 1, 2, 3, 4 : 9, 10, 11, 12 : 1, 2, 3, 4 : 5, 6, 7, 8 : 13, 14, 15, 16 : 5, 6, 7, 8, pour agrandir le dessin. Il faut répéter de fouler quatre marches autant de fois qu'on le jugera convenable.

N°. 32. *Planche X.* Malbouroug

Vingt-quatre marches, & vingt-quatre lames, les fils passés en AV ou en zigzag; marcher 1, 2, 3, &c. jusqu'à 24.

N°. 33. *Pl. X.* Etoffe brochée à chaînons.

On a parlé ci-devant du broché à chaînons, qui s'exécute à la marche, sur les étoffes à pas simple ou croisé. Il se fait ainsi des camelots, des étamines & autres étoffes rases & seches. Les chaînons sont des parties de chaîne, distribuées sur une seconde ensouple placée au dessus de celle de la chaîne principale, & passées dans d'autres lames que celles qui servent à faire le fond. Le plan de l'armure suivante donnera l'idée de cette sorte de travail. Pour l'exécution de ce dessin, il faut douze marches & dix lames, dont quatre pour fabriquer le fond de l'étoffe, & six pour faire la figure. Le marcher est 1, 12 : 1, 11 : 2, 10 : 3, 9 : 4, 8 : 5, 7 : 6, 7 : 5, 8 : 4, 9 : 3, 10 : 2, 11 : 1, 12. Quatre fils en broche, dans les parties où il y a figure, & deux seulement, où il n'y a que du fond.

On voit qu'il n'y a pas de fils de chaînons passés dans les lames du broché 1 & 12, afin de pouvoir séparer le dessin, & former une figure détachée. En répétant l'usage de ces deux marches, on fait cette séparation à volonté. Cette étoffe se travaille à l'envers; le flotté de la matiere à brocher se trouve en dessus, & les o marquent les lames qui baissent, pour faire le broché en dessous. Il en est ainsi du *lancé*, maniere de brocher par une seconde trame de couleur, & quelquefois de matiere différente. Cette autre pratique, beaucoup plus commune, & d'un usage fréquent dans les fabriques de toileries, ne differe de la précédente, qu'en ce que les marches, qui font mouvoir les lames du fond, ne sont pas les mêmes que celles qui font agir les lames par lesquelles on opere la figure; & qu'au lieu des fils de chaînons qui sont passés dans celles-ci, ce sont des fils de la chaîne du fond qui levent ou baissent dans un temps différent de celui où se fabrique le corps de l'étoffe. La figure du N°. 34, qui est le même dessin que celui du N°. 33, donne l'idée de cette différence.

Dans la fabrication du *lancé*, on ouvre le pas de fond; on trame; on ferme le pas; on foule la marche de la figure; on lance la matiere du broché; on rouvre le pas de fond, & ainsi de suite: au lieu qu'au broché à chaînons, le fond & la figure s'exécutent en même temps. Le flotté est sur la largeur au lancé; il est sur la longueur au broché à chaînons.

Moyens de trouver la marche d'une étoffe par l'échantillon.

Après avoir donné la marche par laquelle on s'éleve de l'idée d'un dessin à son exécution, il n'est pas hors de place d'indiquer la méthode de redescendre de l'exécution aux élémens, & d'établir les principes qui y conduisent.

Si en tirant un fil de la trame, on apperçoit que les fils de la chaîne levent & baissent alternativement, il est évident que l'étoffe est fabriquée à pas simple, que ce soit à deux ou quatre marches.

Si à la premiere duite, deux fils de la chaîne,

proche l'un de l'autre, levent ou baissent à la fois, & qu'à la seconde duite il s'en leve ou baisse également deux, mais l'un de ceux qui ont levé avec l'un de ceux qui ont baissé, & ainsi de suite, ce sera une serge ordinaire, & la marche sera 1 & 2, 2 & 3, 3 & 4, &c. s'il n'y a que quatre marches.

Si quatre fils levent sur la premiere duite, & qu'un cinquieme baisse, & ainsi de suite en s'éloignant toujours d'un fil, il y aura cinq lames : elles leveront 1, 2, 3, 4 : 2, 3, 4, 5 : 3, 4, 5, 1 : 4, 5, 1, 2, &c. Ce sera une calmande, un satin.

S'il est question d'un petit dessin, croix, mouche, fraise, &c. il faut procéder de même, & fixer les objets de la maniere suivante.

Tirez sur le papier plusieurs lignes droites, paralleles & rapprochées ; tirez-en d'autres qui coupent les premieres à angles droits. Les unes représenteront les marches du métier, & les autres les lames. Dégagez un fil de la trame des fils défilés de la chaîne. Si le premier fil de chaîne est pardessus le fil de trame, marquez un o sur le premier point de section de la premiere colonne, qui annonce que ce fil a levé lorsque l'Ouvrier a foulé la marche. Si le second fil de chaîne est pardessous le fil de trame, ne marquez rien : celui-ci baissoit, tandis que le premier levoit, & ainsi de suite, jusqu'à ce que vous rencontriez une colonne semblable à la premiere, ce qui indique que le dessin est fini quant à sa largeur.

A l'égard de sa longueur, supposez une étoffe figurée telle que le Malbouroug du N°. 32, & posez sur les sections de la prochaine ligne longitudinale & de toutes les transversales, des o qui indiquent tous les fils de la chaîne qui levent, ceux qui surmontent la trame ; continuez ainsi, jusqu'à ce qu'un nouveau fil indique une répétition exacte d'élévation & d'abaissement des mêmes fils de chaîne. Une nouvelle colonne, semblable à une précédente, annonce l'achévement du dessin ; & soit qu'elle soit longitudinale, soit qu'elle soit transversale, il la faut retrancher.

La rentrée des fils est déterminée par la nature de la croisure du dessin ; toujours du même côté, s'il en est ainsi de la croisure ; ou en AV, si elle est en zigzag. S'il est question d'une étoffe à côtes, il faut doubler le nombre des lames employées pour une étoffe croisée unie, & rentrer moitié en dessus, & moitié en dessous ; puisque les côtes, comme on l'a déjà observé, ne sont qu'une suite alternative d'endroits & d'envers, qui s'exécutent en même temps de chaque côté.

Il est aussi un moyen d'exécuter un petit dessin quelconque qu'on auroit seulement sur papier : celui de le rayer en long & en large, à la maniere du papier à dessin. Comme les étoffes figurées uniquement par la chaîne & par la trame, ne présentent que l'un pour le fond, & l'autre pour la figure, n'importe lequel, il suffit de savoir que l'envers offre toujours le contraire de l'endroit, c'est-à-dire, la chaîne opposée à la trame, ou la trame à la chaîne, & que toutes les parties correspondantes du dessin se rassemblent de part & d'autre. Si l'on suit un fil de la chaîne, en considérant le fond de l'étoffe, là où ce fil disparoît plusieurs pas de suite, commence la figure ; & là où il reparoît dominant, elle est achevée.

Il en est ainsi de toutes les raies paralleles à la premiere, qui représentent les fils de la chaîne. La trame à son tour prédominera où le dessin sera tracé, & l'on multipliera les points de croisure en raison inverse de cette prédominance, marquée par le plus ou le moins de plein de la figure sur le fond. Si elle couvre beaucoup, ce sera un pas de satin. Ce sera un pas plus alongé encore, si elle forme du flotté : je veux dire que la trame flottera, si la figure ne paroît point piquée : ses fils ne seront point arrêtés par ceux de la chaîne. Si au contraire la figure est rase, qu'elle couvre peu le fond, il faudra serrer la croisure, la faire sur des pas plus rapprochés : la figure sera fréquemment piquée.

On peut donc user de tous les dessins qu'on rencontre, où & comme on les trouve. On peut en former aussi à l'infini, & avec une très-grande facilité. Il n'y a qu'à voir dans les Mémoires de l'Académie des Sciences, année 1704, combien le P. Sébastien Truchet a tiré de combinaisons de simples carreaux mi-partis en deux couleurs par une ligne diagonale. Il en a présenté trente dessins différens : il en avoit formé cent ; on peut en trouver mille.

L'ART
DU FABRICANT
D'ÉTOFFES EN LAINES.

SECONDE PARTIE.

VAINEMENT fabriqueroit-on les étoffes dans la derniere perfection, si on ne les assujettit ensuite à un apprêt convenable à chaque espece : elles perdent leur plus grand mérite, celui de flatter l'œil du Consommateur, & de nourrir une idée de luxe en se montrant avec éclat. La partie des apprêts est très-variée, très-variable encore, & plus susceptible qu'aucune autre de s'étendre & d'être perfectionnée. Je vais indiquer les procédés d'usage pour chaque sorte d'étoffes : il restera sans doute beaucoup de petites pratiques à suppléer; mais comme elles different considérablement, attendu que chacun a les siennes, je m'en tiendrai aux méthodes générales.

Les étoffes se fabriquent, ou en matieres teintes, avant ou après la filature, ou en matieres écrues, pour être teintes en pieces. Les apprêts, qui varient beaucoup dans les différentes especes, different plus encore dans l'un & l'autre cas. La premiere attention à avoir à l'égard des étoffes fabriquées en blanc, est qu'elles soient parfaitement dégraissées avant la teinture & les apprêts. La graisse ressort & s'étend à la teinture; elle ternit les couleurs, & tache l'étoffe; elle ressort, & tache autrement encore à la chaleur des apprêts; elle gâte les cartons à la presse, & les cartons gâtent les nouvelles étoffes dans l'apprêt desquelles on les emploie. Les serges d'Aumale, celles de Blicourt, & quelques autres étoffes fabriquées à la campagne, sont les plus sujettes à cet inconvénient, par l'usage où sont les Ouvriers de graisser les ros avec de l'huile de la lampe, & de travailler mal-proprement.

Aussi faut-il employer à leur égard des agens propres à absorber, ou à se combiner avec les parties grasses; de maniere qu'en chassant les uns de l'étoffe, on la purge en même temps des autres. Il faut souvent beaucoup de travail pour détremper & extraire les matieres grasses, durcies dans les étoffes; & ce genre de travail est susceptible d'un très-grand inconvénient, relativement à certains genres d'apprêts auxquels on les destine; il détord les fils; il en dilate les parties; il les incorpore les unes aux autres; il foule l'étoffe enfin. Si la serge d'Aumale ou de Blicourt est destinée à l'impression, il n'en est que mieux qu'elle soit foulée, elle seroit trop seche autrement : mais si elle doit avoir du grain, on sent combien tous ces effets y feroient contraires; ils ne le sont pas moins à ce qu'elle acquiere du lustre & de la fermeté : ce n'est qu'un fil tors distinct & écrasé qui peut lui procurer l'un & l'autre. Cependant, lorsqu'une étoffe est très-mal fabriquée, encore vaut-il mieux en rapprocher les fils, en couvrir les défauts par le foulage, que de les laisser paroître. Il faut donc dégraisser les étoffes sans les fouler : on y procede de différentes manieres. Celle usitée à la campagne opere rarement l'effet complet, & presque jamais sans l'inconvénient : on est toujours obligé, lorsqu'il est question de couleurs claires & de blancs blanchis, de faire un nouveau dégraissage. Elle consiste à prendre de la terre grasse, telle qu'elle se présente aux Ouvriers peu intelligens qui tiennent les moulins, à la détremper, à la verser en plus ou moins grande quantité dans la pile, & à y faire battre l'étoffe jusqu'à ce qu'elle leur paroisse dégraissée : alors on lui donne l'eau en plein; on la retire; on la rend au Fabricant, qui la fait sécher, & elle est mise dans le commerce.

Je dis qu'on rend les étoffes mouillées au Fabricant, & il est bon que celui-ci exige qu'elles soient ainsi, parce que les Foulonniers les étendent & les roulent même autour des arbres pour les faire sécher; & lorsque ce sont des chênes, des frênes, & même des pommiers ou poiriers, les étoffes s'y tachent d'une teinture qu'il est très-difficile de faire disparoître.

Je ne dis rien des dangers d'employer de la terre mal choisie, mal passée, peu détrempée, mêlée de gravois. Les étoffes en sont rapées, & l'on voit la bourre qui s'en détache remplir les atteliers dont je parle. Un moyen plus efficace est de faire ce travail à l'urine seule, ou mêlée avec un peu de fiente de cochon, ou de crotin de mouton. Ce fluide gras & visqueux pénetre, détrempe la matiere, & forme aisément une nouvelle combinaison avec les corps gras & huileux qu'il rencontre. On fait d'abord un léger foulage, seulement pour en bien imbiber l'étoffe, qu'on laisse ainsi s'échauffer autant de temps qu'il est nécessaire pour que la fermentation qui s'y établit agisse fortement sur les matieres grasses, sans nuire aux parties constituantes de l'étoffe, auxquelles elles adherent. Ce temps est de huit, dix, douze heures en été, dix-huit, vingt, vingt-quatre en hiver. On remet l'étoffe dans la pile avec la premiere matiere dont elle est imbue, & on l'y travaille un instant : on lâche la pile, & on la lave en pleine eau. Au lieu d'urine seule, ou mêlée avec les ingrédiens qu'on vient d'indiquer, souvent on n'emploie que le savon en petite dose, mais toujours avec la chaleur dont il est fait mention : l'eau chaude même y seroit favorable dans certains cas. Le dégraissage s'opere très-bien avec un bain de surge, c'est-à-dire, avec de l'eau dans laquelle on a dégraissé de la Laine en toison non lavée avant la tonte : c'est ainsi qu'on en use à l'égard des serges de Saint-Lo, en les foulant aux pieds dans de grandes auges de bois creusées en forme cylindrique. Mais la maniere la plus simple, souvent applicable, la moins en usage en France faute d'y être connue, de dégraisser parfaitement toutes sortes d'étoffes sans les durcir, sans en altérer les couleurs, si elles sont teintes, qui les dispose à aspirer la teinture & à bien réfléchir les couleurs, si elles ne le sont pas, c'est de mettre du son dans la pile; de l'employer en plus ou moins

moins grande quantité, avec peu d'eau d'abord, qu'on fait tiédir, suivant le besoin.

C'est ainsi qu'on en use en Allemagne & ailleurs dans plusieurs Manufactures de draperies; que les Dégraisseurs nettoient la plupart des habits, non sans quelque secret, pour se faire payer cher une opération qui ne coute presque rien : de même qu'ils levent les taches les plus invétérées, les matieres les plus incorporées & durcies avec l'étoffe, celles mêmes qui résistent le plus à la terre à foulon, comme le cambouis, &c. avec du jaune d'œuf, délayé sur la tache, & qui, en frottant, forme une écume savonneuse qui s'unit à la graisse, dont on purge ainsi en lavant, les étoffes de quelque matiere qu'elles soient, sans plus d'altération des couleurs que l'eau pure n'est capable d'en produire.

Pour le dégraissage simple, il faut des pilons fort légers; ceux des moulins ordinaires y sont peu propres. Lorsqu'on n'a pas un courant d'eau pour les faire mouvoir, il suffit de deux chevrons de trois à quatre pouces d'écarissage, formant un chassis de quinze, dix-huit à vingt pouces de large, soutenu par des traverses, terminé au bas par une traverse un peu plus longue & plus forte, & suspendu verticalement à une planche ou des perches passées entre les poutres du toit, & formant ressort : on place dessous une auge de bois; & un Ouvrier, en appuyant de la main, fait jouer cette sorte de pilon dans l'auge avec une grande facilité. En donnant de l'inclinaison à l'auge, elle fera l'effet de la pile : l'étoffe y tournera également. Lorsque l'étoffe est bien dégraissée & dégorgée en riviere, on la seche, on la grille, & on la met en teinture. Si elle est destinée au blanc blanchi, il convient qu'elle soit grillée avant le dégrais. Dans tous les cas, il conviendroit mieux de commencer par l'opération du grillage; mais les Ouvriers prétendent que l'étoffe est alors plus difficile à dégraisser; que la graisse plus recuite, plus desséchée, se détache avec plus de peine. Cette prétention est très-fausse, surtout si l'on procede au dégraissage, l'étoffe étant encore chaude du grillage. Les pores de la matiere sont ouverts; la graisse a commencé d'entrer en dissolution; elle se combine plus aisément avec la terre ou le savon, & elle s'échappe plus promptement que d'aucune autre maniere. Ainsi donc, pour procéder au blanc fin, on donne un léger foulage d'une seconde eau de savon; on y laisse tremper l'étoffe pendant quelque temps; on la lave bien; on donne une nouvelle eau d'un premier bain de savon : il n'en est que mieux dans l'un & l'autre cas qu'elle soit un peu chaude, ainsi que l'eau dans laquelle on la lave bien au sortir de ce dernier savon; on la dégorge en riviere; on la laisse égoutter quelque temps sur le chevalet; on la passe au bleu, fleur d'indigo, qu'on délaye en petite quantité dans de l'eau claire; on la fait égoutter une bonne heure, & on la met au soufre pendant cinq à six.

Au sortir du soufroir, on la lave en riviere; on la met au blanc d'Espagne, & en même temps au bleu, qu'on délaye l'un & l'autre ensemble dans l'eau claire : on la met au soufre une seconde fois; on la lave dans une légere eau de savon, & on la fait sécher; puis on la passe à l'étendoir ou corroi, & de là à la calandre ou à la presse, ou à l'un & à l'autre, suivant sa nature.

Quoiqu'on puisse en user ainsi pour toutes les sortes d'étoffes, & que ce soit la maniere dont on les blanchisse le mieux, il s'en faut qu'elle soit le plus pratiquée : ce n'est point là le blanc ordinaire, pour lequel on se contente de soufrer l'étoffe en premier lieu, même seche, quelque mal souvent qu'elle soit dégraissée; de la mettre ensuite au blanc de craie, de la laver, battre & bien dégorger en riviere; de la passer, ou de ne la point passer au bleu; de la faire sécher au grand air; de la mettre de nouveau au soufrage, & définitivement de la laver dans une légere eau de savon, pour lui ôter l'odeur pénétrante & dégoûtante du soufre. Il n'est pas d'agent plus actif pour blanchir les étoffes, que l'acide vitriolique évaporé par la combustion du soufre; il ronge les couleurs, & détruit toute espece de teinture interposée sur la Laine; mais indépendamment de l'odeur désagréable qu'il lui donne, il la rend âpre & rude au toucher; ce n'est que par les bains de savon qu'on lui donne de la douceur; elle en acquiert d'autant plus, qu'elle y est trempée & travaillée plus long-temps; & le dernier bain de savon lui restitue celle que le dernier soufrage lui avoit enlevée.

Je ne crois pas qu'il soit nécessaire de décrire l'espece d'étuve dans laquelle se fait l'opération du soufrage; c'est tout uniment une chambre bien close, dans laquelle sont des perches de bois, mises en travers dans le haut, auxquelles sont passées des unes aux autres les étoffes par plis pendans jusqu'en bas, & où l'on introduit du soufre allumé dans un vase de terre, un plat.

On ne considere point le dégraissage comme faisant partie du travail des Apprêteurs : leurs fonctions commencent au débouilli des étoffes, & toutes celles dont il est question dans cet Art y sont sujettes, excepté les différentes sortes d'étamines de la fabrique d'Amiens, dont l'apprêt est particulier à ces sortes d'étoffes. On peut y joindre les tamises, qu'il est fort inutile de débouillir, attendu que le principal mérite de l'apprêt de cette étoffe est bien plus encore de lui donner de la fermeté & du lustre que de la douceur.

J'ai dit cependant qu'il convenoit de griller les étoffes, ou d'en raser le poil avant toute autre opération; mais il n'y a pas long-temps qu'on fait celle-ci, & elle ne convient qu'aux étoffes rases, soit qu'on leur donne un apprêt mat ou brillant, & nullement aux étoffes à grains, comme le camelot, le baracan, &c. Le grillage se fait à la plaque, ou sur un corroi ou étendoir : mécanique du plus grand usage dans toutes les sortes d'apprêts, & qui consiste en un assemblage très-solide de quatre piliers verticaux, à hauteur d'appui, par des traverses horizontales qui les unissent haut & bas. Aux deux extrémités, & au dessous du plan supérieur & horizontal que forme ce cadre, sont des entailles & des supports destinés à recevoir les rouleaux de bois sur lesquels s'enroule & se déroule l'étoffe. Plusieurs autres cylindres & barres de bois & de fer, quelques-uns mobiles sur leur axe, les autres fixes, sont distribués en travers de ce cadre, à des hauteurs différentes, pour que l'étoffe passe alternativement dessus & dessous les unes & les autres, & que par la résistance qu'elle trouve dans ces frottemens, elle se déplisse & s'étende parfaitement. S'il est question de corroyer l'étoffe telle qu'elle doit l'être dans les circonstances qu'on indiquera, il faut ajouter deux barres de fer, posées horizontalement près du sol, pour supporter une poële de feu de charbon très-ardent, sur lequel se passe & repasse quelquefois l'étoffe.

Si l'on ne veut que la griller, en raser le poil à l'esprit de vin, on place une petite auge en gouttiere demi-cylindrique, de cuivre étamé, & remplie de la liqueur, un peu en avant, très-près & au dessus d'un rouleau mobile, qu'on tourne, recule ou approche suivant le besoin, sur lequel passe l'étoffe sans s'y enrouler. La flamme de l'esprit de vin brûle très-bien le poil de cette maniere : on pourroit y adapter une brosse qui le relevât avant, & une autre, ou une barre de fer un peu tranchante, pour nettoyer en même temps l'étoffe des bulbes crispées des poils brûlés. Pour donner le mouvement au corroi, & faire passer l'étoffe du cylindre qui en est chargé sur un autre, il faut adapter celui-ci dans l'axe d'une roue dentée qui s'engraine dans une lanterne, à laquelle l'Ouvrier, au moyen de la manivelle, donne un mouvement qu'il peut faciliter & régler par un balancier.

Débouilli des Etoffes.

On les enroule fortement sur un rouleau de bois blanc, de trois à quatre pouces de diametre, au corroi & à froid; on les enveloppe d'une triple toile; & l'on place ainsi autant de rouleaux, verticalement, près les uns des autres, dans une chaudiere remplie d'eau de riviere, qu'on a eu la précaution de faire bouillir & d'écumer. On les laisse bouillir pendant une heure & demie; & on s'en tient là, si ce sont des étoffes légeres, faciles à pénétrer, comme les serges d'Aumale, celles de Blicourt, les camelots à teindre, &c. Mais les serges de Rome, de Minorque, les calmandes, les prunelles, les basins à côte, les grains d'orge, & autres étoffes chargées de matieres, & d'une fabrication serrée, veulent être bouillies une seconde fois. On les change de rouleau, les parties les plus intérieures se trouvent en dessus; & par cette nouvelle opération, toutes sont également pénétrées. On a soin de faire bouillir les premieres, celles des étoffes qu'on destine aux couleurs noire, brune, bleu de Roi, vert de Saxe, parce que la crudité de l'eau des premiers bains, les noircit toujours un peu. On passe les dernieres, celles pour les couleurs claires & vives. Au sortir de ce bain, on les laisse refroidir sur le rouleau même, & on les livre ainsi pour être mises en teinture. Je dis qu'il faut les laisser refroidir; mais j'ajoute qu'il ne faut les laisser ainsi sur le rouleau, que le temps nécessaire pour opérer ce refroidissement, car elles passeroient bientôt à une nouvelle chaleur de fermentation qui les gâteroit, sur-tout si elles étoient empilées ou appuyées les unes sur les autres. A l'égard des étoffes fabriquées en couleur, on a beaucoup varié dans la maniere de les apprêter. On bouilloit le camelot comme on vient de l'indiquer; mais on l'a mélangé, ou composé en entier, de couleurs si délicates, de nuances si légeres, déterminées par le goût du temps, qu'on a eu raison de craindre l'effet du bouilli. Les uns le trempent à l'eau chaude, d'autres à l'eau tiede; ceux-ci seulement à l'eau froide; ceux-là ne font que l'asperger. Quand on le mouille en plein, comme il est d'usage général, on le pose ensuite sur une lisiere, peu après on le pose sur l'autre; & lorsqu'on le juge par-tout également pénétré, & que l'eau en est égouttée, on le fait sécher; puis, encore moite, on le passe au corroi sur le brasier ardent; il y prend du corps par la dilatation de ses parties; il s'y nourrit même, si l'on n'abuse pas de la facilité de lui donner une extension qui brise le ressort de la matiere & dégrade l'étoffe, ou qui la tiraillant outre mesure par parties inégales suivant la disposition de ses fibres, laquelle lui donne plus ou moins de facilité à se détendre, la fait se raccourcir & friper de toutes parts, lorsque l'humidité, dilatant de nouveau ces parties contraintes par la pression, leur laisse la faculté de réagir sur elles-mêmes. Cette misérable pratique, qui ne peut être fondée que sur une maladroite cupidité, ajoute un nouvel inconvénient, ou plutôt une nouvelle dégradation au camelot; elle lui ôte le grain, qui est le mérite principal de cette étoffe; elle lui fait perdre de sa largeur, en raison de l'extension forcée qu'on lui donne sur la longueur. Et ainsi pour obtenir le prix de quelques aunes d'étoffes de plus, on mécontente un Correspondant, qui reçoit des reproches & se voit abandonné des consommateurs; on acquiert une mauvaise réputation, & l'on manque de gagner légitimement au centuple de ce qu'on réalise par la fraude. A Lintz, au lieu du brasier ardent, on fait passer l'étoffe sur un cylindre creux, en cuivre, de huit pouces de diametre, dans lequel on met des boulons de fer rouge. De cette maniere, la chaleur est plus égale, elle desseche moins l'étoffe, & l'opération est moins sujette aux accidens; mais elle est en général peu grainée. Il est essentiel de visiter avant le débouilli ou le bain quelconque, les camelots & autres étoffes fabriquées en couleurs, pour en ôter les taches que les Ouvriers peuvent y avoir faites en les travaillant. On enleve ces taches avec de la craie de Briançon pulvérisée, à l'aide d'un fer chaud, & d'un papier brouillard interposé. On emploieroit le savon de Gênes avec succès, si les couleurs pouvoient en supporter l'action. Après l'opération du corroi à chaud & serré, on laisse ainsi l'étoffe sur le rouleau pendant vingt-quatre heures, ou plus; on la porte à la calandre, où elle est remise de nouveau sur un rouleau de quatre à cinq pouces de diametre; on en arrête le dernier bout avec du fil, sur les lisieres mêmes, & on la met sous la calandre, qui ne sauroit être trop chargée, de même que les étoffes, trop serrées sur le rouleau, pour soutenir l'effort du poids considérable qui les comprime. Elle n'écrase cependant pas le grain, mais elle le roule en différens sens, & adoucit l'étoffe. On donne ainsi autant de tours de calandre, qu'on les juge nécessaires pour produire cet effet.

Dès que la piece commence à s'ébouler, on la retire de dessous la calandre, on la déroule; & si elle n'est pas assez calandrée, on la remonte sur le rouleau, & on la travaille de nouveau autant de fois qu'il est nécessaire. Si on ne la retiroit pas aussi-tôt, il s'y formeroit des plis & un tiraillement qui en désordonneroit le tissu, qui la couperoit, la déchireroit enfin.

Il est peu d'étoffes à qui la calandre soit très-propre pour dernier apprêt, & qu'il ne soit beaucoup mieux de presser ensuite. Le corroi à chaud, à feu nud, durcit toujours la Laine; il feroit mieux, dans tous les cas, de le faire à froid, l'étoffe un peu humide, pour la bien étendre & en effacer les plis; c'est de la presse qu'on doit attendre de la fermeté, du lustre, & en même temps de la douceur. La chaleur, qui s'insinue lentement dans l'étoffe, qui se dissipe de même après y être restée long-temps, est seule capable de produire tous ces effets. Le cylindre peut donner du lustre, mais ce n'est qu'en écrasant la matiere, qu'en alongeant l'étoffe, & la détériorant, loin de lui donner du corps. Le baracan, qui est une étoffe plus serrée, plus dure que le camelot, doit se traiter différemment. Au sortir du métier, on l'étend sur une banc de Tondeurs; on en releve le poil avec une vieille carde, & on le coupe avec des forces de la même maniere qu'on tond les draps. En Angleterre & en Allemagne, on ne tond pas le baracan, on le brûle: on a tenté cette opération en France; mais on s'est apperçu que lorsque la filature & la fabrication n'étoient pas bien égales, les imperfections s'en découvroient davantage; on a cru d'ailleurs qu'elle le rendoit plus sec, & l'on a généralement repris l'usage de le tondre. On le fait passer de là aux *Epointeuses*, *Epotoyeuses*, *Nopeuses*, pour en tirer avec les pinces, ou avec la pointe dont elles sont armées, toutes les ordures, les nœuds, les bouillons qui s'y rencontrent. Le nopage doit avoir lieu à l'égard de toutes les étoffes qui doivent être mises en presse ou passées au cylindre, à moins qu'elles ne soient actuellement, ou destinées à des couleurs noire, brun foncé, bleu de Roi, & autres très-rembrunies; autrement les bouillons qui s'étendent à la chaleur, les pailles & autres ordures noirciffent & font tache. On foule enfuite le baracan à la terre graffe; l'on s'en tiendroit à un fimple revicage, s'il fuffifoit pour le purger de la graiffe & des ordures qu'il peut contenir. On le corroie, pour l'étendre & le tenir en largeur, & on le fait bouillir dans la chaudiere, fur le rouleau, comme il a été dit précédemment, pendant deux heures; au bout duquel temps on retire le rouleau, on le met debout dans un coin de l'attelier, & on l'y laiffe jufqu'à ce que l'étoffe foit refroidie. On obferve, lorfquon met plufieurs rouleaux dans la chaudiere, que les couleurs des différentes pieces, dont il peut s'échapper quelques parties dans le bain, ne s'alterent ou ne fe terniffent point les unes les autres. On revique encore l'étoffe, on la rebout, également très-ferrée, avec l'attention de mettre fur le rouleau, en deffous, la partie qui étoit en deffus au premier bouilliffage; on la repaffe au corroi à chaud, on la met à la calandre, & définitivement à la preffe.

Le baracan d'Amiens, beaucoup plus gros, plus fort, plus dur encore que le précédent, qui fe fabrique en blanc pour être teint en piece, & qui fe confomme, principalement en Normandie & en Bretagne, en capotes à l'ufage du Peuple; ce baracan, dis-je, fe débout deux fois fucceffivement, en le changeant de rouleau; on le fait reviquer, & teindre enfuite. Après la teinture, avant qu'il foit parfaitement fec, on l'afperge d'une eau chaude, dans laquelle on a fait diffoudre une petite quantité de colle forte d'Angleterre; on le corroie à chaud; on en pofe cinq à fix pieces, à côté, & croifées les unes fur les autres, fur une chaudiere d'eau pure, qu'on fait bouillir. On couvre le tout d'une étoffe groffiere; la vapeur pénetre les étoffes, elle étend la colle; après quatre à cinq heures on les leve, on les fait fécher, & l'apprêt eft fini. D'autres font fimplement diffoudre de la gomme Arabique dans de l'eau chaude; ils y trempent ce baracan, ils le font fécher, & le corroient. Son grand mérite, aux yeux du Confommateur, eft d'avoir beaucoup de fermeté, fans être trop dur ni caffant. Les Anglois font bouillir fur les buhots ou bobines, les fils de la chaîne du baracan, avant de l'ourdir; mais ils n'évitent pas par-là le gripage auquel il eft beaucoup plus fujet que le nôtre; il eft auffi plus fec, plus fujet à fe couper & à fe graiffer, fans doute parce qu'ils ne le reviquent pas & ne le débouillent pas comme nous le faifons; opérations qui lui donnent toute la douceur dont il eft fufceptible. Si les baracans Anglois font ordinairement plus grainés, plus brillans, plus unis, que la cannelure en foit plus nette, c'eft uniquement à la qualité de leurs matieres qu'ils doivent cette fupériorité; & nous ne leur cédons rien à cet égard en ce qui eft de pure induftrie.

Nous avons obfervé qu'il eft inutile de faire bouillir la tamife, & nous en avons dit les raifons; ce font les mêmes qui rendent inutile la calandre pour fon apprêt. On fabrique toujours la tamife en blanc, parce que la maniere de la griller pour fubir l'apprêt Anglois (maniere propre à beaucoup d'autres étoffes & apprêts fupérieurs à tous les autres) terniroit la plupart des couleurs. On s'en tient à leur égard à les corroyer au fec & à froid, après la teinture, & à les preffer. Il en eft de même de toutes les étoffes croifées & fabriquées en blanc, avec quelques différences, qu'on va expliquer, pour certaines efpeces. Ces différences n'ont point lieu pour des ferges d'Aumale, ni pour celles de Blicourt, qui, après la teinture, fe corroient également à froid, & fe preffent enfuite. La prunelle fe corroie à chaud, & fe calandre feulement. La calmande fe corroie à chaud, & fe preffe enfuite. Les turquoifes, les ferges de Rome, de Minorque, doubles croifées, &c. fe corroient & fe preffent. A l'égard du grain d'orge, du bafin à côte, & même de toutes les étoffes figurées en blanc, & qu'on cylindre maladroitement quelquefois, puifqu'on détruit par-là l'effet du deffin relevé, en l'écrafant entiérement, on devroit fe contenter de les corroyer, ou de les preffer dans le goût des étoffes grainées, en adouciffant & luftrant le grain fans le détruire. Si l'on pouvoit admettre l'effet du cylindre comme favorable à quelque forte d'étoffe, ce feroit feulement fur les filéfies, peaux de poule, malbourougs & autres petites étoffes de figures coloriées, qui tranchent avec le fond; mais en toute circonftance la preffe eft toujours préférable.

De la Preffe.

L'opération de la Preffe eft effentielle dans les apprêts; je ne dirai pas qu'elle l'eft plus qu'une autre, parce que toutes les opérations fe tiennent, & qu'il fuffit d'une d'entre elles malfaite, pour faire manquer toutes les autres. Chacun a fa petite pratique, & tous en font un grand fecret. Les uns humectent un peu les étoffes avant de les preffer; quelques-uns même n'y mettent rien, & les preffent feches. On les plie par feuillets, lorfqu'elles font bien étendues par le corroi, & qu'il a produit fur elles l'effet de la rame fur les draps. On y met des cartons à l'endroit & à l'envers; les plus vieux ici, & les plus nouveaux là: les plus fins, les plus durs, les plus liffes & les plus brillans pour les étoffes glacées, afin qu'ils réagiffent fur elles, & qu'ils n'en foient pas atteints; d'infiniment plus mous & fans luftre pour les étoffes dont le grain doit fe conferver, fe nourrir même, & fe luftrer en pénétrant dans le carton. On fait que pour les premieres il faut une très-grande chaleur & une très-forte preffion: il faut l'une & l'autre moindre dans le fecond cas.

On range en pile fous la Preffe les étoffes cartonnées; on en met de vingt-cinq à trente pieces de trente aunes les unes fur les autres, en interpofant à chacune, formant la bafe, & couvrant la pile d'une plaque de fer forgé ou battu, de trois à quatre lignes d'épaiffeur, & chaude prefque au rouge. On tempere l'effet trop violent de la grande chaleur des plaques fur les étoffes, en les en féparant par une planche & quelques gros cartons: il feroit mieux qu'elles euffent un degré de chaleur, tel que l'on ne fût point obligé d'y mettre ces planches. On ferre la Preffe avec un levier paffé dans une lanterne adaptée au bas de la vis, ou dans un trou qui y eft percé à deffein: quelquefois on y ajoute un cabeftan, ou autre mécanique de ce genre. On laiffe ainfi les étoffes fous le repos de la Preffe pendant douze à quinze heures: il feroit mieux de les y laiffer refroidir entiérement. On les rechange, c'eft-à-dire qu'on les replie & qu'on les cartonne de nouveau; de maniere que le pli du feuillet formé par le bord du carton, fe trouve placé entre les cartons mêmes, pour y être applati, preffé & luftré comme les autres parties: on les preffe une feconde fois, en procédant comme à la premiere. Si les cartons ont été faits avec des chiffons broyés fous des maillets garnis de fer, qu'il s'en foit détaché quelques paillettes, que la pâte n'en foit pas bien purgée, & qu'il s'en retrouve quelques-unes fur les cartons, ce qui arrive fréquemment, il faut éviter avec grand foin d'employer ceux-ci dans les couleurs rofe, écarlate, cramoifi, &c. L'acide nitreux, qui entre dans la compofition de ces couleurs, décompoferoit le fer, & tacheroit les étoffes fans remede: il faudroit les mettre en noir.

Mémoire demandé par l'Adminiftration, fur les Apprêts des Étamines du Mans.

Au fortir du métier, on porte l'Etamine au

Bureau de Fabrique, pour y recevoir le plomb ; elle passe de là chez le Dégraisseur, pour y être purgée de sa graisse. Avant de parler de cette opération, je vais décrire la composition du bain qu'on y emploie, & les ustensiles dont on se sert.

Composition du Bain.

Ce bain est composé de lessive neuve, & de lessive vieille par parties égales. La lessive neuve se fait dans une chaudiere contenant environ quatre à cinq cents pintes (1) ; on la remplit d'eau ; on allume le feu sous la chaudiere ; on la chauffe jusqu'au bouillon ; on y met environ dix boisseaux (2) de cendre ; on la fait bouillir pendant quatre heures, puis on la laisse déposer ; on vuide ensuite cette lessive dans une seconde chaudiere, dans une troisieme, enfin dans une quatrieme, en laissant toujours déposer dans chacune, pour qu'elle soit bien clarifiée.

La lessive vieille ou bourgeoise, est celle qu'on achete chez les Particuliers qui font la lessive, & qui la vendent quatre sous la seille ou seau contenant quatorze à quinze pintes. Il y a dans l'attelier une chaudiere contenant environ vingt seaux, sous laquelle il y a toujours un feu modéré ; on remplit cette chaudiere de lessive, moitié vieille, moitié neuve : on y met quatre à cinq livres de savon noir, & un morceau de savon blanc d'une livre ou d'une livre & demie, pour adoucir le bain ; & à mesure qu'on consomme du bain, on remet de la lessive & du savon à proportion. Il entre communément deux livres de savon noir, & deux livres de savon blanc par piece d'étamine, tant pour la dégraisser que pour la dégorger au moulin, en supposant toutefois qu'on ne soit pas obligé de la repasser.

Ustensiles.

Le vaisseau avec lequel on verse la lessive dans la piece, est un petit seau à anse de bois ; qui peut contenir trois à quatre pintes.

La table sur laquelle est déposée la piece pour être dégraissée, est longue, garnie d'un rebord, élevée de vingt-deux pouces, & un peu inclinée vers un bout qui se termine en bec, pour conduire le bain qui sort de la piece dans une seille placée au dessous, afin qu'il ne soit pas perdu ; & quand elle est pleine, on la revuide dans la chaudiere.

Le battoir a quatorze pouces de long, un pied de large, trois pouces d'épaisseur du côté du manche, & va en diminuant vers le bout, qui n'a que deux pouces. Le manche a à peu près dix-huit pouces de long. Ce battoir pese de dix-huit à vingt-quatre livres.

Le Dégraisseur a devant lui, en forme & de la largeur d'un tablier, une planche, dans le milieu de laquelle il y a une piece de bois rapportée, qui est assez épaisse & creuse dans le milieu ; & après chaque coup de battoir, le bout du manche vient répondre dans le trou, ce qui donne la facilité de l'enlever en formant un arcboutant.

Il y a aussi des moulins à eau dans lesquels on dégraisse. L'opération s'y fait comme au battoir : la seule différence est, qu'au lieu de table on pose la piece sur une cuve plate, un peu inclinée en devant, percée à un coin, pour que la lessive qui sort aille s'y rendre, & coule par un bec dans la seille qui est au dessous. Un arbre tournant fait lever alternativement deux pilons posés perpendiculairement, & dont le bout est en forme de battoir. L'opération se fait également bien par l'un comme par l'autre, plus vîte cependant au moulin ; mais il est sujet à beaucoup d'inconvéniens, comme les grandes eaux, la sécheresse, les réparations fréquentes & considérables.

Le moulin à dégorger est construit comme tous les autres moulins à foulon : c'est une cuve de deux pieds deux pouces en carré & profondeur, dans laquelle, par le moyen de l'arbre tournant, viennent frapper deux maillets ou pilons posés horizontalement.

Dégrais.

Pour dégraisser une piece d'étamine, on la plie en deux, puis on la roule de façon que les deux bouts réunis se trouvent en dehors : elle présente un pied de surface, qu'on appelle *carre ;* on la met après cela tremper deux ou trois heures dans un baquet plein de vieille lessive dégourdie, reste du dernier bain, lequel se trouve imprégné de savon ; après quoi le Dégraisseur pose la piece debout sur une lisiere, verse dedans plein le petit seau de bain, la remet sur son plat, lui donne sept à huit coups de battoir alternativement sur une moitié & sur l'autre, la largeur du battoir ne faisant guere plus de la moitié de l'étamine ; puis il la remet debout sur l'autre lisiere, verse également dedans la petite seille pleine de bain, & la bat, après avoir changé la carre ou surface : il recommence jusqu'à dix ou douze fois cette opération ; il déroule après cela la piece, pour la rouler dans l'autre sens, & remettre en dedans ce qui étoit en dessus ; il recommence encore dix ou douze fois la même opération, & la piece est dégraissée.

Dégorgement en blanc.

On la porte ensuite au moulin à dégorger ; on met quatre à cinq pieces dans la cuve ; on arrose toujours ces pieces avec une eau de savon blanc : il en faut une livre environ par piece ; on les fait tourner ainsi trois ou quatre heures à l'eau de savon, & demi-heure ou trois quarts d'heure à l'eau claire, ce qui suffit pour les dégorger.

Étendoirs.

On les met après cela aux étendoirs : ils ont environ cent soixante pieds de long. Ce sont des poteaux à quatre ou cinq pieds de distance les uns des autres, le long desquels regne, à six pieds d'élévation, une traverse de fer garnie de plusieurs crochets rivés & tournans. On assujettit le bout de la piece dans sa largeur, à un bâton que l'on attache avec des cordes à ces crochets ; on va ensuite accrocher l'autre bout de la piece monté aussi sur un bâton, à la traverse régnante le long des poteaux de l'autre extrémité de l'étendoir ; de façon qu'elle reste étendue en l'air dans toute sa longueur & largeur. On la range ainsi plus ou moins, suivant la largeur de l'étendoir, en laissant un pied environ entre chaque piece. Le fond de l'étendoir est en gazon, afin qu'en cas d'accident les pieces ne puissent pas se gâter.

Épreuve.

La piece seche, on la plie & on la reporte au Marchand, qui l'éprouve plis par plis, pour juger si elle est parfaitement dégraissée. Cette épreuve se fait en poudrant chaque pli avec une terre jaune, très-fine & très-seche. Avec le bout des doigts, on frappe daus plusieurs endroits du pli, puis on le secoue.

(1) Trois pintes du Mans font quatre pintes de Paris.

(2) Le boisseau du Mans pese trente livres.

secoue. Toutes les places où il a pu s'attacher de la terre, sont mal dégraissées ; on renvoie la piece en ce cas au Dégraisseur. Si c'est d'un bout à l'autre, il est obligé de la repasser, c'est-à-dire, de recommencer toute son opération. S'il n'y a que quelques taches, il se contente de les frotter avec du savon blanc ; puis il verse quelques petites seilles de lessive, & la rebat au battoir en proportion du besoin. Le mauvais lavage des Laines met quelquefois dans la dure nécessité de repasser jusqu'à trois fois, ce qui fait toujours tort à la qualité de la piece. Dans tous les cas, on ne peut repasser une piece en tout ou en partie, qu'on ne soit obligé de la rapporter au moulin à dégorger, & de la faire tourner le même temps, & avec la même quantité de savon.

Le Chardon.

La piece bien dégraissée & bien dégorgée, est remise entre les mains des Chardonneurs. Cette opération se fait en passant le bout de la piece sur un rouleau attaché au mur : on la tire huit ou dix tours, avec des Chardons vieux, montés, comme par-tout, sur une croix, & on lui donne trois ou quatre tours de Chardons neufs, pour lui procurer ce poil ou duvet dont l'Etranger est si jaloux.

Débouilli.

Cette opération faite, on monte la piece bien ferme sur un rouleau de bois de trois à quatre pouces de diametre, auquel il y a une rainure, dans laquelle on pose le bout de la piece, & qu'on y contient par le moyen d'une vergue ou verdillon, qu'on y fait entrer. Il y a à chaque bout du rouleau un tourillon, l'un desquels est terminé par un dé, dans lequel on rapporte une clef, qui sert de manivelle quand on veut le tourner. On met la piece toute montée sur son rouleau, dans une chaudiere pleine d'eau chaude, au point d'y tenir à peine la main ; on l'y laisse pendant deux heures, après lesquelles on la retire pour la liser une & souvent deux fois, suivant le besoin. Par la façon dont se fait cette opération, elle se trouve, comme on le verra par la suite, remontée sur un autre rouleau, & on la remet ainsi dans la chaudiere pleine d'eau, au même degré de chaleur ; on l'y laisse quatre ou cinq heures ; on la retire, & on la laisse trente-six heures sur le rouleau, pour refroidir. Suivant la grandeur de la cuve, on en met une certaine quantité débouillir à la fois. Quand ce sont des pieces fines pour mettre en couleur, on prend la précaution de les envelopper sur le rouleau avec une serpilliere, pour éviter que la cuve ou quelque autre accident puisse la tacher.

Cette piece bien refroidie, on la déroule, on la porte toute mouillée au Bureau des Marchands, pour y recevoir le plomb de *vu pour noir* : elle est ensuite remise au Teinturier, pour être guedée & mise en noir.

Teinture.

Ces procédés, connus de tout le monde, & exécutés, comme par-tout, à la cuve au pastel pour le guede, à la couperose & à la noix de galle pour la bruniture, n'ont pas besoin d'être décrits (*ce n'en est pas le lieu du moins : on se réserve d'en traiter ailleurs*).

Avant d'entrer dans le détail des opérations qui suivent la Teinture, je vais expliquer la façon dont se pratique le lisage.

Lisoir.

Le Lisoir ou Dressoir est un carré de trois pieds & demi de long, sur deux pieds dix pouces de large, composé de quatre poteaux forts, de trois pieds trois pouces de haut, assemblés dans le bas par quatre traverses de deux à trois pouces, & à deux pieds & demi de terre dans le haut, assemblés par quatre autres traverses de cinq à six pouces de largeur. Chaque poteau est échancré dans le haut, pour recevoir les tourillons des rouleaux qui doivent être posés à chaque bout du Dressoir ; & dans le milieu du carré long, il y a cinq barres assemblées aux traverses du haut sur la largeur : elles ont deux pouces de large, & sont à un demi-pouce environ de distance les unes des autres ; celle du milieu est ronde. A la traverse d'un des bouts ou derriere du Dressoir, il y a de chaque côté un corroi d'un pouce & demi de large, à chacun desquels pend un poids d'environ vingt livres.

Lisage en blanc.

Pour liser une piece d'étamine, on fait entrer les tourillons du rouleau sur lequel est montée la piece, dans les échancrures des poteaux du derriere du dressoir, où sont attachés les corrois, qu'on passe pardessus chacune des lisieres, pour les contenir au moyen des poids qui sont au bout ; on prend le bout de l'étamine, qu'on passe sur la premiere, sous la seconde, sur la troisieme, sous la quatrieme, & enfin sur la cinquieme barre ; on conduit le bout jusqu'au rouleau vuide qui est dans les échancrures des poteaux de l'autre extrémité, au devant du dressoir, & sur lequel on l'assujettit par le moyen de la rainure & du verdillon. Il faut quatre hommes pour liser une piece : l'un tourne le rouleau de devant, pour rouler l'étamine, ce qui déroule en même temps de dessus l'autre rouleau, derriere lequel est un second homme qui contient la piece bien ferme avec ses deux mains, vu qu'elle ne le seroit pas suffisamment par les deux corrois ; & pendant ce temps-là, deux autres hommes tiennent les lisieres des étamines, qu'ils tirent chacun de leur côté, à mesure qu'elle passe, pour la ramener à sa laize, & la décrisper en même temps. Dans l'hiver, lorsqu'il fait bien froid, on met dans le milieu du carré, au dessous de l'étamine, un réchaud, dans lequel il y a un feu modéré, pour lui donner la facilité de couler ; comme aussi, vu qu'elle est mouillée, pour empêcher qu'elle ne gele & ne se casse.

Je reviens à la suite des opérations.

Dégorgement en noir.

Le Teinturier, après avoir tiré la piece de la chaudiere, & lui avoir donné l'évent, la lave à la riviere, ce qui s'appelle rincer ; puis il la renvoie au Dégraisseur, qui la remet au moulin à dégorger, dans lequel elle tourne à l'eau claire pendant environ une heure & demie ; il la roule ensuite comme pour le dégrais, c'est-à-dire, sans rouleau ; il verse dedans de l'eau chaude, au point d'y tenir la main ; il la bat avec le battoir pendant environ un quart d'heure, en versant de temps en temps de l'eau chaude, tantôt par une lisiere, tantôt par l'autre, & en changeant la carre, comme il fait pour le dégrais ; & par cette opération il parvient à en faire sortir le teint, au point qu'elle rend l'eau claire ; après quoi il la remet à l'étendoir.

Epluchement.

Quand la piece est bien seche, des femmes l'épluchent & la nettoient avec des pinces & des verges pareilles à celles dont on se sert pour les draps, à la réserve que les pinces, au lieu d'être pointues, ont demi-pouce de large. On tire avec soin toutes les pailles, ordures, fils de laine, & autres corps étrangers qui peuvent s'y trouver; on la remonte après cela sur un rouleau, pour la liser en noir.

Lisage en noir.

Cette opération est la même que celle du Lisage en blanc, à la réserve que, comme la piece est seche, celui qui tourne le rouleau de devant pour remonter la piece, arrose avec une poignée d'hyssope & de l'eau l'étamine qui est dans le carré, pour donner aux Liseurs la facilité de l'étendre & de la décrisper. Cette opération demande beaucoup d'attention pour ramener l'étamine à sa largeur, & la rendre bien unie.

Le Four.

La piece, par l'opération du lisage, se trouve toute remontée sur un rouleau; on l'enveloppe de papiers; on la recouvre ensuite avec une serpiliere bien attachée aux deux bouts du rouleau, & on la met ainsi dans un Four chaud, au même degré que quand on a tiré le pain; on en met une quantité proportionnée à sa grandeur; on l'y laisse cinq heures; on la retire; on la lise encore une fois; on la remet autant de temps au Four; après quoi on la retire, & on la laisse trois jours sur le rouleau, pour refroidir.

La Presse.

Les pieces de couleur, au lieu d'être mises au four, passent à la Presse comme les draps, avec cette différence, que les plaques sont modérément chaudes, & sont mises seulement entre de vieux cartons; on les y laisse vingt-quatre heures; mais la Presse ne sert pas souvent dans ce pays-ci, vu que presque tout se fait en noir, par la difficulté de trouver des Laines assez blanches & assez unies pour faire des couleurs.

Le Pliage.

L'étamine ainsi apprêtée, on la plie au bronchoir, qui est une traverse de bois d'une aune, adossée au mur, garnie de trois broches, l'une à chaque bout, & l'autre au milieu. Ces broches sont un peu coudées en remontant, très-longues, fines & pointues, dans lesquelles on enfile d'un bout à l'autre le bord de la lisiere. La piece se trouve ainsi pliée & aunée en même temps. On la retire des broches, & on acheve de la plier sur une table; on la porte au Bureau des Marchands, pour y recevoir le plomb de contrôle: il ne reste plus alors qu'à l'appointer.

Apprêts des étoffes de Rheims.

Les burats, buratés, étamines & voiles se trempent à l'eau tiede pendant une nuit: on les foule aux pieds, ce qu'on appelle saboter; on les bat ensuite jusqu'à ce que l'eau en sorte claire; on les teint, & on les livre mouillés à l'Apprêteur. Les petites étoffes qui tendent à draper, comme le raz de castor, le maroc, le croisé, se foulent à la terre grasse: quelquefois même on fait subir cette opération à l'étamine; du moins on la fait toujours reviquer. Les flanelles, qui ne sont que de petites serges, se mettent au foulon & à la rame. On gomme les raz de castor, maroc, croisé, les buratés & les étamines rayées, en les aspergeant avec de l'eau, dans laquelle on a fait dissoudre de la gomme arabique, & qu'on a coulée à travers un linge; on les bat avec un battoir, & on les pose sur le feu jusqu'à ce que la gomme les ait pénétrées par-tout, & qu'elles soient presque seches; on les met en cartons chauffés à la grille; on les presse deux, trois ou quatre fois, serrant peu la premiere, afin que l'excédent de la gomme ne sorte pas par les côtés. Gommer en chaudiere seroit sans doute préférable; il faudroit moins de temps, moins de feu pour l'étendage de la gomme, & il se feroit plus également; il seroit beaucoup mieux de n'en point employer.

Jusqu'à ces derniers temps on n'avoit connu à Rheims que les presses de bois; le sieur *Forest* en a fait monter en fer: cet Apprêteur très-intelligent, travaille avec succès à la perfection de son Art; mais il n'a point encore les apprêts Anglois, si propres à toutes nos étoffes rases, supérieurs à tout ce qu'on possede de pratique en ce genre, & à tout ce que j'ai décrit. Le sieur Price, Anglois, Apprêteur de Londres, & qui nous les a apportés à Amiens, est le seul qui les exerce, & le seul sans doute en état de les exercer en France. J'avois envie d'en décrire les procédés à la suite de ceux des apprêts ordinaires; mais la grande dépense dans laquelle a entraîné ce nouvel établissement, m'en fait différer encore la publication.

En attendant, je dois prévenir d'une chose dont dépend entiérement le succès de ce travail, & pour laquelle le Gouvernement a fait beaucoup de dépenses inutiles, & de recherches vaines; je veux parler des cartons Anglois, dont les procédés secrets, en Angleterre même, sont absolument inconnus en France. On vient de publier dans un Ouvrage imprimé à l'Imprimerie Royale, des assertions les plus capables d'égarer quiconque auroit pu être sur la voie de découvrir ces procédés. On y dit qu'on vernit ces cartons d'une composition, & qu'il résulte de ce vernis & de cette composition, des étoffes solides & glacées, qui ne s'écrasent plus entre les plis du drap; & que le lissage des cartons agit plus sur la composition dont on vernit les cartons, que sur l'étoffe: & enfin on donne à croire qu'avec un vernis & la lisse on rendra des cartons propres à l'apprêt des draps: l'on y avance que tels sont les principes qu'il faut suivre pour avoir des cartons Anglois. Ce seroit induire en erreur, puisqu'il n'est aucune sorte de vernis qui puisse être propre aux cartons; qu'il n'en est aucun au contraire, que la grande chaleur & la forte pression ne rendissent nuisible aux apprêts; & que l'art de faire ces cartons, consiste uniquement dans le choix & l'assortiment des matieres constituantes, & dans la maniere pure & simple de les préparer.

L'étamine de Rheims, après la teinture, se vergette, & s'étend trois à quatre fois au corroi à chaud; & ensuite on la met *bruire*. Cette opération, dont on a déja dit quelque chose, se fait ici avec plus de précaution. On expose également les rouleaux, chacun chargé d'une piece, à la vapeur de l'eau bouillante d'une chaudiere d'environ six pieds, sur huit d'ouverture; on les couche sur des barres ou grilles de bois, posées horizontalement au dessus de l'eau; on place les premieres sur le même plan, à quelque distance les uns des autres; on forme un second plan de rouleaux qui croisent sur les premiers; on en garnit ainsi le haut de la chaudiere de plusieurs rangs. On a attention que l'étoffe ne touche point la chaudiere; on recouvre le tout d'une grosse toile en plusieurs doubles; & pardessus, d'un couvercle en cuivre, qui close bien la chaudiere. On a fait bouillir l'eau pendant quelque temps, on laisse ensuite tomber le feu; & les étoffes, après s'être bien pénétrées de la vapeur de l'eau chaude, se dilatent autant qu'il est possible à toutes leurs parties contraintes par la forte pression du rouleau. Cet effort spontanée, & de réaction, qui se fait dans le repos de la masse, long-temps encore après que la premiere cause est détruite, puisqu'on les laisse dans cette situation pendant cinq à six heures, & qu'elles se refroidissent sur le rouleau, fait que les parties de la surface se pénétrent, se serrent les unes dans les autres, ce qui donne du corps, du grain, de la fermeté & du lustre à l'étoffe. Cette maniere de bruire une étoffe obvie encore à l'inconvénient du gripage, auquel celle-ci seroit d'autant plus sujette, qu'elle n'a pas été débouillie avant la teinture. Mais il est à observer qu'on ne l'emploie qu'à l'égard de celles de ces étoffes qui sont teintes en noir, qui est la couleur la plus ordinaire : les autres couleurs en seroient ou altérées, ou ternies.

Apprêts des Etamines, Alençons, Crépons, & autres étoffes de ce genre qui se fabriquent à Amiens.

La raison qui a fait varier dans l'apprêt du camelot, a apporté quelque changement dans celui de ces étoffes. On les lavoit, on les battoit autrefois en pleine eau, & on les faisoit sécher. On s'en tient actuellement à les asperger, à les laisser quelque temps en tas, pour qu'elles s'humectent également par-tout. On les lustre ou corroie à chaud, à plusieurs reprises, jusqu'à ce qu'on voie bien sortir & s'élever la vapeur de l'humidité; on fait aller & venir ainsi la piece, dont on augmente la tension, pour la bien étendre, la tenir en largeur, & les lisieres égales, en chargeant les rouleaux de poids qu'on suspend à des cordes passées sur leurs extrémités. Roulées, serrées, on couvre chaque piece de ces étoffes de feuilles de papiers, & on les met au four. Ce four où étuve est une petite chambre de trois à quatre pieds en quarré, sur environ six pieds d'élévation : elle est garnie à plusieurs étages de barres de bois, sur lesquelles on pose horizontalement les rouleaux. On met un feu de charbon, un brasier ardent sur le sol de l'étuve : on retourne les rouleaux, on les change de place & d'étage, jusqu'à ce que les pieces soient également frappées de la chaleur, que les impressions qu'elles en ont reçues soient à peu près égales pour toutes. On ferme le four alors, & l'on y laisse les étoffes jusqu'au lendemain, plus long-temps si l'on veut; mais il faut faire la même opération sur d'autres. On retire les rouleaux, on les met debout; on y laisse l'étoffe sur son repos pendant deux, trois & quatre jours; on la déroule, & on la plie.

Plus la couleur des soies employées dans la fabrication des Castignettes, des Alençons, &c. est délicate & tendre, plus on est en crainte sur les effets de l'humidité, plus on est réservé à cet égard, c'est-à-dire, moins on les mouille. Ces étoffes, plus légeres, moins nerveuses que le camelot, sont plus susceptibles encore de s'alonger, de s'altérer au corroi à chaud; il faut bien les étendre, mais il ne faut forcer cette extension enaucun cas, & à l'égard d'aucune étoffe.

Il est des personnes qui les font presser à la suite de cet apprêt : elles acquierent, par cette derniere opération, toute la fermeté & toute la douceur dont la finesse des matieres & la légéreté du tissu peuvent les rendre susceptibles.

FIN.

TABLE
DES CHAPITRES, DES SECTIONS ET DES ARTICLES.

PREMIERE PARTIE.

PREMIERE CLASSE.

SECONDE CLASSE.

ARMURES DES MÉTIERS.

SECONDE PARTIE.

Note à ajouter à la suite de l'article de la Prunelle, *page* 41.

On fabrique, de très-nouvelle date, à Amiens, une étoffe satinée, qu'on nomme *Prussienne* ou *Satin Turc*. Cette étoffe, de la largeur de vingt pouces, est d'une grande beauté, & sera d'un excellent usage, puisqu'il passe en dessus les 4/5 de sa chaîne, très-fournie, & 1/5 en dessous pour l'envers. Je cite encore avec plaisir M. Joiron Maret, pour la fabriquer supérieurement.

EXPLICATION

EXPLICATION
DES PLANCHES.

PLANCHE PREMIERE.

Premiere Vignette. *Attelier des Détricheurs.*

Fig. 1. CD. Deux Ouvriers assis devant une table, sur laquelle ils épluchent de la Laine, tenant en main les petites forces, pour couper les durillons.

AAA. Grandes cases où la Laine, mise en toison, est à portée des Ouvriers Détricheurs.

bbb. Petites cases, ou tas sur le plancher, où mettent choisie & séparée.

Fig. 2. Un homme isolé, épluchant la Laine sur ses genoux, comme cela se pratique ordinairement, & formant autour de lui plusieurs tas séparés de la Laine choisie.

Deuxieme Vignette. *Attelier des Batteurs.*

Fig. 3. T. Batteur de Laine en travail, frappant alternativement, une baguette levée, une baissée.

R. Claie sur son pied & vuide.

Fig. 4. S. Ouvrier qui retourne la Laine avec ses baguettes, qui la réunit & la ramasse pour l'emporter.

VVV. Fenêtres vis-à-vis de chaque claie : celles en face des Batteurs ouvertes, l'autre fermée.

Bas de la Planche.

F. Force pour *émécher* la Laine, ou en couper les durillons.

BB. Baguettes pour la battre.

CC. Corde de la claie.

HH. Claie.

LL. Laçure de la claie, pour la serrer à volonté.

Planche II. Vignette.

Trois Ouvriers en travail.

N. Charge l'un de ses peignes, tandis que l'autre peigne chauffe sur le pot à feu.

M. Tient ses deux peignes presque à angle droit, & fait, en peignant, passer sur l'un la matiere dont l'autre est chargé.

O. Tire la Laine du peigne placé sur le crochet, fiché dans le poteau P.

V. Vase ou Pot à feu.

T. Couvercle en tôle.

E. Ecuelle où chauffe la matiere butyreuse ou oléagineuse pour oindre la Laine.

C. Patte ou Broche à vis & crochets.

B A. Barrils où chaque Ouvrier met la Laine qu'il a à peigner.

F. Filet où le Peigneur dépose le peignon.

S. Tabouret du quatrieme Ouvrier absent, dont les peignes garnis chauffent en attendant.

DDD. Trois barres, ou longueurs de la Laine tirée du peigne en une fois.

B. Boulet ou Bouchon fait d'une ou de plusieurs barres, & en l'état où l'on expédie ou met la Laine peignée dans le commerce.

Détail des ustensiles nécessaires à l'Art du Peigneur.

Fig. 1. Poteau où est fichée la patte *l* & le peigne *f* en l'état convenable, pour en tirer la Laine.

Fig. 2. Machine à laver la Laine, avant, pendant ou après le peignage.

JJ. Jumelles de cette charpente, qui doit être solidement montée.

CF. Crochets de fer dans lesquels on passe la Laine pour la tordre au dessus du baquet B, dans lequel on vient de la laver.

M. Levier en croix adapté au crochet C, tournant dans la jumelle, avec lequel on tord & exprime la Laine lavée.

Fig. 3. Levier en croix, armé d'un encliquetage, pour tenir fixe la Laine torse à volonté.

a. Vue de cet encliquetage avec le crochet, pour tenir le levier arrêté.

b. Crochet à manivelle, qu'on peut substituer au levier en croix.

c. Plaque de fer encastrée dans la jumelle, dans l'ouverture de laquelle tourne le crochet à qui elle sert d'appui.

f. Peigne vu en dedans.

g. Peigne vu par le dos.

h. Coupe du peigne avec le trou longitudinal & le trou transversal, pour y entrer les deux pointes de la patte.

i. Peigne Anglois à trois rangs de broches.

m. n. p. q. r. Canon, tenailles, lime, aiguille & marteau, tous en fer, pour redresser, polir & rendre égales les broches des peignes.

u. Coupe du fourneau ou pot à feu, pour chauffer les peignes.

s. Brasier très-peu ardent.

t. Couvercle en tôle du pot à feu.

o. Ecuelle à placer au sommet du chapiteau.

Planche III.

Fig. 1. Fileuse au petit rouet, à la main & à la quenouille.

Fig. 2. Rouet vu d'un autre côté, le fil passant des deux ouvertures de la mouquette sur l'épinglier ou les ailettes, & dans l'ailet, vu plus en grand au point *d* de la figure L, & enfin sur la bobine.

Fig. 3. Rouet pour dévider les écheveaux de dessus la tournette T, & en faire des bobines coniques, pour doubler ou tripler les fils, *Fig.* 6.

Fig. 4. Aspe ou petit Dévidoir calculé de cinq quarts de tour.

Si l'axe AA a quatre arêtes qui s'engrainent dans une roue de vingt dents; l'axe de celle-ci, cinq arêtes dans une roue de quatre-vingts dents, ou le premier axe cinq arêtes, & le second quatre; quatre-vingts tours de l'aspe en feront faire un complet à la derniere roue, & le marteau tombera sur la table une fois par chaque révolution de cette roue, ce qui avertit que l'écheveau est composé de cent aunes de fil.

Fig. 5. Rateau où sont posées six bobines, de celles tirées du rouet après la filature, pour en former autant d'écheveaux à la fois sur le dévidoir.

Fig. 6. Trois bobines placées à la fois *qqq*, pour mettre trois fils ensemble avant de les retordre. Ce sont les mêmes qui ont été dévidés de l'écheveau placé sur la tournette T, sur la bobine de la *Fig.* 3.

A. Quenouille vuide.

B. Quenouille garnie avec le caffou OV, arrêté par le mordant N.

CD. Cuirs qui foutiennent la broche du rouet.

E. Mouquette.

v. Trou par où paffe le fil en fortant de la main de la Fileufe.

F. Noix de buis fur lefquelles paffe la corde du rouet, & canons d'os qui les féparent, pour les foutenir & les fixer.

I. Bobine vuide.

H. Bobine garnie.

L. Ailettes avec la bande d'étoffe, & le mordant pour la faifir.

M. Rapprochement de toutes ces parties du rouet.

pp. Poupées.

bb. Broche foutenue par les cuirs CD, & chargée fucceffivement de la mouquette, des ailettes, de la bobine, &, entre les cuirs, des noix en forme de poulie, & des canons cylindriques qui les féparent.

Planche IV.

Fig. 1 & 2. Moulin à retordre les fils, vu en travail de deux côtés oppofés. L'homme placé en dehors tourne la manivelle, & donne le jeu à toute la machine : une fille en dedans raccommode les fils à mefure qu'il en caffe.

L'axe de la manivelle eft commun à deux roues de champ, qui par conféquent font paralleles. La premiere s'engraine en deffous, perpendiculairement au tambour S ; la feconde *b*, la *tourte*, efpece de lanterne qu'on change à volonté en d'autres d'un plus ou moins grand diametre, s'engraine en deffus dans la roue *cc*, dont l'axe prolongé devient celui de l'afpe *dd*.

La courroie M fe croife fur le tambour, & court fans fin entre les broches, pour les faire tourner par le frottement, & les pouliots de rejet qui la foutiennent en même temps qu'ils la preffent légérement & également contre toutes ces broches.

Cette courroie, fuivant les circonftances, fe ferre ou fe lâche, quelquefois au moyen d'une poulie horizontale placée en V, *Fig.* 3, qu'on avance ou qu'on recule avec une vis, comme il eft indiqué dans le texte. Ici c'eft un rouleau tournant fur fon axe, dont la bafe eft fixée, & le haut mobile dans une mortaife, pour l'avancer, le reculer & l'arrêter avec une cheville, *Fig.* 4. Z.

L'inclinaifon de ce rouleau néceffite une autre cheville, qui y eft implantée au deffus de la courroie, pour la maintenir dans fon niveau. Dans quelques moulins, on fe fert d'un poids, pour opérer cette tenfion de la courroie toujours égale.

CC. Banquette qui foutient les broches dans leur fituation verticale, & au deffus de laquelle font les bobines, dont les fils s'élevent, dans la même direction, jufqu'au haut du métier en *e*, d'où, paffant par des anneaux, on les voit converger jufques fur l'afpe, & y former des écheveaux paralleles.

Fig. 3. Plan du moulin.

AA. Piliers qui en foutiennent la charpente.

BBQR. Intérieur & premiere banquette, dans laquelle, fur verre ou caillou recouvert & contenu par la piece de bois refendue pour s'y encaftrer, pivotent les broches garnies des bobines, ainfi que les broches fervant d'axe aux pouliots.

Les points noirs ferrés fur cette banquette indiquent la bafe des broches qui portent les bobines; ceux qui font plus écartés, celle de l'axe des pouliots ; & la raie circulaire qui paffe entre les unes & les autres, la courroie fans fin qui tourne de R en STVX, 8 9 8 9.

S. Tambour horizontal.

aa. Roue de champ dans laquelle il s'engraine.

b. Tourte dont l'axe eft le même que celui de la roue précédente.

cc. Roue qui s'engraine dans la lanterne *b*, & dont l'axe prolongé forme celui de l'afpe.

Fig. 4 & 5. Vues intérieures du moulin de face & par côté. Il eft inutile de répéter les lettres, qui font toutes correfpondantes aux mêmes parties de la figure précédente, ou qui indiquent des parties plus développées dans la figure fuivante : mais il faut remarquer la roue ifolée *hh*, qui eft la même que celle *cc*, vue du côté oppofé, dont la vis fert à élever ou à baiffer l'axe de l'afpe, fuivant la grandeur du diametre de la tourte ou lanterne, dont on en voit une *b* ifolée, de rechange.

Fig. 6. Vue extérieure d'une partie plus développée du moulin.

BB. CC. Banquettes.

MM. Courroie.

N. Point d'appui de l'axe des pouliots.

H. Taffeau refendu & encaftré dans la banquette, pour diriger & contenir les broches fur leur appui.

G. Bobines.

DE. Buhots ou Bobines avant qu'elles foient garnies.

FF. Bobines ou Buhots garnis.

G. Broches qui portent les bobines fur le moulin.

K. Taffeau encaftré, dans lequel tournent les broches.

I. Verre ou caillou fur quoi elles pivotent.

P. Axe des pouliots O.

Planche V.

Fig. 1. Moulin à ourdir.

AA. Axe dudit moulin.

cc. Chevilles fur lefquelles fe paffe & fe fait la croifure de la chaîne. Ces chevilles font au nombre de trois en haut, par où commence l'ourdiffage, en accrochant la chaîne à la premiere, & la croifant fur les deux autres. Il n'y a que deux chevilles femblables au bas, pour y croifer de nouveau la chaîne, en la repliant fur elle-même, & augmenter ainfi le nombre des portées autant de fois qu'on fait defcendre & monter la giette, dont l'anneau, ayant réuni les fils en un faifceau, les diftribue ainfi par demi-portées.

EE. Partie de la chaîne ourdie.

B. Broche de fer qui furmonte l'axe AA, fur laquelle s'enroule la corde B*npp*, lorfque la giette GG remonte, & d'où elle fe déroule, lorfqu'elle defcend entre les deux montans du cadre TT. Cette corde eft fixée en *i*, & paffe fucceffivement fous la poulie *m*, fur celle *n*, pour arriver en B.

M. Manivelle du petit axe *aa*.

R. Roue horizontale adaptée à cet axe, pour faire tourner, au moyen de la corde croifée *x*, la roue *r* adaptée à l'axe du moulin.

F. Fils partant des bobines *bbb*, implantés fur le cannelier LLL, paffant alternativement dans les broches percées, & entre ces broches du gril de fer, & fe réuniffent en un faifceau au point *o*, dans l'anneau du crochet auffi de fer, viffé verticalement fur la planchette horizontale de la giette, laquelle giette, hauffant & baiffant, dirige toujours la matiere de maniere à former, fur l'afpe du moulin, une fuite d'hélices régulieres.

CC. Autre cannelier, très en ufage auffi dans ces fabriques : les bobines *bb* y font pofées horizontalement, & fe dévident verticalement, chaque fil paffant par un anneau de verre, pour reprendre, comme au cannelier précédent, la direction du gril, & celle toujours horizontale du gril à l'aspe ou moulin.

Fig. 2. Chaîne montée dans l'attelier.

oo. Ensouple sur laquelle la chaîne s'enroule.

VV. *Vautoir* ou Rateau dans lequel passe la chaîne par demi-portées, à mesure que les hommes *gg* la lâchent.

h. Chaîne roulée sur elle-même.

M. Contre-maître qui dirige le travail en tenant le rateau.

d. Ouvrier qui, au moyen d'un levier & avec effort, tourne l'ensouple en treuil, tandis que les Ouvriers *gg* la tiennent ferme, & ne la lâchent qu'à mesure qu'elle s'arrange sur ladite ensouple, sous la direction du Contre-maître.

f. Crochet de fer courbé à angle droit, & passé carrément dans des boucles *rr*, fichées dans un plateau happé contre le mur aux points *aaa*.

1, 1. Crochet dont le collier est à charniere.

2, 2. Crochet à collier sans charniere.

3, 3. Détendoir ou Levier courbé, qu'on emploie aussi pour tourner l'ensouple.

4, 4. Rateau dans lequel passe la chaîne par demi-portées.

5, 5. Rateau ouvert pour le passage de ladite chaîne.

6, 6. Ensouple garnie de la chaîne, avec les verguenoirs ou baguettes qui en maintiennent la double croisure.

7, 7. Coupe des pieces du haut du baudet, qui supportent l'ensouple de la chaîne lorsqu'on la monte, *Fig.* 3.

Fig. 3. Maniere de monter la chaîne des camelots, étendue sur toute sa longueur, & tenue par trois, quatre à cinq hommes *ggg*.

BB. Baudet.

oo. Ensouple.

VV. Rateau.

M. Contre-maître.

E. Levier, & Ouvrier qui le fait agir, pour rouler la chaîne sur l'ensouple.

Planche VI.

Fig. 1. Perspective cavaliere du métier à armure du travail de la petite navette, dont le jeu du haut se fait par côté.

AA. Chasse.

BB. Créneaux pour élever ou baisser la chasse au moyen de la corde qui s'y accroche, & qui est attachée à la barre de suspension.

dd. Cordes qui attachent la barre aux épées, & par laquelle la chasse est suspendue.

aa. Créneaux sur lesquels porte ladite barre.

CC. Batelier posé & mobile sur le haut du métier, au sommet duquel se fait le jeu des bricoteaux DD.

Fig. VF. Vue de face du ratelier, dont 2, 2 est la broche, sur laquelle les bricoteaux *y* jouent en bascule, chacun entre les dents du ratelier.

Fig. VC. Les mêmes bricoteaux *x*, *x*, vus de côté sur la coupe verticale du ratelier, mobiles en *y*.

E. Lames attachées aux bricoteaux en dessus, & aux contre-marches en dessous.

F. Peigne d'acier.

G. Barre horizontale qui entre dans les dents de la roue I, de l'ensouple de la chaîne qui l'arrête, & soutient la chaîne dans sa tension.

H. Ensouple & chaîne sur laquelle elle est roulée.

K. Poitriniere sur laquelle passe l'étoffe fabriquée.

L. Barre mobile, placée en avant de la poitriniere, pour que l'étoffe passe entre l'une & l'autre, & que l'Ouvrier ne la comprime pas de son corps en s'appuyant dans le travail.

O. *Ensouple*, *Ensuple* ou *Ensette*, sur laquelle s'enroule l'étoffe à mesure qu'elle est fabriquée.

N. Roue dentée en encliquetage, pour rouler & serrer l'étoffe sur ladite ensouple, au moyen des leviers en croix qui y sont adaptés.

M. Crochets de fer pour tenir l'ensouple à un point fixe, & l'étoffe tendue à volonté.

P. Aiguillettes qui unissent & attachent en dessous les lames aux contre-marches.

Q. Contre-marches ayant leur point d'appui, passées dans une cheville de fer *v*, sur le côté gauche du métier; posées en travers du métier, à angle droit au dessus des marches, attachées du milieu aux lames, & par l'extrémité opposée au point d'appui, c'est-à-dire, du côté droit du métier, aux *longs tirans* R, qui sont les cordes qui font jouer par côté les bricoteaux.

S. Marches attachées aux contre-marches.

Fig. 2. Vue de côté du métier, dont on a ôté tout le bas de l'armure & les longs tirans. Le ratelier C, de face, laisse appercevoir la correspondance des bricoteaux D aux lames E.

a. Créneaux sur lesquels pose la barre de suspension de la chasse.

A. Vue de profil de la chasse.

F. Peigne.

cc. Rainures où passe le peigne à coulisses entre la cape & le sommier.

b. Vis pour serrer la cape, & tenir ferme le peigne lorsqu'on l'a mis en place.

oooo. Chaîne & étoffe passant de dessus l'ensouple G dans les lames E, le ros F, sur la poitriniere K, entre elle & la barre L, pour venir s'enrouler sur l'ensouple N.

Fig. 3. Vue de derriere du métier, où l'on n'a laissé que l'ensouple de la chaîne avec ses bourlets mobiles *bb*, qu'on sert plus ou moins par les coins *cccc*, posée sur les appuis *aa*, & arrêtée par la barre G, au moyen de la roue dentée I; & le jeu réciproque des contre-marches Q d'une part, aux lames E par les aiguillettes P, & des lames aux bricoteaux D; & de l'autre part, à l'autre extrémité des bricoteaux, au moyen des longs tirans R.

L'extrémité des marches, qui croisent sous les contre-marches & qui y sont attachées, se montre aux points *mmm*.

Fig. 4. Chasse, composée du sommier SO, de la cape C.

cccc. Indiquent les rainures, dans l'une & l'autre piece, pour le passage & l'emboitement du peigne ou ros.

bbbb. Indiquent les vis pour serrer, fixer & contenir le ros.

AA. Épées.

BB. Crumaliere de suspension par la corde qui se croise derriere les épées, recroise en avant sur la barre, retourne, & vient enfin se nouer au point *d*.

T. Barre de traverse de la chasse.

S. Barre de suspension.

**. Lames de fer fichées sous la barre, & qui lui servent de soutien sur les créneaux.

Planche VII.

Fig. 1. Métier à camelot travaillant, vu de côté: l'Ouvrier pousse la chasse de la main gauche, foule la marche, & est prêt à lancer la navette de la main droite.

A A A A. Piliers du métier très-incliné en avant.

cr & *cr.* Créneaux également inclinés dans le sens opposé; ceux du haut, pour la suspension de la chasse; ceux du bas, pour la tension des lames.

Les marches sont fixées & jouent sur un axe au point S; elles sont foulées en *p*; elles attirent les bilbacs *xx*, par les cordes *q*, qui passent dans les trous *bb*, de la barre *oo*.

Les bilbacs font la bascule sur le vinaigrier, entre les dents du peigne *yy*, & sur la broche de fer rond *zz*, & attirent les lames E.

L'ensouple de la chaîne *tt*, est suspendue en *ii*, arrêtée & tenue par le rateau & l'étendoir *tr*.

Les fils de la chaîne passent dans les lames E, dans le ros F; & l'étoffe fabriquée, après avoir passé dans la rainure à jour de la poitriniere P, vient s'enrouler sur l'ensouple *o*, où elle se tient tendue, au moyen de la roue d'encliquetage N.

Les cordes *dd* & les chevilles *cc* sont pour tendre & tenir les lames plus ou moins en arriere.

Fig. 2. Vue du métier parderriere.

Fig. 3. Vue du métier pardevant, pour montrer seulement la suspension de la chasse H.

CCCC. Piliers de face.

gg. Raccourci des barres de longueur & inclinées du métier, sur lesquels sont posés les créneaux ou crumalieres en talus, pour la suspension de la chasse.

cc. Cordes qui enveloppent les avelots, & attachent les épées à la barre * *.

S. Point où sont fixées les marches enfilées dans la broche *uu*.

Fig. 4. H. Chasse avec le ros placé & serré entre la cape *bb*, & le sommier *cc*.

Les épées *aa* sont à coulisse dans la cape, qui s'éleve & s'abaisse pour sortir & replacer le ros: le tout suspendu par la barre * *.

Fig. 5. Vinaigrier *xx* bilbacs, faisant la bascule sur la broche de fer rond *zz*, entre le peigne *yy*.

Fig. 6. Marche-pied ET, avec la crumaliere *cr*, la boîte à poulie *b*, & les jutriaux *j*, pour tendre les lames en dessous; les cordes *d* & la cheville *c*, pour les tendre en arriere.

b & *j*. Boîte, poulie, & jutriau détachés, vus de face.

P. Poitriniere vue du côté du travail, opposé à l'Ouvrier. L'étoffe entre par la rainure à jour, ressort pardessous, & va s'enrouler sur l'ensouple.

S. Ensouple de la chaîne avec ses cordes de suspension; & la rainure marquée, pour y placer le verdillon & fixer la chaîne.

D. Verdier pour contenir les fils de la chaîne, avec un fil de fer en dessus.

M *m*. Lisses simple & composée d'usage dans les fabriques de Picardie.

EE. Lame, avec l'indication de la suspension.

T. Temple ouvert & fermé.

tr. Rateau & Tendoir pour tenir la chaîne bandée.

r. Roue d'encliquetage vue de profil.

rf. Roue d'encliquetage vue de face, avec son crochet.

m. Ensouple du travail avec sa rainure, pour y fixer l'étoffe au moyen du verdillon *h* ou *i*.

R. Havet ou crochet d'acier très-mince, pour passer les fils dans le ros lorsqu'ils cassent.

N *n*. Navette vue de face, & sa coupe transversale, au lieu de sa faussette ou poche.

I. Aiguille *o*. La même aiguille garnie de l'espoule, pour être placée dans la poche de la navette.

r. Petit ressort pour contenir l'espoule dans la faussette.

co. Corbeille pour mettre les espoules ou petites bobines, composées du fil de la trame, dévidé sur des canons de roseau.

EG. Épingle pour tendre les fils qui ont fait cheville au moulin à retordre, ou qui se trouvent trop lâches par toute autre raison.

PL. Épincette pour éplucher l'étoffe, en tirer les nœuds, les doubles duites, les ordures, &c.

ba. Balai de bouleau pour tenir lieu de brosse, relever le poil, les nœuds, &c. avant l'épluchage.

Planches VIII, IX & X.

Les armures des métiers expliquent ces planches; il suffit de répéter le nom des especes d'étoffes qu'on peut produire par leur moyen.

N°. 1. *Toile*, ou toute étoffe rase à pas simple, dont la chaîne & la trame sont de fils d'un diametre à peu près égal.

2. *Camelot*, ou étoffe grainée, dont la suite des grains forme une cannelure plus ou moins fine, suivant les matieres, mais toujours sensible sur la largeur de l'étoffe.

3. *Camelot baracanné*, ainsi nommé, de ce que la cannelure est beaucoup plus marquée qu'aux précédens, quoique dans la même direction, ce qui rend fausse cette dénomination d'usage; ce n'est en effet qu'un très-gros camelot, à trame doublée ou triplée.

4. *Baracan*, ou étoffe très-grainée plus serrée que le camelot, & dont la cannelure, plus sensible, est prolongée sur la longueur de l'étoffe.

5. *Serge sans envers*, ou étoffe le plus simplement croisée, & également de part & d'autre.

6. *Serge de Rome*, avec un envers, ou étoffe croisée en dessus, & à pas simple en dessous.

7. *Serge de Rome* à côtes, ou étoffe à cannelures rapprochées & par bandes saillantes, avec un envers entre ces bandes.

8. *Turquoise*, étoffe ordinairement croisée, à cannelures serrées, prolongées ou interceptées, susceptible d'une grande variété.

9. *Turquoise Mont-à-loisir*, nom bizarre d'une variété particuliere de la Turquoise ordinaire.

10. *Basin en Turquoise*, autre variété remarquable.

11. *Basin ordinaire*, étoffe cannelée sur la longueur, croisée ou non croisée, comme la Turquoise, mais faisant plutôt cannelure que côte.

12. *Mille-point* en Turquoise, étoffe dont les carreaux, plus ou moins petits, sont en échiquier, cannelés, & à envers.

13. *Prunelle unie*, étoffe croisée, d'un tissu très-serré.

14. *Prunelle à côtes*, en cela seulement, variée de la précédente.

15. *Calmande unie*, ou satin en laine.

16. *Calmande à côtes*, en cela seulement, variée de la précédente.

17. *Serge de Minorque*, étoffe croisée, d'une cannelure indiquée, diagonalement & fortement exprimée.

18. *Grain d'orge*, étoffe à petits carreaux, comme des cannelures transversales, coupées, saillantes & disposées en échiquier, sur un fond à cannelures plus fines, indiquées diagonalement.

19. *Barré en grain d'orge*, la même étoffe que la précédente, avec la différence que les cannelures transversales ne sont point interceptées dans la largeur.

20. *Mille-point* cannelé.

21. *Mouches & navettes.*

22. *Petite fraise & mouche.*

23. *Petite croisette.*

24. *Zigzag cannelé.*

25. *Croisette & fraise.*

26. *Croisette sans envers.*

Toutes ces petites étoffes ne sont que des variétés de la même, & n'ont été placées ici, que pour indiquer la possibilité & le moyen de les varier à l'infini.

27. *Siléfie en zigzag.*
28. *Idem, à bâton rompu.*
29. *Idem, cœur enflammé.*
30. *Idem, autre bâton rompu.*

Celles-ci varient par la quantité moindre & la qualité inférieure des matieres; mais elles prouvent que le changement de ces petits deffins eft très-indépendant des variétés indiquées.

31. *Malbouroug*, petite étoffe figurée d'un côté par la chaîne d'une couleur, & de l'autre par la trame d'une couleur différente.

32. Autre Malbouroug.

33. Étoffe brochée à chaînons, formant du floté à l'envers.

Nota. Il ne faut pas confondre ces numéros, qui correfpondent à ceux des armures, avec ceux des échantillons de la *Planche* 11, qui n'y correfpondent point.

Planche XI.

Échantillons de différentes étoffes unies & croifées, réfultant des armures & des marches ci-devant décrites.

N°. 1. Tamife, ou toile quelconque en laine, dont les fils de la chaîne & ceux de la trame ne different point ou different peu en groffeur.

2. Camelot quelconque, comme cannelé, & plus marqué fur la largeur, que fur la longueur.

3. Baracan plus marqué & effectivement cannelé fur la longueur de l'étoffe, & nullement fur fa largeur (1).

4. Serge de Rome unie, légérement tracée par des diagonales.

5. Serge de Rome à côtes.
6. Turquoife baracanée.
7. Turquoife mont-à-loifir.
8. Bafin baracané.
9. Mille-point en turquoife.
10. Prunelle à côtes.
11. Calmande à côtes plus marquées qu'à la prunelle.
12. Serge de Minorque.
13. Grains d'orge.
14. Barré en grains d'orge.
15. Mille-point cannelé.
16. Mouches & navettes.
17. Petites fraifes & mouches.
18. Petite Croifette.
19. Zigzag cannelé.
20. Croifette & fraife.
21. Croifette fans envers.
22. Siléfie en AV ou zigzag.
23. Bâton rompu, rapproché en lofange.
24. Cœur enflammé.
25. Carreaux & bâtons rompus.
26. Malbouroug.
27. Deffin à chaînons.
28. Deffin à lever de deffus l'échantillon pour le remonter fur le métier. Des fils de la chaîne font défilés, & deux fils de la trame, retirés en partie du tiffu, laiffent diftinguer ceux qui les furmontent de ceux qui paffent pardeffous.

---

(1) Ces cannelures, foit en largeur fur le camelot, foit en longueur fur le baracan, font plus fortement fenties fur l'échantillon gravé que fur l'étoffe. La difficulté de les rendre y a entraîné.

Fin de l'Explication des Planches.

EXTRAIT
DES REGISTRES
DE L'ACADÉMIE DES SCIENCES,

Du 13 Mars 1779.

MM. Duhamel, Fougeroux & Vandermonde, Commissaires nommés pour examiner deux Ouvrages de M. Roland de la Platiere, Inspecteur Général des Manufactures de Picardie, intitulés, l'un l'*Art du Fabricant d'Etoffes en Laines rases & seches, unies & croisées*; l'autre, *l'Art de préparer & d'imprimer les Etoffes en Laines*, en ayant fait leur rapport, l'Académie a jugé ces Ouvrages dignes de son approbation, & d'être imprimés sous son Privilége, pour servir de suite à la Collection des Arts. En foi de quoi j'ai signé le présent Certificat. A Paris, ce 16 Mars 1779. Le Marquis de Condorcet, *Sec. Perp.*

Pl. 1.ère

Fig. 1
Fig. 2
Fig. 3
Fig. 4
A
B
C
D
F
H
L
V
Fossier Del.
Benard Sculp.

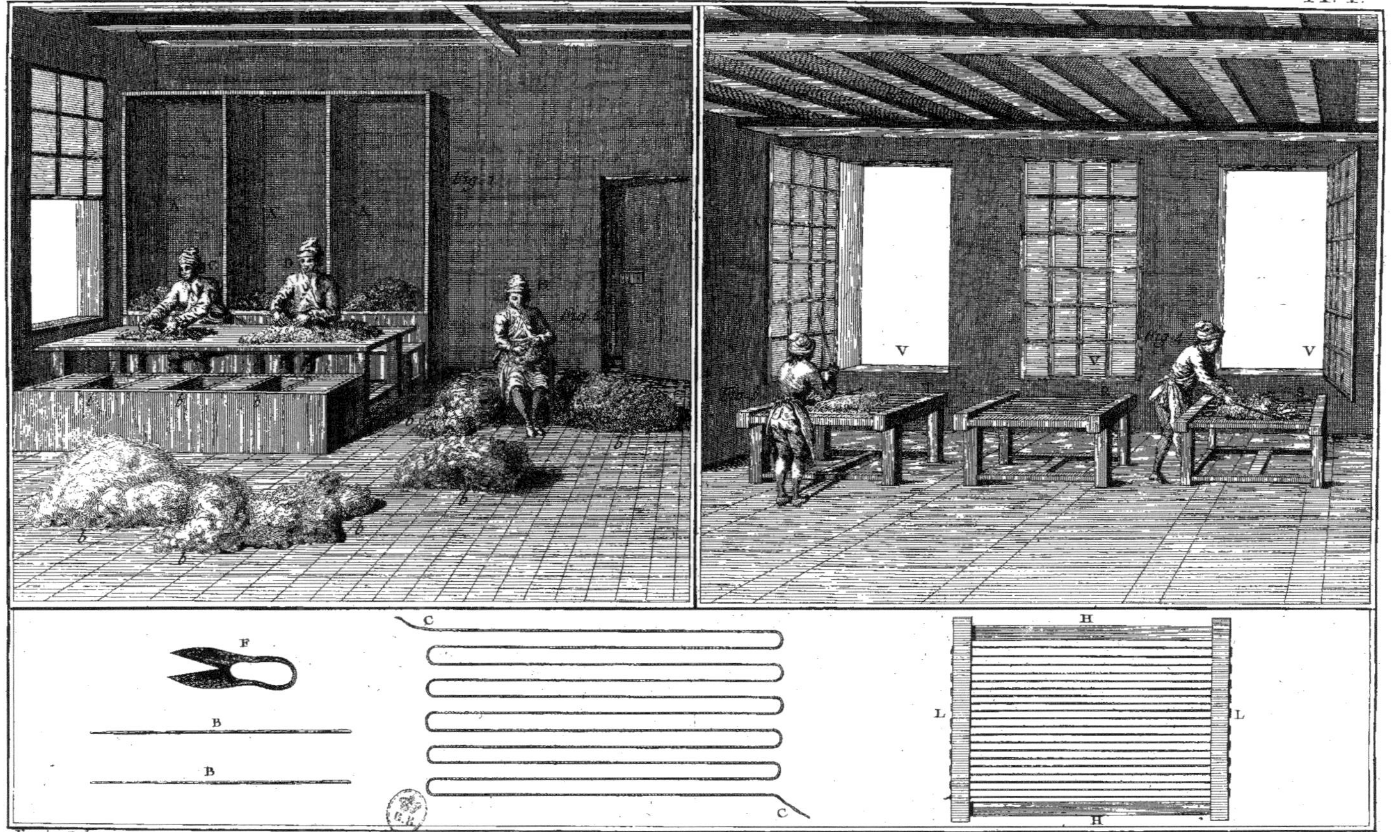

L'ART DES ETOFFES *Razes et Seches, Unies et Croisées.*

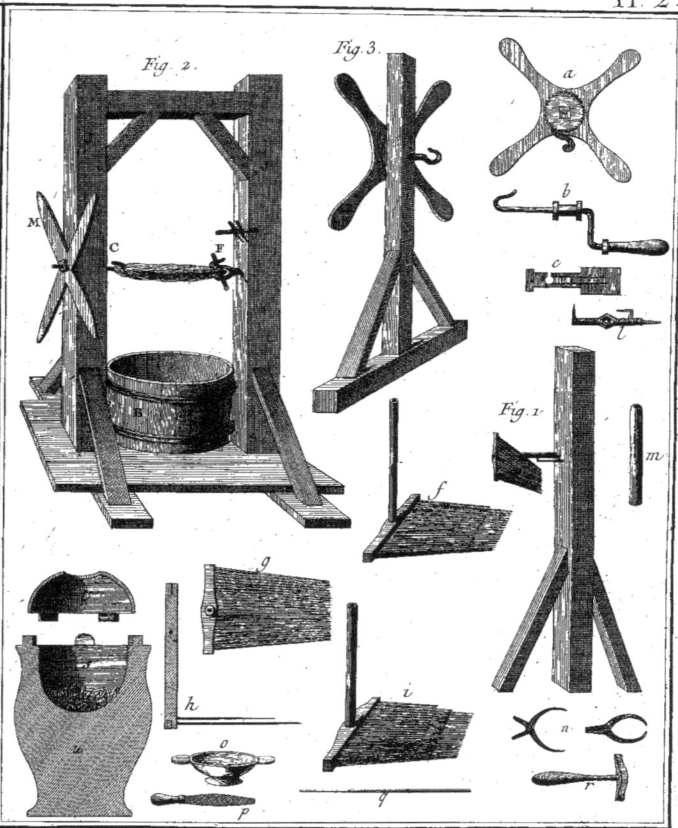

Fossier Del.   Benard Sculps.

L'ART DES ETOFFES *Razes et Seches, Unies et Croisees.*

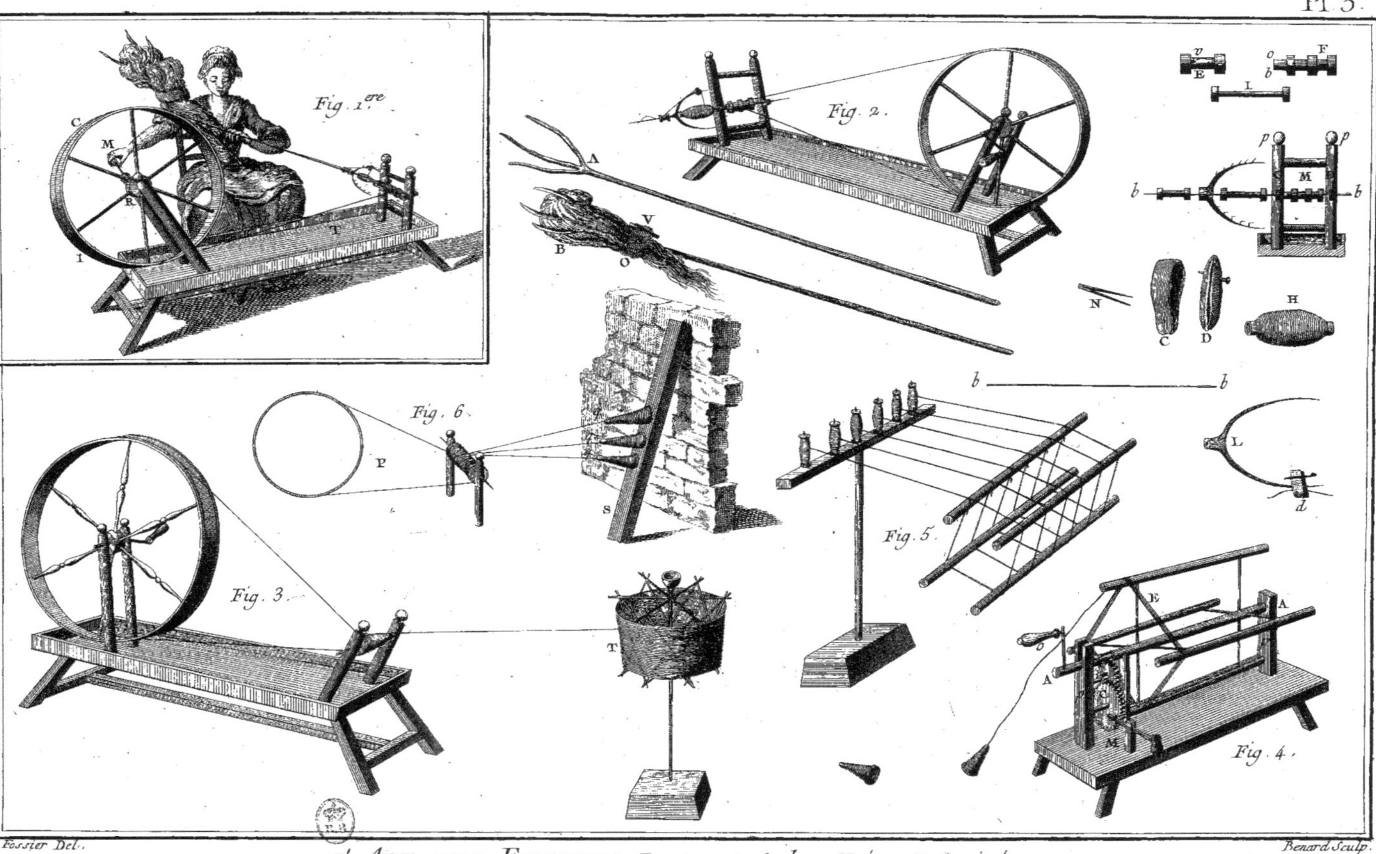

Fossier Del. Benard Sculp.

L'ART DES ETOFFES Razes et Seches, Unies et Croisées.

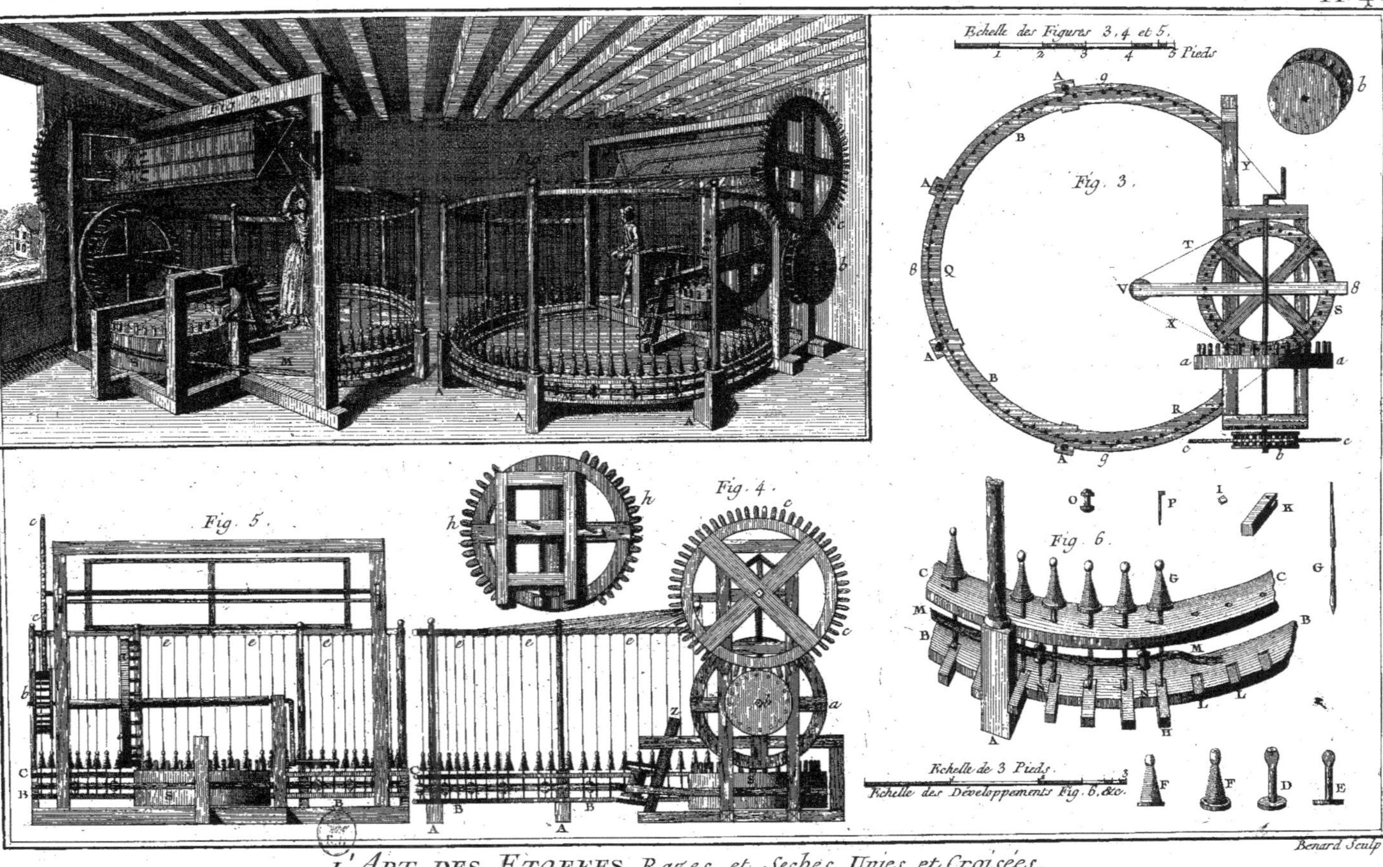

L'ART DES ETOFFES Razes et Seches, Unies et Croisées.

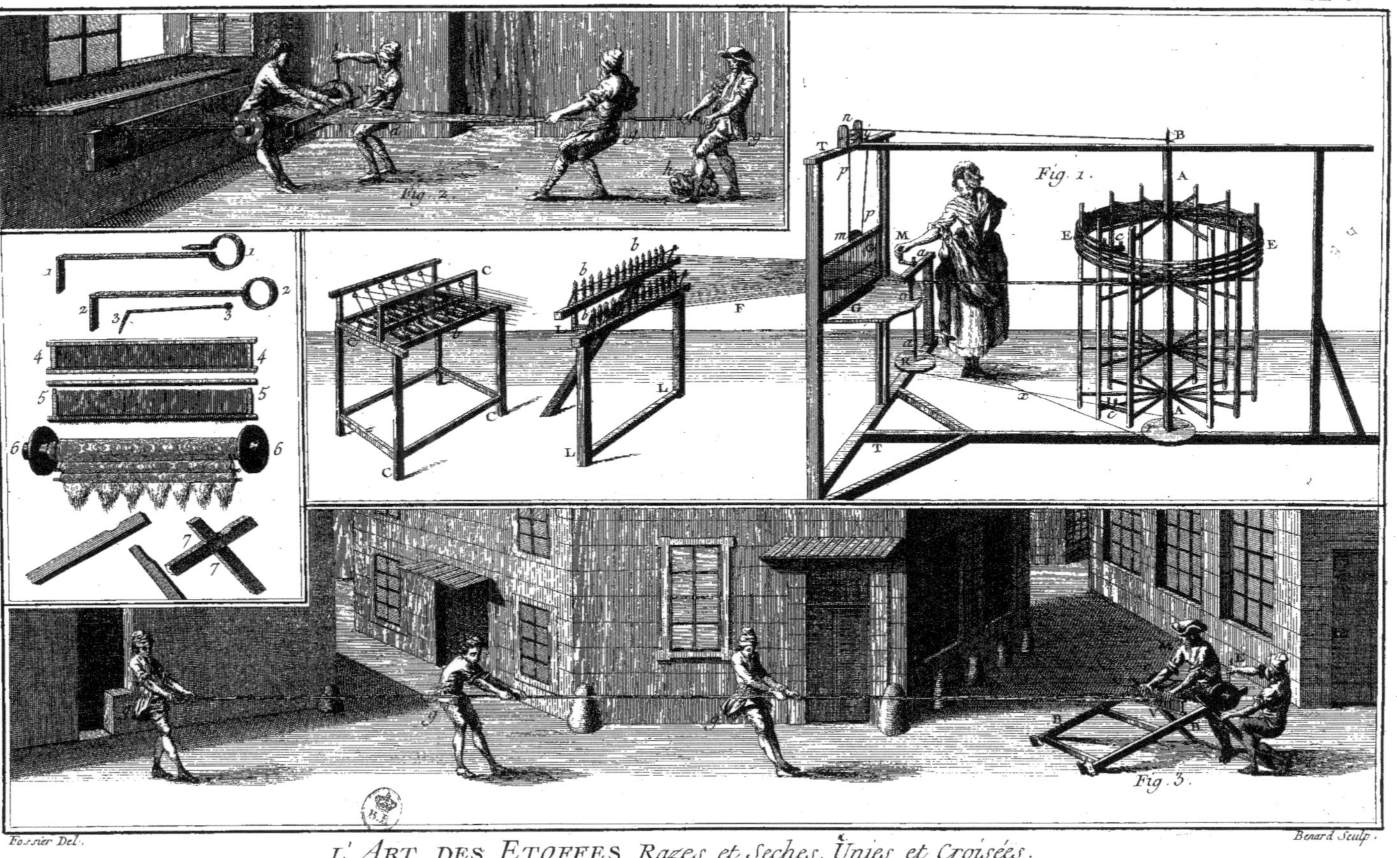

Fossier Del. Benard Sculp.

L'ART DES ETOFFES Razes et Seches, Unies et Croisées.

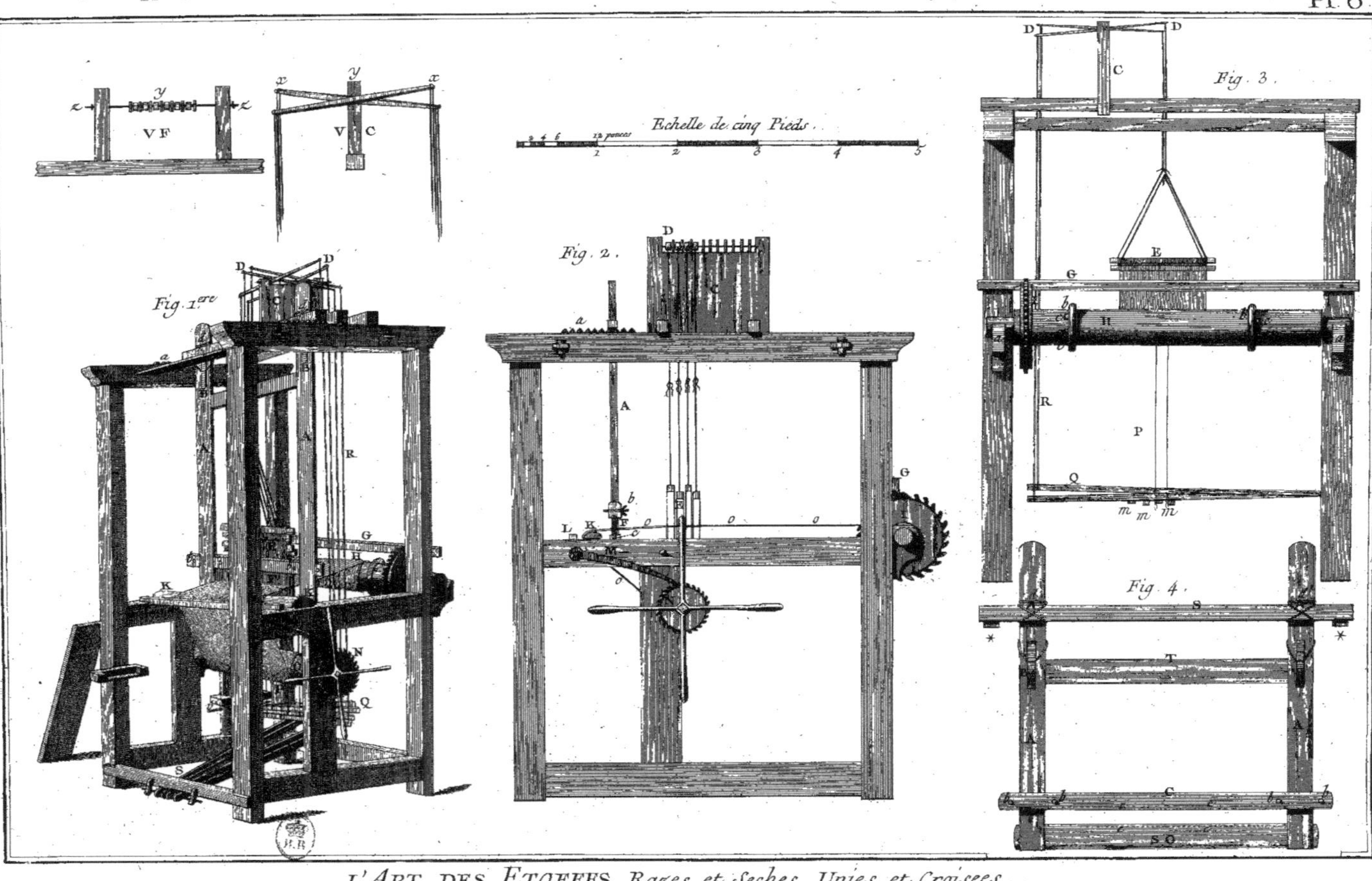

L'ART DES ETOFFES Razes et Seches, Unies et Croisees.

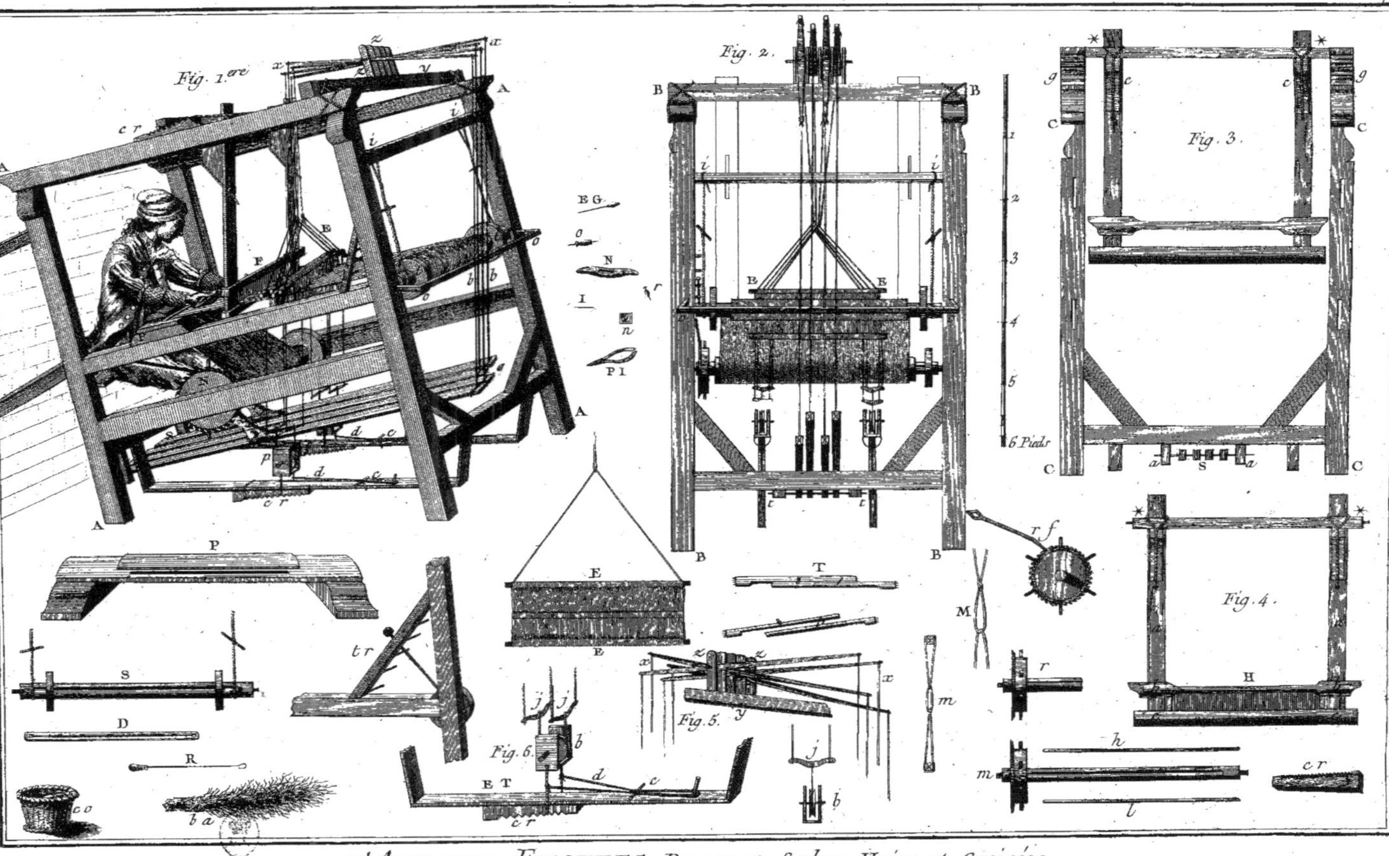

L'ART DES ETOFFES Razes et Seches, Unies et Croisées.

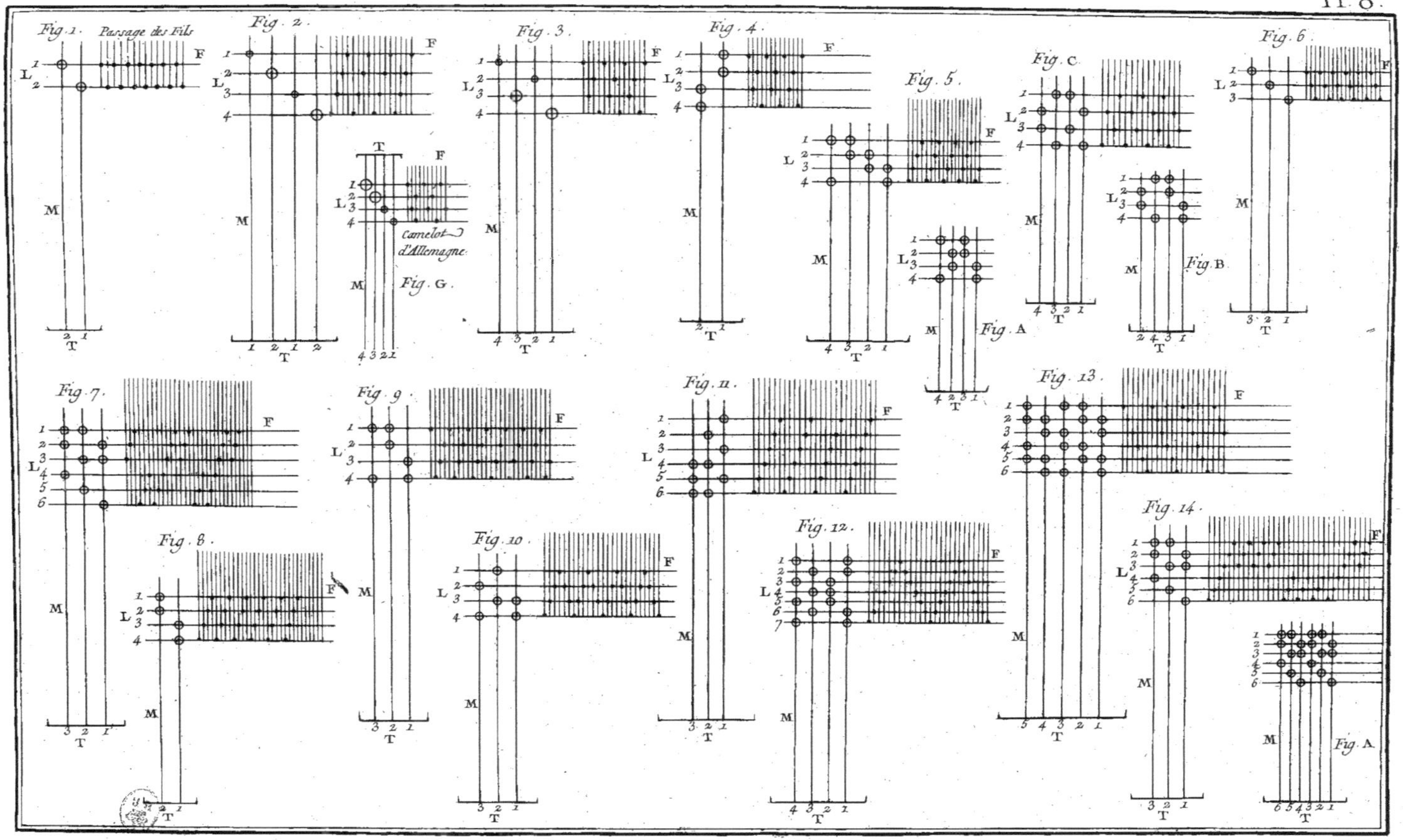

Pl. 8.

Fig. G. Camelot d'Allemagne.

L'ART DES ETOFFES *Razes et Seches, Unies et Croisées.*

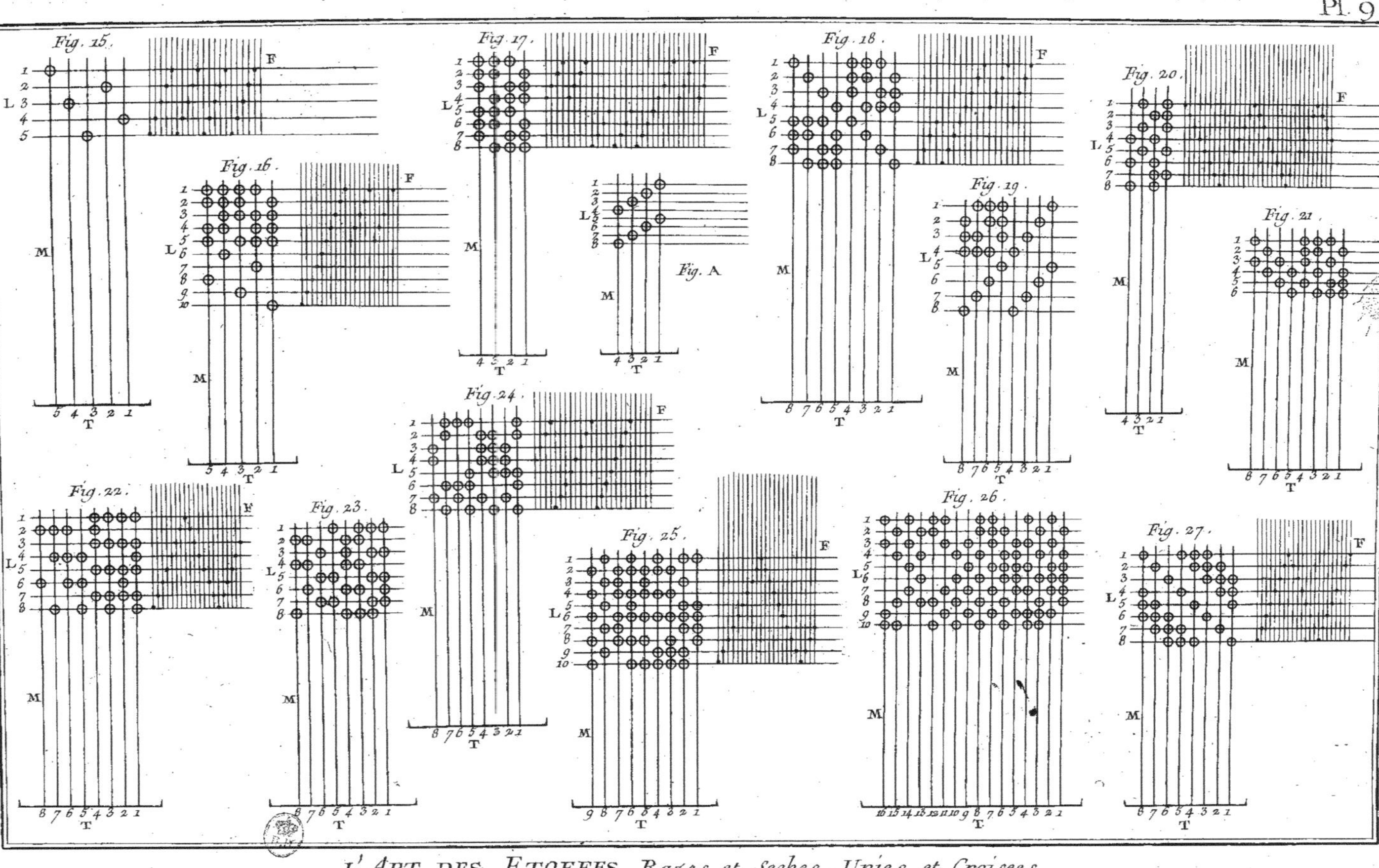

L'ART DES ETOFFES Razes et Seches, Unies et Croisees.

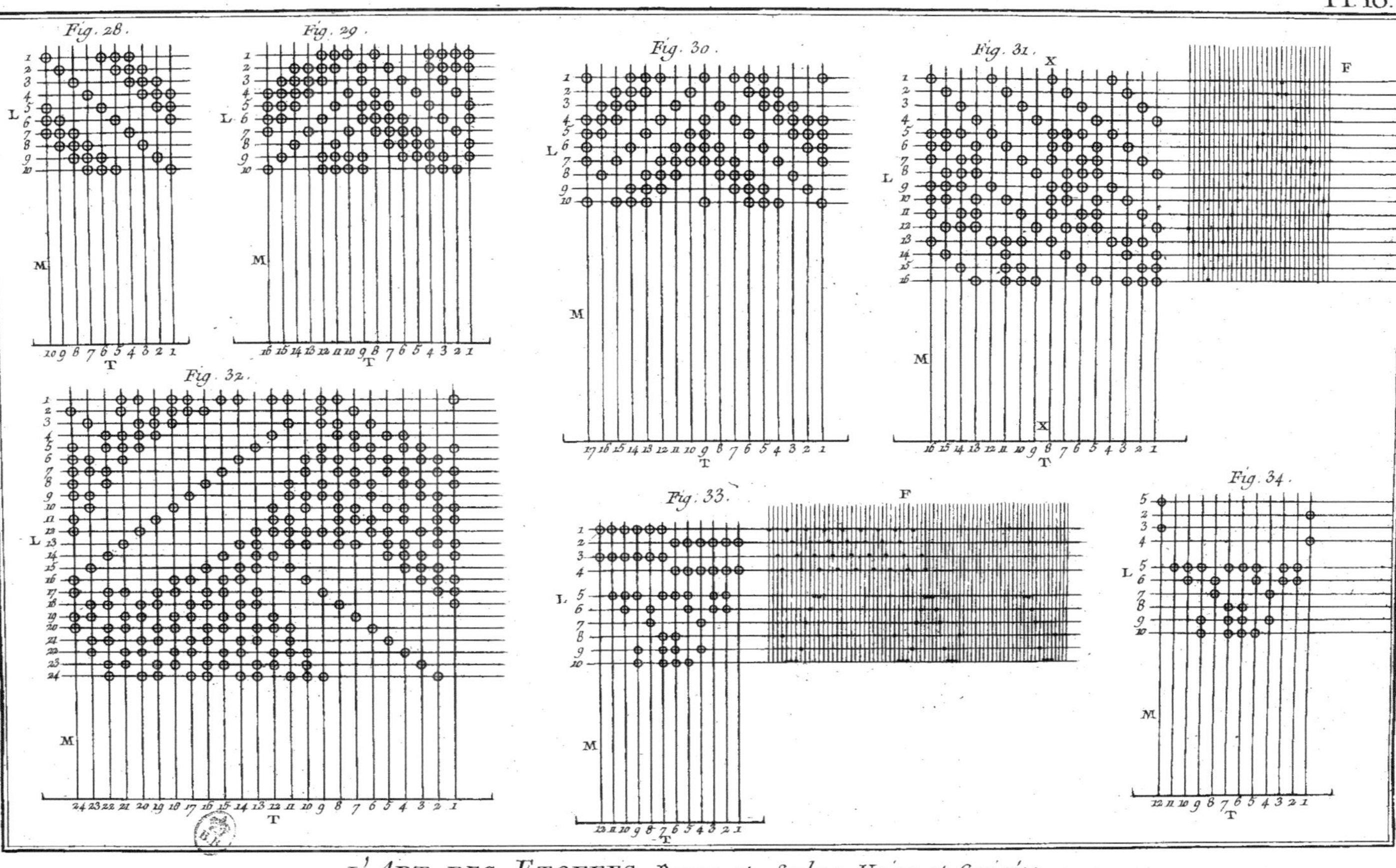

L'ART DES ETOFFES Razes et Seches, Unies et Croisées.

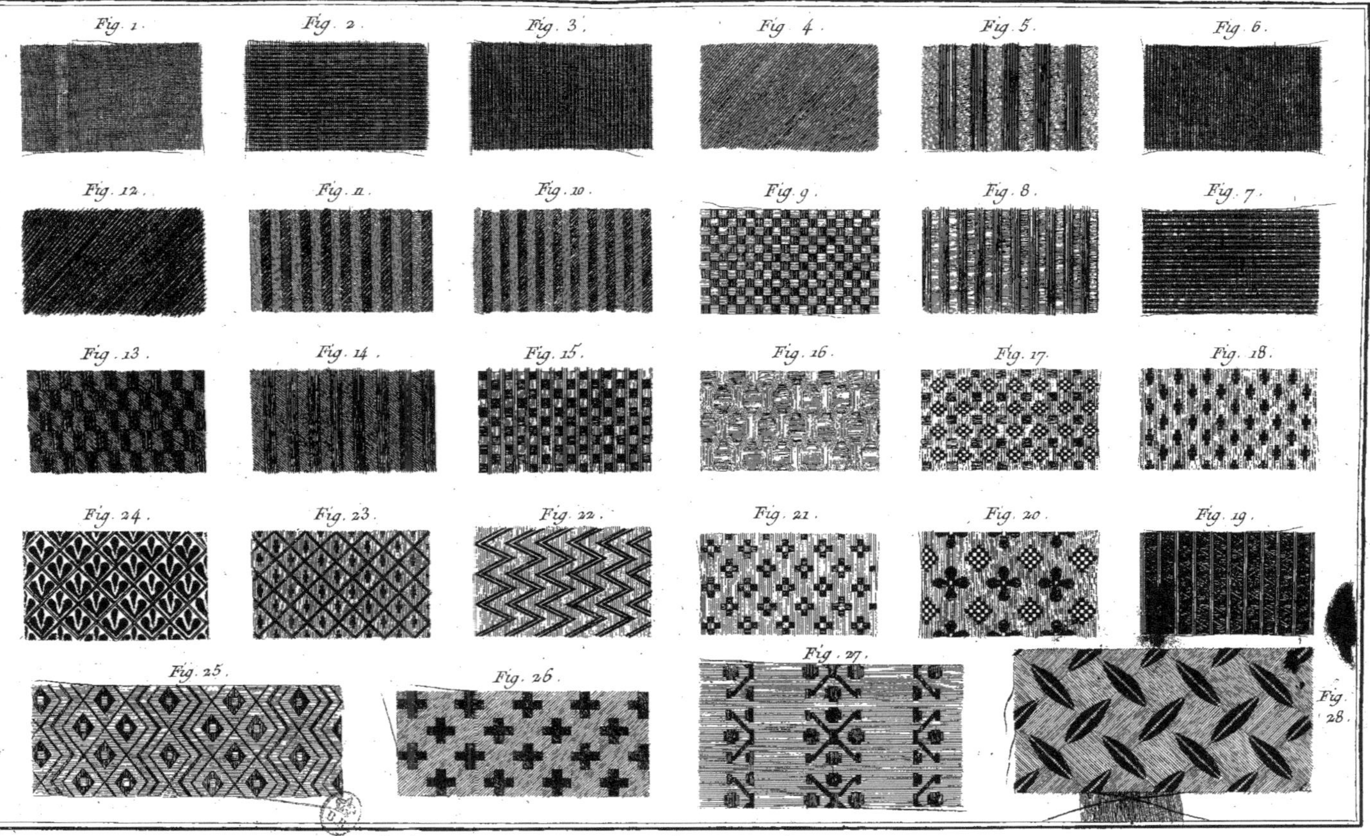

L'ART DES ETOFFES *Razes et Seches, Unies et Croisées.*

www.ingramcontent.com/pod-product-compliance
Ingram Content Group UK Ltd.
Pitfield, Milton Keynes, MK11 3LW, UK
UKHW012055240726
13965UKWH00004B/1306

9 782013 053563